中央高校基本科研业务费专项资金资助
Supported by "the Fundamental Research Funds for the Central Universities"
中央民族大学自主科研计划项目MUC2011ZDKT16成果

汉语国际传播与国际汉语教学研究丛书　总主编：吴应辉
Series of Chinese Language Globalization & International Chinese Language Teaching Studies
Chief Editor: Wu Yinghui

泰国中小学汉语课程大纲研究

A Study of Chinese Language Curriculum in Primary and Secondary Schools of Thailand

［泰国］潘素英　著
By WIPAWEE ANUJAPAD

中央民族大学出版社
China Minzu University Press

图书在版编目（CIP）数据

泰国中小学汉语课程大纲研究/潘素英著.
—北京：中央民族大学出版社，2018.7（重印）
ISBN 978-7-5660-0434-5

Ⅰ. ①泰… Ⅱ. ①潘… Ⅲ. ①汉语—对外汉语教学—中小学—教学大纲—研究—泰国 Ⅳ. ①H195.2

中国版本图书馆CIP数据核字（2013）第120724号

泰国中小学汉语课程大纲研究

作　　者　潘素英
责任编辑　戴佩丽
封面设计　汤建军
出 版 者　中央民族大学出版社
北京市海淀区中关村南大街27号　　邮编：100081
电　话：68472815（发行部）　　传真：68932751（发行部）
68932218（总编室）　　68932447（办公室）
发 行 者　全国各地新华书店
印 刷 厂　北京建宏印刷有限公司
开　　本　710×1000（毫米）　1/16　印张：18
字　　数　230千字
版　　次　2018年7月第2次印刷
书　　号　ISBN 978-7-5660-0434-5
定　　价　89.00元

总　序

吴应辉

目前来华学习汉语人数不到全球学习汉语人数的1%，而在中国境外学习汉语的人数达99%以上。国际汉语教学已成为学术界关注的一个热点，然而从目前出版和发表的有关论著来看，研究对外汉语教学的很多，但研究国际汉语教学的很少。汉语国际传播及国际汉语教学的实践已经超前于理论，或者说我们的汉语国际传播及国际汉语教学理论滞后于实践。作为国际汉语教学的从业者，大家都应肩负起历史使命，对汉语国际传播及国际汉语教学进行研究，深入探讨相关的理论和实践问题。

中央民族大学在上个世纪五十年代就开始了对越南学生的汉语教学，成为当时中国最早接收外国留学生的八所院校之一，但在对外汉语教学学科建设方面起步较晚。近年来，中央民族大学国际教育学院调整了学科建设方向，将研究力量集中于汉语国际传播和国际汉语教学。在学校的大力支持下，我们的国际汉语教学学科建设已经取得初步成果。我们在全国高校中率先在语言学及应用语言学专业博士研究生培养中设立汉语国际传播研究方向；我们是全国第一个明确把“国际汉语教学”列为重点培育学科加以建设的汉语教学机构；我们创新性地设计并组织实施了“汉语国际教育硕士”的“2+1+1”培养模式；我院绝大部分专职教师和20多位中外博士生都把研究方向集中到了国际汉语教学及其重要组成部分汉语国际传播上，研究领域包括泰国、马来西亚、缅甸、韩国、美国、越南等国家的汉语传播问题，内容涵盖国际汉语教学宏观和微观层次的诸多问题；我们已承担了包括两项国家社科基金课题、教育部新世纪优秀人才支持计划项目和教育部人文社会科学项目在内的多项汉语国际传播纵向和横向课题；我们正在进行国际汉语教学案例库和汉语国际传播数据库建设……

我们才刚刚起步，我们愿不断努力，与兄弟院校一起在汉语国际传播和国际汉语教学领域拓荒、播种，并愿意与国内外同行分享我们的收获。我们将以全球化的眼光、国际化的思维和创新务实的行动，努力开展汉语国际传播和国际汉语教学研究，推动国际汉语教学学科建设，为汉语和中国文化走向世界尽一份绵薄之力。

经过中央民族大学国际教育学院两年多的策划和研究，汉语国际传播与国际汉语教学丛书开始陆续出版了。希望这套丛书能从各个侧面对国际汉语教学学科的形成和建设起到支撑作用，能为国际汉语教学的专家学者带来另一种清新的学术空气，给青年学者和博士、硕士研究生选择未来的研究领域提供新的视野，并为汉语国际传播有关机构提供决策参考。这套丛书虽为中央民族大学国际教育学院策划，但我们的作者并不限于本院师生，我们热忱欢迎国内外有志于汉语国际传播和国际汉语教学研究的专家学者加盟我们的队伍，我们愿意将符合丛书主题的学术成果列入丛书出版。

鉴于广大读者甚至很多业内学者和学生对汉语国际传播与国际汉语教学的认识尚不够深入，谨以本人在《语言文字应用》2010年第3期上刚发表的拙作“国际汉语教学学科建设及汉语国际传播研究探讨”代序，对汉语国际传播与国际汉语教学做一些学术探讨，以增进学界对国际汉语教学学科的认识。

国际汉语教学学科建设及汉语国际传播研究探讨[①]（代序）

随着汉语快速走向世界，对外汉语教学时代正在转型为国际汉语教学时代，传统的对外汉语教学正在转型为国际汉语教学，因此，有必要努力建立与之相适应的国际汉语教学学科。国际汉语教学学科应该包括传统的对外汉语教学和汉语国际传播两大部分。汉语国际传播是指建立在世界各国对汉语需求的基础之上，汉语遵循语言传播规律，从中国走向世界的语言传播现象。汉语国际传播研究是国际汉语教学研究的重要组成部分。鉴于此前很少有人讨论过相关问题，本文将探讨建立国际汉语教学学科的必要性、国际汉语教学与传统的对外汉语教学、汉语国际传播研究的关系、对外汉语教学向国际汉语教学的转型、国际汉语教学研究的理论基础和研究内容、国际汉语教学的学科建设、当前汉语国际传播研究的领域等问题，以期抛砖引玉，并希望有更多的同行参与到国际汉语教学及汉语国际传播的研究中来，不仅可以推动转型后的国际汉语教学学科建设，而且通过汉语国际传播研究可以为汉语国际推广工作提供更多的智力支持和决策参考。

---

① 吴应辉：国际汉语教学学科建设及汉语国际传播研究探讨，《语言文字应用》2010年第3期，作者对文章进行了部分删节和小的改动。本文获“新世纪优秀人才支持计划资助”（Supported by Program for New Century Excellent Talents in University，“NCET”）。

一、国际汉语教学时代已经到来

随着中国综合国力的迅速增强，尤其是经过金融危机的洗礼，中国与世界发达国家的经济实力对比发生了很大的改变，差距正日益缩小。不久前，世界银行副行长兼首席经济学家林毅夫甚至指出，到2020年中国可能成为世界第一大经济体。①中国国际地位的快速上升，使世界各国人民了解中国的需要快速增强，汉语热正在世界各地悄然兴起，汉语国际传播的新时代已经到来。国家汉办主任、孔子学院总部总干事许琳说，世界学习汉语的人数也远超中方预期。据介绍，目前全世界有109个国家、3000多所高等学校开设了汉语课程。特别是中小学开设汉语课的热情越来越高。世界各国学习汉语的人数，很多国家以50%甚至翻番的速度增长。全世界现在学习汉语的人数已经超过了4000万。②世界范围的汉语需求增长迅速，从2004年到2009年，应世界各国有关机构的要求，国家汉办派出汉语教学志愿者达6000多人。仅2008年一年，国家汉办就派出汉语教学志愿者1700多人，分布在46个国家。2008年全国共派出汉语教师2000余人，分布在105个国家。截止2008年底，应世界各地有关机构的请求，全球已建立孔子学院249所，孔子课堂56个。③周边国家的汉语热尤为突出，“日本有200万人在学习汉语。韩国学习汉语的人数超过100万，现有的142所大学全部开设了汉语课程。韩国教育部计划在全国中小学普

---

① 中国新闻网3月22日：http://www.chinanews.com.cn/cj/gncj/news/2009/03-19/1608221.shtml

② 新华网：世界“汉语热”远超预期，学习人数已超4000万。2009年03月13日07:25:20。http://news.xinhuanet.com/edu/2009-03/13/content_11002421.htm

③ 以上数字引自前教育部部长周济“在2008年孔子学院大会上的工作报告”。

遍开设汉语课。印尼目前有1000所中学正式开设汉语课。”[①]“泰国作为汉语热的新兴国家，开设汉语课的中小学已达千所以上，学习汉语的人数10年间增长了20多倍，2007年泰国学习汉语的中小学生超过20万人（206134人）。泰国接收中国汉语教学志愿者人数列各国之首”[②]，2008年接收了870名来自中国的汉语教学志愿者[③]，2009年仅新派志愿者就达800人，加上留任的志愿者，在泰国的汉语教学志愿者人数已达上千人。泰国孔子学院建设也卓有成效，一个只有六千万人口的国家建立了11所孔子学院和孔子课堂。在泰国，学习汉语已经成为一种时尚，泰国汉语传播速度在当今汉语国际传播中是一个奇迹。在美国、欧洲，汉语教学的发展势头也非常良好，美国大学理事会的调查结果显示，全美有2400多所中小学有意向在近几年开设汉语课，美国出于国家安全的考虑，投入巨资开展“关键语言”（Critical Languages）教学，而汉语就是六种关键语言之一。在英国、法国、德国、俄罗斯等国家，开设汉语的学校也在快速增加。这些事实说明，国际汉语教学的时代已经到来。

二、国际汉语教学时代需要有与之相适应的国际汉语教学学科

对外汉语教学正快速向国际汉语教学转变，对外汉语教学学

① 中国网：孔子学院影响力独特：4000万洋人学习汉语。http://www.china.com.cn/international/txt/2007-03/20/content_7987819.htm

② 吴应辉、杨吉春：泰国汉语快速传播模式研究，《世界汉语教学》2008年第4期。

③ 国家汉办志愿者中心提供数据。

④ 新华网：国外学汉语成时尚，美2400学校愿开中文课。http://news.xinhuanet.com/edu/2006-07/06/content_4800553.htm

科也应该与时俱进，转型为国际汉语教学学科。自20世纪80年代对外汉语教学学科建立以来，我国对外汉语教学学科取得了快速发展，已形成一套自己的理论体系、研究方法，推出了大批研究成果，建立起了本科、硕士和博士三个层次人才培养的完整体系，为中国的对外汉语教学事业做出了应有的贡献。2003年国家汉办推出的“汉语桥工程”[①]开始实施，对外汉语教学开始向国际汉语教学转型。2004年，“国务院批准了国家对外汉语教学领导小组制定的对外汉语教学事业2003年至2007年发展规划——《汉语桥工程》，明确提出了‘集成、创新、跨越’作为对外汉语教学和汉语国际推广工作的发展战略，也就是：集成一切资源要素，采取创新的举措，实现对外汉语教学事业的跨越式发展。”[②]2005年7月在北京举办的首届世界汉语大会实为汉语国际推广的首次动员大会，来自五大洲66个国家的300多位代表出席了这次大会。此次大会之后，汉语国际推广工作进入了高速发展阶段。

“六大转变”的推出，进一步加快了从对外汉语教学向国际汉语教学的转型。2006年，对外汉语教学向国际汉语教学的转变得到国家汉办等有关部门在政策层面的推动，“针对我国多年来对外汉语教学的主战场在国内，以来华留学生为主要教学对象的传统汉语教学模式不适应国外对汉语的需求状况，提出了转变观念和工作重点，实施六大转变：一是发展战略从对外汉语教学向全方位的汉语国际推广转变；二是工作重心从将外国人‘请进来’学汉语向汉语加快‘走出去’转变；三是推广理念从专业汉语教学向大众化、普及型、应用型转变；四是推广机制从教育系统内

---

① 汉语桥工程主要包括孔子学院、中美网络语言教学、教材、音像和多媒体制作、国内外汉语教师队伍建设、对外汉语教学基地建设、汉语水平考试、世界汉语大会和“汉语桥比赛”、“汉语桥”基金和援助国外中文图书馆和基本建设九个方面的内容。

② 章新胜：加强汉语的国际传播，促进多样文化的共同发展，《求是》2005年第16期。

推进向系统内外、政府民间、国内国外共同推进转变；五是推广模式从政府行政主导为主向政府推动的市场运作转变；六是教学方法从纸制教材面授为主向充分利用现代信息技术、多媒体网络教学为主转变。六个转变实际包含了三个层面：体制和机制，对象和教学类型，教材和教法。换言之，从过去的‘请进来’、对有一定学历的成年人进行面对面教学，发展到“走出去”、对社会上各式各样的人进行多种方式的教学，需要全方位的改进和改革。”[①]这一政策的推出，更加快了传统的对外汉语教学向国际汉语教学的转型。

目前的汉语教学除了我国国内的对外汉语教学之外，还有100多个国家都在开展汉语教学。据教育部公布的数据，2008年共有来自189个国家和地区的22万多（223,499）名各类来华留学人员[②]，与世界各国学习汉语人数相比，仅占不足1%（0.56%，按全世界4 000万人学汉语的数字计算）。我国2008年派出的汉语教学志愿者和汉语教师达3000多人，但他们只占世界各国汉语教师中的极小的一部分。这些数据已经充分说明，汉语教学的主体不在国内而在国外。国际汉语教学时代已经到来。因此，我们有必要在传统的对外汉语教学学科的基础上扩充改造，形成与汉语国际传播形势相适应、更有利于学科发展的国际汉语教学学科。对外汉语教学的内涵是“对外国人的汉语教学”，隐含着“老师是中国人，中国老师教外国学生”之意。但进入国际汉语教学时代，当千千万万的外国人就在自己的国度学习汉语的时候，教授他们汉语的老师可能绝大多数都是本国人，对外汉语教学这一名称在中国以外的其他国家就显得不太合适。作为一个学科，其内涵已发

① 许琳：汉语国际推广的形势和任务，《世界汉语教学》，2007年第2期。

② 教育部2009年第6次新闻发布会：介绍2008年中国教育对外开放总体情况及出国留学、来华留学事业发展情况。见教育部网站：http://www.moe.gov.cn/edoas/website18/02/info1237941653766102.htm

生了巨大变化，甚至已变化到原有的学科名称不能涵盖的程度，因此，非常有必要用“国际汉语教学”替代“对外汉语教学”。这样，国际汉语教学学科就能很好地涵盖国际汉语教学时代的学科内涵发展需要。尽管形式上对外汉语教学这一名称的使用仍然居主导地位，但现实中对外汉语教学学科已进入了国际汉语教学学科时代。从这个意义上讲，国际汉语教学这一能够充分反映此变化的新的学科名称替代“对外汉语教学”这一传统学科名称实属必然。

此外，现实中，“国际汉语教学”这一术语已在汉语教学界广泛使用，如由世界汉语教学学会定期召开的学术会议的名称确定为“第×届国际汉语教学讨论会”，由美国中文教师协会与中国大学联合定期举办的学术会议的名称确定为“第×届国际汉语教学学术研讨会”，国家汉办2009年4月与北京语言大学合作建立了“国际汉语教学研究基地”，其中使用的都是“国际汉语教学”，北京外国语大学出版的学术集刊叫“国际汉语教学动态与研究”（2009年开始更名为“国际汉语教育”），国家汉办制定的一套汉语课程大纲叫“国际汉语教学通用课程大纲”，其它使用较多的还有“国际汉语教学创新奖”，国际汉语教学资源展、国际汉语教学图书展等。总之，“国际汉语教学”这一术语在没有任何人刻意把它作为学科名称推出的情况下，在现实中已被无声无息地广为接受了。

当然，也有专家认为，应该使用“国际汉语教育”、“汉语外语教学”、“汉语作为外语教学”、“汉语作为第二语言教学”等名称，但笔者认为，“教育”有既教书又育人之意，隐含道德说教之嫌，中国教育特色太明显，毕竟这一学科名称是要涵盖全球汉语教学的，主要任务是“教书”，“育人”之功能宜弱化为佳。而“汉语外语教学”实为“汉语作为外语教学”的缩写，在人们对“汉语作为外语教学”和“汉语作为第二语言教学”两个术语争论不休的今天，“汉语作为外语教学”强调的是汉语在非汉语环境中作为外语的教学，也就是汉语在中国以外的其它国家自己的语言环境下的汉语教学，而“汉语作为第二语言教学”这一术语的内涵存在两种主要争议，一种意见认为，主要指在汉语环境下对外国人或母语不是汉语的其它人的汉语教学，其中也包括对母语非汉语的少数民族的汉语教学，如在中国对外国人进行的汉语教学或对母语为某种民族语言的少数民族的汉语教学；另一种意见认为，“第二语言是根据习得先后顺序来定义的。因此，对那些汉语为非母语者，无论是在美国还是在中国学习汉语，按照时间顺序，汉语都是他的第二语言，只是学习的环境不同。在中国，汉语是在“第二语言环境”（second language context）习得的，在美国，汉语是在“外语环境”（foreign language context）习得的。换句话话说，第二语言与习得环境无关。”[①]由此可见，汉语作为第二语言教学不仅存在其内涵方面的争议，而且还存在把“对中国国内少数民族的汉语教学”包括进去的情况，将其作为国际汉语教学时代的反映国际汉语教学现实的学科名称显然不太恰当。综上所述，“国际汉语教育”、“汉语外语教学”、“汉语作为外语教学”、“汉语作为第二语言教学”等名称均存在明显的不足，相比之下，“国际汉语教学”这一名称既能反映汉语走向世界的现实，又能充分反映学科的内涵，而且不带任何道德说教之嫌，显得比较中性，兼顾到了各个方面，作为一个学科名称，应该是最佳选择。当然，也有意见认为，这个学科名称国际接轨程度不够，主要理由是，以英语为例，就没有“国际英语教学”之说。但是，中国应该有自己的创新，中国人应该有勇气创造出一个响亮的学科名称“国际汉语教学”，难说国际汉语教学这一名称使用后，世界各国会效仿创造出“国际 ×× 语教学”等一批学科名称。

---

① 王建勤：汉语国际传播标准的学术竞争力与战略规划，《云南师范大学学报》（对外汉语教学与研究版）2010 年第 1 期。

三、汉语国际传播研究是国际汉语教学学科的两大组成部分之一

（一）汉语国际推广、汉语国际传播、国际汉语教学的区别与联系

汉语国际推广、汉语国际传播和国际汉语教学是一组既有联系又有区别的概念。三个概念的共同点是，都与汉语走向世界有关。汉语国际推广主要是作为一项事业的名称来使用，反映汉语的母语国中国努力把自己国家的语言汉语推广到世界的主动行为。这一术语曾一度被官方广泛使用，它能充分反映有关机构要把汉语推向世界的主动性、积极性和美好愿望，但会带来“文化侵略”之嫌的负面效应。本人注意到，此术语在正式重要场合，尤其是国际性重大活动中的正式讲话或报告很少使用这一术语。汉语国际传播是一个较为中性的学术术语，它能反映汉语走向世界的时代特征，同时也能涵盖与其相关研究领域当前和未来相当长一个时期的学科内涵，同时能为学科发展拓展更广阔的学术空间，是学术界普遍公认并广泛使用的一个国际汉语教学分支学科的学术术语。教育部副部长、国家语委主任郝平2009年5月指出，“当前，要优先发展当代社会急需的分支学科，如语言规划学、语言教学、计算机语言学、法律语言学、播音语言学、汉语国际传播等等。”[①]汉语国际传播被国家语委主任列入当前应该优先发展的分支学科，说明发展这个分支学科的必要性和紧迫性。国际汉语教学则是反映全球汉语教学与研究的学科名称，在学科目录中至少应该列为

① 郝平：大力促进应用语言学发展，为国家的繁荣昌盛作贡献，中国语言文字网：http://www.china-language.gov.cn/

二级学科，是汉语国际传播的上位学科，汉语国际传播是其分支学科，也是国际汉语教学最重要的组成部分。

（二）国际汉语教学与对外汉语教学、国别汉语教学的关系

国际汉语教学应包括传统的对外汉语教学和汉语国际传播两大部分。之所以把对外汉语教学列为国际汉语教学的两大部分之一，是因为对外汉语教学不论过去、现在还是未来，都是汉语走向世界的重要途径，只不过开展汉语教学的地域不在国外而在国内，开展汉语教学的语言环境是目的语环境而已。国际汉语教学和传统的对外汉语教学的关系是：对外汉语教学是国际汉语教学的前身和重要组成部分，国际汉语教学是对外汉语教学的继承和发展，它拓宽了对外汉语教学的研究视野，使对外汉语教学的交叉性特征更加明显，研究方法更加多样化。国际汉语教学和对外汉语教学是同一个学科，是一脉相承的，但国际汉语教学具有更强的多学科交叉性。之所以使用“国际汉语教学”这个名称，是因为它更能反映汉语国际传播的现实、当前和未来相当长一个时期的学科内涵，同时能为学科发展拓展更广阔的学术空间，总之，更有利于学科的持续健康发展。

从学科归属的角度说，对外汉语教学和国际汉语教学都应该属于语言学及应用语言学，都是一个以汉语言文字教学为基础、关涉到其它许多学科的交叉性学科；对外汉语教学作为国际汉语教学的前身和重要组成部分，经过20多年的努力，已经建立起了一套初具规模的理论体系，这些理论体系也是国际汉语教学的重要支撑，但国际汉语教学除传统的对外汉语教学理论体系部分外，汉语国际传播方面的理论体系尚处于草创阶段。也有观点认为，对外汉语教学应该属于教育学科，但笔者认为，该学科的基础、主干课程和教学内容均属于语言学，教育学相关内容仅为其中的

很小部分，所以，还是应该归入语言学及应用语言学。

从理论基础来看，传统的对外汉语教学以语言学、教育学、心理学、文化学等学科理论为基础，但国际汉语教学除以上学科外，由于汉语国际传播还涉及到外交、项目管理、国别文化等方方面面，因此其理论基础还应该包括管理学、文化人类学、传播学、外交学、社会学、历史学、地理学、统计学、计算机科学与技术等。

从研究内容来看，国际汉语教学比对外汉语教学更宽、更广。传统的对外汉语教学，主要研究中国的汉语教师对到中国来学习汉语的外国留学生的汉语教学相关的各种问题，主要侧重于“汉语语言学、汉语习得理论、汉语教学理论和研究方法学等基础理论和总体设计、教材编写、课堂教学、测试评估、教学管理和教师培养等应用研究。”①但国际汉语教学则不仅要研究上述问题，还要研究汉语国际传播相关的各种问题，如世界各国的汉语需求、本土化教材研发、国别化汉语教师的培养、国别化教学理论与方法、孔子学院管理机制、办学模式、布局、评估体系及个案，汉语教学志愿者项目和外派汉语教师项目相关的标准、程序、大纲、教材、管理机制、文化适应等问题，国别语言政策与汉语传播、国别文化与汉语传播、国别政治经济与汉语传播、地缘政治与汉语传播、国际关系与汉语传播、汉语国际传播史等研究领域。由此可见，国际汉语教学的研究内容主要包括两个部分，一是传统的对外汉语教学的研究内容；二是汉语国际传播相关的各种问题。

国际汉语教学主要包括中国国内的对外汉语教学和主要研究汉语走向世界相关问题的汉语国际传播两大组成部分，而国别汉语教学是汉语国际传播的一部分。

国际汉语教学学科建设应该主要抓好以下几个方面：一是学

① 刘珣：对外汉语教育学引论，北京语言大学出版社，2001 年 1 月第 1 版第 396 页。

科理论建设，二是学科队伍建设，三是学科人才培养。学科理论建设是最为重要的方面，在继续重视汉语教学研究的同时，要特别重视汉语国际传播理论体系建设和汉语国际传播实践研究，它是国际汉语教学不可或缺的研究领域，可以说，没有汉语国际传播研究，国际汉语教学学科就不完整。因此，开展汉语国际传播研究是国际汉语教学学科建设的需要。目前发表汉语国际传播研究成果的期刊寥寥无几，我们应该努力创办新的专业期刊，或在更多的学术期刊上开辟汉语国际传播研究专栏，以推动这一领域的研究。此外，学科队伍建设是学科建设的另一重要方面。目前研究对外汉语教学的队伍已初具规模，但研究汉语国际传播方面的学者却屈指可数，因此，有必要吸引更多的业内人士参与到汉语国际传播研究的工作中来，力争五到十年内形成一支汉语国际传播研究队伍。人才培养对于一个基础薄弱的学科来说十分重要，除继续加大力度培养对外汉语教学硕士、博士研究生和汉语国际教育专业硕士以外，有必要在硕士和博士层次开设汉语国际传播研究方向，以培养高层次汉语国际传播方面的教学、研究和管理人才，以确保国际汉语教学学科后继有人，并能持续健康地稳步发展。

四、汉语国际传播研究的主要领域

实践需要理论指导，目前汉语国际传播研究严重滞后于汉语国际推广实践[①]。汉语国际传播对于国际汉语教学工作者来说，既是艰巨而光荣的任务，也是难得的机遇。既然时代呼唤理论，我

① 吴应辉：加强研究，指导实践，让汉语又好又快地走向世界——汉语国际传播笔谈前言，《云南师范大学学报》（对外汉语教学与研究版）2007 年第 5 期。

们就有责任、有义务研究汉语国际传播相关的各种问题，让汉语又好又快地走向世界。可以预言，未来很长一个时期内，世界范围的汉语学习需求将持续快速增长并拉动汉语持续快速走向世界。汉语国际传播实践亟需汉语国际传播研究的支撑，汉语国际传播研究将具有广阔的空间。鉴于汉语国际传播蓬勃发展的形势，笔者认为汉语国际传播研究的主要领域应该包括以下几个方面：

一是汉语国际推广战略研究，包括对中国汉语国际推广的总体战略、国别战略、孔子学院布局战略等方面的研究，同时还应包括各国关于自己国家汉语推广战略的研究。汉语国际推广的总体战略应该成为国家战略的重要组成部分，尤其要配合国家的整体外交战略和国际经贸战略，最好有一定的超前性，因此，汉语国际推广战略研究对汉语国际推广实践具有重要指导意义。

二是汉语国际传播国别问题研究，包括国别教育体制、国别语言政策、国别文化与汉语国际传播等相关问题以及国别汉语教学需求研究。汉语国际传播的成功程度，主要体现在汉语进入国民教育体系的程度，因此，我们应该加强汉语国际传播与不同国家教育体制相关问题的研究，努力促成汉语教学进入所在国的国民教育体系。汉语国际传播必须与所在国的语言政策和当地文化相协调。我们应该把所在国语言政策和文化研究透彻，才能做到知己知彼，顺利传播。各国汉语需求的调查研究对于制定汉语国际传播战略十分重要，我们应该加强各国汉语教学需求的调查研究，定性与定量相结合，为制定长期战略提供科学依据。

三是汉语国际传播体制、机制与科学发展研究。汉语国际传播是新生事物，其管理体制与这项事业的整体可持续发展密切相关，项目的运行机制也直接关系到具体项目的可持续发展，如孔子学院及孔子课堂的发展问题研究，汉语教学志愿者项目、公派汉语教师项目的管理机制研究等，因此，有必要及时研究体制和运行机制面临的新情况和新问题。

四是汉语教学的本土化问题研究。在各国汉语教学中，本土化教材、教师、教学法相关问题的研究制约着日常汉语教学的各个方面。国别语言和文化的不同决定了对汉语教材、教师和教学法的不同要求。随着不同国家汉语需求的增长，本土化汉语教材、教师及相关教学法及教学模式等领域的研究必将成为汉语国际传播研究的重要领域。

五是汉语国际传播与国家软实力建设研究。语言传播对提升国家软实力会起到积极作用，但是，通过什么途径、影响力如何测定等都是十分值得探讨的问题。这一领域的量化研究成果对争取国家对汉语国际传播事业的投入将产生积极作用。

六是汉语国际传播典型个案研究。汉语在世界各国的传播模式各具特色，传播效果有所不同，及时总结不同个案的经验与教训，对其他国家和地区的汉语传播有借鉴意义。

七是汉语国际传播的有关标准研究。标准对一个国家或地区的汉语传播来说十分重要，没有标准，无所适从，要制定标准，就必须科学规范。因此，有必要开展适合不同国家和地区的各种汉语教学相关标准研究，如汉语教师标准、不同阶段的汉语课程标准和汉语能力标准、汉语教学大纲、汉语水平测试等方面的研究。

八是汉语国际传播的项目评估体系研究。项目评估有利于确保项目效益，汉语国际传播项目众多，有必要研发相应的指标体系，用于有关项目的评估，以确保汉语国际传播项目的效益。如孔子学院评估指标体系，志愿者及公派汉语教师的离任考评指标体系等。

九是现代教育技术与汉语国际传播研究。汉语国际传播必须与现代教育技术紧密结合，汉语和中国文化教学的多媒体化已非常普及，中国汉语教学技术产品的本土化、网络汉语教学、广播汉语教学、电视汉语教学等相关课题非常有研究和应用价值，对汉语国际传播将产生巨大的推动作用。

十是汉语国际传播史的研究。据张西平教授的观点，汉语和汉字在域外的传播始于商末周初[①]，对几千年的汉语国际传播史的研究既具有很好的学术价值，同时将为我们揭开一幅汉语走向世界的历史画卷，将激励更多的汉语教学工作者投身到汉语国际传播事业，并增强其自豪感和使命感。

结语

汉语走向世界既是中国发展的必然结果，同时也是中国和世界的共同需要。在汉语教学的主要场所已经从中国国内转到世界各地的今天，建立国际汉语教学学科已显得非常迫切。然而，长期以来，由于汉语教学主要在国内开展，人们的研究主要集中在对外汉语教学领域，甚至相当一部分研究属于汉语本体研究，与目前国际汉语教学需求和汉语国际传播形势存在较大差距。在对外汉语教学时代快速转型为国际汉语教学时代的今天，我们的学科需要与时俱进，更多地研究世界各地汉语教学相关的各种问题，“国际汉语教学”这一名称既能反映汉语走向世界的时代特征，又能涵盖当前和未来相当长一个时期的学科内涵，同时还能为学科发展拓展更广阔的学术空间，且学术界已普遍习惯并广泛使用。我们应该顺应时代的要求，使用“国际汉语教学”这一新的学科名称替代“对外汉语教学”这一传统的学科名称。全面启动国际汉语教学学科建设，加强汉语国际传播研究，推动汉语又好又快地走向世界。

① 刘珣：对外汉语教育学引论，北京语言大学出版社，2001年1月第1版第396页。

参考文献

[1] 国家汉办暨孔子学院总部：《孔子学院总部暨国家汉办2007年年度报告》[M]，2007。

[2] 刘珣：《对外汉语教育学引论》[M]，北京语言大学出版社，2001。

[3] 吴应辉、杨吉春：泰国汉语快速传播模式研究 [J]，《世界汉语教学》第4期，2008。

[4] 吴应辉：加强研究，指导实践，让汉语又好又快地走向世界——汉语国际传播笔谈前言 [J]，2007。《云南师范大学学报》（对外汉语教学与研究版）第5期。

[5] 许琳：汉语加快走向世界是件大好事 [J]，《语言文字应用》增刊，2006。

[6] 许琳：汉语国际推广的形势和任务 [J]，《世界汉语教学》，第12期，2007。

[7] 章新胜：加强汉语的国际传播，促进多样文化的共同发展 [J]，《求是》第16期，2005。

[8] 张西平：在世界范围内书写中国学术与文化，《世界主要国家语言推广政策概览》[M]，外语教学与研究出版社，2008。

[9] 王建勤：汉语国际传播标准的学术竞争力与战略规划，《云南师范大学学报》（对外汉语教学与研究版）2010年第1期。

[10] 郝平：大力促进应用语言学发展，为国家的繁荣昌盛作贡献，中国语言文字网：http://www.china-language.gov.cn/

摘　要

本文以泰国中小学阶段汉语教学的课程大纲为研究对象，以泰国外语教学大纲的交际理论为基础，使用文献研究法、全球视野比较法和宏观综合分析法，就泰国中小学汉语课程大纲相关问题进行了横向和纵向的分析，最后制定了符合泰国汉语教学特点的汉语课程大纲。本选题首次站在国家的高度，对泰国中小学阶段汉语课程大纲进行研究，具有较强的理论意义和实践意义。

本文首先对泰国汉语课程大纲的历史与现状进行系统的考察，对泰国汉语教学以及汉语课程的演变进行简要的梳理，并将泰国的汉语教学分为两个阶段：华校的汉语教学阶段和作为外语的汉语教学阶段。同时本文详细分析了泰国汉语教学历史上比较有影响的汉语课程大纲，主要包括：1928 年制定并实施的针对泰国华校的汉语课程——“参照课程”，教育部制定的《1962 年华校汉语课程》，《1978 年课程（1990 年改进版）》，《促进汉语教学，提高国家竞争力战略规划（2006-2010 年）》，泰国《2008 年基础教育核心课程》等，上述大纲对我们制定汉语课程大纲具有重要的借鉴意义。尤其是泰国教育部颁布实施的《泰国 2008 年基础教育核心课程》，其规定的“外语指标”是制定泰国基础教育汉语课程标准的重要依据。

其次本文对泰国有关汉语教学和汉语课程大纲的政策和法规做了系统的介绍和深入的解析。在泰国中小学的教育政策方面，对相关政策进行了简单介绍，涉及到的条例主要有《2010 年国家教育条例》、《2002-2016 年泰国国家教育计划》、《国家经济及社会发展规划》、《促进汉语教学，提高国家竞争力战略规划（2006-2010 年）》以及《2008 年基础教育核心课程》等五个。这些教育政策对泰国汉语教学影响主要表现在：指明了泰国汉语教学的基本目标和原则；明确了泰国汉语教学的主要组织形式，管理方式，基本内容，培养方向等；全面贯彻以学生为中心的教学理念；进一步强调地方教育机构在教学中的主导地位；与泰国教育政策保持高度一致，促进了泰国汉语教学的多样性发展；促进中泰两国官方交往进一步加强，提升了泰国汉语教学在世界汉语传播中的地位。对及汉语课程的影响主要表现在为泰国中小学汉语课程的制定确定了规范，同时决定了以课时为基础的泰国中小学汉语课程大纲制定原则。

在上述研究的基础上，本文提出了制定泰国中小学汉语课程大纲需要解决的两个问题。首先是汉语课程时间结构的问题。泰国《2008 年基础教育核心课程》里规定的外语课时，是针对第一外语英语的，而作为中小学补充课程的汉语课，在泰国基础教育中的课程情况比较复杂，目前的做法是各校各自为政，没有统一的时间结构依据。针对这一问题，本文通过对目前开设汉语课的学校所进行的调查，得出大部分学校开设汉语课的课时数。然后将这一数据与《2008 年基础教育核心课程》里规定的外语课基本课时进行比较，将泰国基础教育中小学一年级至三年级的汉语课程课时设定为每学年 40 课时，小学四年级至六年级为每学年 80 课时，初中一年级至三年级每学年 80 课时，高中汉语课为每学年 80 课时，高中文科汉语班为每学年 240 课时。以此作为本研究制定汉语课程大纲“汉语分项指标及核心学习内容”的主要课时依据。其次是学习者能力分级目标的问题。泰国《2008 年基础教育核心课程》里的“学习者能力（分级目标）”部分分为四个等级，即小学三年级、小学六年级、初中三年级和高中三年级。每一个等级之下又分别设有 10 个分项目标。其中，第 1 到第 8 项目标是由泰国外语教学的四个目标引申和发展出来的，泰国基础教育中的所有外语教学都要符合这八项目标的内容。而第 9 项分项目标“语言技能及词汇量”和第 10 项分项目标“语法项目”，则是在前面八项分项目标的基础上，针对不同语言的特点提出的。目前这一分项目标以英语作为主要参考，这就需要我们在制定汉语课程大纲的时候，充分结合汉语的特点来设定每阶段的词汇量和核心语法项目。同时，在此过程中如何处理拼音和汉字，以及如何选择语法用例等实际问题也需要考虑。针对这一问题，本研究从语序和表达方式两个方面系统而深入的对比了汉语和泰语的异同，并以此作为划分语法项目难易的标准，确定了针对泰国学生的五个等级的语法项目分布情况。同时在编写大纲的分项指标和核心学习内容时加入对汉语拼音和汉字的要求，大纲中的例子也充分考虑汉语的交际特点。在针对上述问题提出解决对策的基础上，笔者提出制定泰国中小学汉语课程大纲应该遵守的四项主要原则：要符合国家教育要求，也就是以学生为中心的教育理念，尊重权利下方到地方教育机构的教育制度，充分考虑各级教育机构的自主性；要坚持从“功能意念”到“形式”的交际型大纲设计模式；要借鉴国际上的课程大纲制定成果，与国际接轨；要具有针对性和实用性。

最后，笔者结合泰国中小学汉语教学的实际情况，制定出专门针对泰国中小学阶段汉语教学的课程大纲，称为“泰国中小学汉语课程大纲”。本大纲属于国家级的统一性教学大纲，对不同教育区和不同学校基础阶段的汉语教学具有指导意义。大纲包括两大部分，第一部分“说明”包括泰国中小学汉语课程大纲的目的、目标、标准以及分级目标；第二部分是泰国中小学汉语课程的分项指标及核心学习内容。本大纲的制定填补了泰国基础教育汉语课程大纲的空白，可以为泰国中小学组织汉语教学以及编写本土汉语教材提供依据，具有很强的实践价值和理论价值。

关键词：泰国，汉语教学，课程大纲，分项指标，核心学习内容

ABSTRACT

The thesis takes the curriculum of the Chinese teaching in Thailand primary and secondary school stage as the research object. Based on the communication theory of Thailand's foreign language Curriculum, with the application of literature research method, global vision comparative method, and macroscopic comprehensive analysis method, the thesis makes horizontal and vertical analysis on the problems related to the Chinese Curriculum of the Thai Primary and secondary school. Finally, the Chinese Curriculum has been formulated in accordance with the Chinese teaching characteristics in Thailand. The selected topic first stands in the state level and researches on the Chinese Curriculum in Thai Primary and secondary school. It has strong theoretical and practical significance.

The thesis first makes systematic investigation on the history and current situation of the Chinese Curriculum in Thailand and summarizes the Chinese teaching in Thailand and evolution of Chinese curriculum briefly. Besides, the Chinese teaching in Thailand has been divided into two stages, namely the stage of Chinese teaching in Chinese school and the stage of Chinese teaching as the foreign language. Meanwhile, the thesis analyzes the Chinese Curriculum with great effect in the history of Chinese teaching in Thailand in details, primarily including in 1928, "reference curriculum"—the Chinese curriculum was formulated and implemented for the Chinese school in Thailand; Chinese curriculum for Chinese school in 1962; Curriculum in 1978 (recession in 1990); Thailand's Promotion of Chinese Language Education, Strategy for

Improving the Country's Competitiveness (2006-2010) formulated by Ministry of Education; Basic Education Core Curriculum A.D.2008 of Thailand, etc. The above outlines have important significance of reference for us to formulate the Chinese Curriculum. Specially, focusing on the Basic Education Core Curriculum A.D.2008 of Thailand released and implemented by the Ministry of Education in Thailand, its provision of "foreign language learning indicator" is the important evidence to formulate the Chinese curriculum standard of the basic education in Thailand.

Second, the thesis makes systematic introduction and in-depth analysis of the Thai policies, laws and regulations related to the Chinese teaching and Chinese Curriculum. Focusing on the educational policy of Thailand Primary and secondary school, relevant policies are introduced briefly by the thesis. The major regulations referred to include National education regulations in 2010; National education plan in Thailand during 2002-2016; National economy and social development plan; Thailand's Promotion of Chinese Language Education, Strategy for Improving the Country's Competitiveness (2006-2010) and Basic Education Core Curriculum A.D.2008. These educational policies affect the Chinese teaching in Thailand, which is primarily reflected in the following aspects. It points out the basic purpose and principle of Chinese teaching in Thailand; confirms the major organizational pattern, management pattern, basic content and orientation of cultivation of Chinese teaching in Thailand; implements the teaching idea that centralizes the students comprehensively; further emphasizes the predominance of the local educational institution in education; keeps highly accordance with the educational policy in Thailand; promotes the diverse development of Chinese teaching in Thailand; promotes the further improvement of the official communication between China and Thailand; improves the status of Chinese teaching in Thailand in the global Chinese spread. The influence on the Chinese curriculum is primarily reflected on that standard has been confirmed for the formulation of Chinese curriculum of Thai Primary and secondary school. Meanwhile, it determines the formulation principle of Chinese Curriculum in Thailand Primary and secondary schoolbased on class hour.

Based on the research above, the thesis puts forward two problems that should be solved in the formulation of the Chinese Curriculum in Thailand Primary and secondary school. First is the time structure of the Chinese curriculum. The class hour of foreign language that is provided in Basic Education Core Curriculum A.D.2008 in Thailand focuses on the first foreign language, namely English. As the supplementary curriculum of Primary and secondary school, Chinese curriculum owns complicated condition in Thai basic education. At present, the method is that each school implements its own policy without united evidence of time structure. Aiming at this problem, through the investigation made to the schools that set Chinese curriculum now, the thesis achieves the learning time of Chinese curriculum set by most schools. Then, the data is compared with the minimal learning time structure of the foreign language curriculum regulated in Basic Education Core Curriculum A.D.2008. The learning time of Chinese curriculum for Grade 1 to 3 is settled as 40 hours each academic year; that of Grade 4 to 6 is 80 hours each academic year; that of Grade 1 to 3 in lower secondary school is 80 hours each academic year; that of Grades 4 to 6 in upper secondary school is 80 hours each academic year; that of liberal-art Chinese class in upper secondary school is 240 hours each academic year. This is taken as the major evidence of class hour for the research to formulate the "Chinese learning indicator and core study content" of the Chinese Curriculum. Second is the classification purpose of the learners' capacity. In the "capacity of learners (classification purpose)" in Basic Education Core Curriculum A.D.2008 in Thailand, it is divided into four levels, namely Grade 3 in primary school, Grade 6 in primary school, Grade 3 in lower Secondary school, and Grade 6 in upper secondary school. Under each level, there are ten subentry purposes. Thereto, the 1st to 8th purposes are extended and developed from the four purposes of foreign language teaching in Thailand. In the basic education of Thailand, all the foreign language teaching should comply with the content of the eight purposes. The 9th subentry purpose "linguistic skill and vocabulary" and 10th subentry purpose "grammar project" are based on the previous eight subentry purposes and put forward based on the characteristics of different language. At present. The subentry purpose takes English as the major reference, which requires us to integrate the characteristics of Chinese sufficiently to set the vocabulary of core grammar project of each stage when formulating the Chinese Curriculum. Meanwhile, in this process, it should also be considered that how to process the spelling and Chinese characters and how to select examples of grammar as well as other practical problems. Aiming at this problem, the research compares the differences and similarities between Chinese and Thai systematically and profoundly in two aspects, namely the word order and way of expression. In addition, it is taken as the standard to classify the difficult and easy grammar project.

Distribution condition of five-level grammar project has been confirmed focusing on the Thai students. At the same time, when formulating the subentry index and the core study content of the outline, the requirement of the Chinese spelling and Chinese characters is added. The examples in the outline also consider the communication characteristics of Chinese sufficiently. Based on putting forward countermeasures of the problems above, the author formulates the four major principles that should be complied with when formulating the Chinese Curriculum of Thai Primary and secondary school. Comply with the requirement of national education, namely the educational idea that centralizes students, respect educational system with the distribution of the right to local educational institution, consider the autonomy of the educational institution in each level sufficiently; stick to the communication-typed outline design model from the "function - notion" to "Form"; refer to the achievement of international formulation of curriculum outline, and act on international convention; have pertinence and practical applicability.

Finally, combining the actual situation of Chinese teaching in Thai Primary and secondary school, the author works out the curriculum outline especially for Chinese teaching in Thai Primary and secondary school, referred to as "Chinese Curriculum of Thai Primary and secondary school". This outline belongs to national unity syllabus, which is instructive to Chinese teaching in different school stages and different educational areas. There are two parts in this outline. The first part "instruction" contains the purpose, target, standard and subentry purpose of Chinese Curriculum in Thai Primary and secondary school; the second part focuses on the subentry index and core teaching content of the Chinese curriculum in Thai Primary and secondary school. The formulation of the outline fills the vacancy of the Chinese Curriculum of the Thai basic education. It may provide evidence for the Thailand Primary and secondary schoolto organize Chinese teaching and compile local Chinese teaching materials, which has strong practical and theoretical value.

KEY WORDS: Thailand, Chinese language teaching, Curriculum, Indicator, Core study content

目 录

第一章 绪论

中国改革开放以来，综合实力迅速增强，国际地位不断提升，与世界各国经济文化交流日益频繁。有关中国的话题成为世界各国人民讨论的热门话题之一。到 2010 年年底，中国国内生产总值（GDP）首次超过日本，成为世界第二经济大国。[①]中国的一系列成就，吸引了世界各国人民的目光，世界各国都努力与中国建立合作交流关系。人们逐渐认识到，学习汉语能够与中国进行广泛而深入的交流与合作，因此，汉语教学逐渐成为人们关注的热点之一。

在泰国，人们对中国的关注也在不断加强。中泰两国自古就有着紧密的关系，有“中泰一家亲”的说法。近年来，随着中国的繁荣与发展，中泰两国更是开展了越来越多的合作交流，如两国于 2003 年签署了农产品零关税协议[②]、澜沧江湄公河流域船运航线的开航、昆曼公路的开通、越来越多的中国企业在泰国投资等，这些合作的开展，对两国的人才市场都提出了语言人才的需求。因此越来越多的泰国人开始有学习汉语的需要，各级各类教育机构也纷纷开展了汉语教学。据朱拉隆功大学亚洲研究所中国研究中心 2008 年的统计，泰国学习汉语的人数约有 60 万人，[③]成为世界汉语热国家中最典型的例子之一。单从形式

---

① 参阅：中国新闻网 2011 年 2 月 15 日讯 :http://www.chinanews.com/cj/2011/02-15/2844826.shtml（2011 年 9 月 28 日）.

②参阅：中国网 http://www.china.com.cn/chinese/kuaixun/349267.htm

③参阅：ศูนย์จีนศึกษาสถาบันเอเชียศึกษาจุฬาลงกรณ์มหาวิทยาลัย. การเรียนการสอนภาษาจีนในประเทศไทยระดับประถม - มัธยมศึกษา ระดับอาชีวะศึกษา ระดับอุดมศึกษา การศึกษาขอกระบบ, กรุงเทพ ฯ: หจก. ศรีบูรณ์คอมพิวเตอร์ - การพิมพ์, 2551. ระดับประถม-มัธยมศึกษา 328700 คน (หน้า67,42) ระดับอุดมศึกษา 20800 คน (หน้า42) ระดับอาชีวะศึกษา 56365 คน (หน้า26) การศึกษานอกระบบ 49790 คน (หน้า27) 朱拉隆功大学亚洲研究所中国研究中心 . 泰国华文教学研究——中小学教育、职业教育、高等教育和非正规教育 . 曼谷：SRIBOON 计算机印制有限股份公司，2008. 分为中小学阶段有 32 8700 人（中小学阶段：第 67,42 页），高等教育约 20 800 人（高等教育：第 42 页），职业教育约 56 365 人（职业教育：第 26 页），非正规教育约 49 790 人（非正规教育：第 27 页）.

上看，泰国汉语教学的发展状况非常好，但从另一方面看，泰国汉语教学存在的问题也还很多，例如师资缺陷、教材缺失、各阶段的汉语教学缺乏衔接、缺乏教学大纲、教学方法传统、缺乏教学辅助技术的运用等，导致教与学不能达到应有的效果。为了帮助解决泰国汉语教学的诸多问题，为中小学阶段的汉语教学提供更明确的教学目标和教学内容，笔者希望站在国家的高度，对泰国中小学阶段的汉语教学大纲进行研究，最后制定出一套专门针对泰国中小学阶段汉语教学的课程大纲。

第一节 研究缘起

泰国汉语教学虽然形势良好，但是目前在实施的过程中缺少统一的标准。各校根据自己的情况开展汉语教学，自己制定教学大纲，随意选取教学内容。这种各自为政的现象使泰国各阶段以及各校的汉语教学严重缺乏衔接性和统一性。没有统一汉语课程大纲的另一个结果是导致泰国汉语教学中出现了“三个零”现象，即小学阶段从零开始，中学阶段从零开始，大学阶段仍然从零开始。如果这个问题得不到解决，除了会浪费学生的精力和金钱外，泰国汉语教学的水平和层次也将难以提高，大部分学习者的汉语水平将只停留在基础阶段，对泰国汉语教学水平的整体提高非常不利。

汉语课程大纲对一个国家开展汉语教学常常起到非常重要的作用，它可以作为编写汉语教材的依据，同时，课程大纲明确提出汉语教学的目标、内容，为汉语教师指明教学方向。本研究对泰国中小学阶段的汉语课程大纲进行研究，原因主要有三点：第一点是中小学阶段的汉语教学是泰国汉语教学中规模最大的阶段，规范这一阶段的汉语教学对提高泰国整体汉语教学水平至关重要；第二点是中小学阶段是汉语教学的起始阶段，也是情况最复杂的阶段，解决各年级汉语课程不衔接的问题，可以为培养高水平的汉语人才做好储备；第三点是相对于泰国高等教育阶段的汉语教学，中小学阶段汉语教学条件比较薄弱，所以更需充分重视。制定泰国中小学课程大纲可以为这一阶段的汉语教学活动指明目标。

第二节 研究意义及研究目的

一、研究意义

泰国汉语教学在快速发展的同时，出现了诸多顶层设计方面的漏洞，例如没有统一的教学目的和目标；对学习者学习能力要求不同；基础教育各阶段的教学水平不同；所使用的汉语教材不同；课程安排缺乏衔接性等。研究和制定泰国中小学汉语课程大纲对帮助解决以上问题具有非常重要的学术和应用价值。具体来说，本研究具有较强的理论意义和实践意义。

（一）理论意义

“语言教学大纲设计的研究和发展反映了人们对语言教学认识的不断深化和扩展。”[①]语言教学大纲从以往的语法和语言结构为纲发展为与功能和交际为纲，课程大纲的最终目的是让学习者获得语言能力，更确切地说，是能够让学习者使用目的语进行交际的能力。本研究以

---

① Brown D（周燕导读）. 语言教学大纲要素：课程设计系统法 . 外语教学与研究出版社 ,2001.9(2009.4 重印):F25.

泰国外语教学大纲的交际理论为基础，探讨符合汉语教学特点的汉语课程大纲相关的理论问题，这对发展国别化汉语教学具有重要的理论意义。

（二）实践意义

本研究制定泰国中小学汉语课程大纲，可以为国家层面制定汉语课程大纲提供参考和借鉴。与此同时，汉语课程大纲的制定又对地区及学校层面的汉语教学提供指导。此外，本大纲的制定填补了泰国基础教育汉语课程大纲的空白，可以为泰国中小学组织汉语教学以及编写本土汉语教材提供依据，具有很强的实践价值。

二、研究目的

泰国汉语教育顶层设计薄弱是制约汉语教学发展的因素之一[①]，缺乏官方制定的课程大纲导致各学校或教育机构各行其是，汉语教学缺乏衔接性。因此，本研究的主要目的是探讨制定大纲需要依据的主要原则，应该解决的问题，最后制定出一套符合国家基础教育外语教学大纲要求的“汉语课程大纲”。希望借此推动泰国汉语课程大纲的制定工作，引起学界对国别化汉语课程大纲问题的探讨，对发展国别化汉语教学起到一定的促进作用。

---

①吴应辉．汉语国际传播研究理论与方法，中央民族大学出版社，2013 年版。

第三节 资料来源及研究内容

一、资料来源

本研究的资料主要来自各方面的文献，包括泰国教育部下发的官方文件，如《泰国基础教育核心课程》、《外语分项指标及核心学习内容》以及相关的教育条例、法规等。通过参看这些官方文件，笔者掌握了可靠而准确的信息，增加了本研究的可信度；在历史文献方面，本研究主要查阅了泰国国家档案馆里收藏的有关泰国汉语教学的资料，泰国硕士、博士学位论文。笔者还查阅了中国国家图书馆里收藏的有关华侨教育的缩微胶片资源，整理了大量有关泰国汉语教学课程方面的重要文献；此外，本研究还参考了国际上其他语言教学的课程大纲，主要有《国际汉语教学通用课程大纲》、《欧洲语言共同参考框架：学习、教学、评估》等。除了以上资料外，本文还参考了大量与泰国汉语教学以及泰国教学大纲紧密相关的文献，包括汉语、泰语和少量英语文献。文献资料形式分别为专著、国家公文、期刊论文、硕士、博士学位论文、新闻报道、政府官网公布的信息等。这些文献对本文的撰写具有重要参考意义。

二、研究内容

本研究首先对泰国汉语教学课程大纲的历史与现状进行系统的考察，并对其进行了分阶段的介绍，对现今汉语教学课程大纲的研究及制定做铺垫。然后研究泰国中小学教育相关的法律、条例、政策等文件，对其进行系统的介绍和分析。再对目前泰国正在使用的《基础教育核心课程》以及《外语分项指标及核心学习内容》进行了分析和介绍。最后，本文对制定泰国中小学汉语教学课程大纲问题及对策进行了探讨：对泰国中小学阶段的汉语能力等级进行了划分。为了与国际接轨，本研究参考了《欧洲语言共同参考框架》和《国际汉语教学通用课程大纲》里的语言能力分级目标，并据此对泰国中小学汉语课程的标准进行规定；本文还对制定汉语课程大纲过程中的词汇量问题和语法项目问题进行了重点分析，并提出了可行性的解决方案。在此基础上，本文制定出了泰国中小学汉语教学课程大纲的初稿，希望能够引起专家学者对此问题的关注，同时为制定泰国中小学汉语课程大纲提供有价值的参考依据。

第四节　研究综述、方法及术语解析

一、研究综述

目前，对泰国汉语课程大纲的研究还比较少。根据本人对文献的整理，相关的研究成果大概有以下几个。

（一）泰国国内研究综述

1. Phawinee Boontha（2002）：Phawinee Boontha 的硕士学位论文《A Study of Curriculum Development of Second Foreign Language (Chinese) : A Case Study of Trimitvittayalai School》①对泰国岱密中学的汉语教学大纲进行研究后得出以下几个方面的结果：一是大纲制定方面。学校发展汉语教学项目立项之后，由汉语教师负责制订教学大纲，该校大纲是

① ภาวิณี บุญทา. การศึกษาการพัฒนาหลักสูตรภาษาต่างประเทศที่2(ภาษาจีน):กรณีศึกษาโรงเรียนไตรมิตรวิทยาลัย. [มหาบัณฑิตวิทยานิพนธ์]. กรุงเทพ: จุฬาลงกรณ์มหาวิทยาลัย. 2545:หน้า ง.
Phawinee Boontha. A Study of Curriculum Development of Second Foreign Language (Chinese) : A Case Study of Trimitvittayalai School: [硕士学位论文]. 曼谷 : 朱拉隆功大学 ,2002 年 :ง 页 .

在《2001年基础教育课程》的框架之下制定出来的，以“交际”和“职业”为主要目的，设置教学内容、课外活动、编写教材等。设置理论和实践的评估标准，教师按实际情况对教学进行评估；二是大纲的使用和管理方面。组织教师参加各种培训活动以及参与工作坊，让教师教自己擅长的课程，每一位教师的工作量一致。建立汉语中心和语音室，将大部分预算用于提高教学质量、制作教学材料和支付教师薪水。教学媒介物主要得到社会各界的支持，部分为教师自己制作。宣传方式主要以学校的各种活动为主，校领导追踪监督大纲的使用效果。存在的问题是缺乏汉语教师，教学媒介物不符合教师的教学需求，缺乏经费，教学监督工作缺乏连续性，以及教师的工作量太大，导致没有足够的时间设计每一门课的教学方案；三是教学方面。部分教师设计教学方案，根据教师的经验组织以学生为中心的各种课外活动，例如组织一些大纲以外的补充教学活动，为学生创造汉语实际运用的练习机会，组织小组或个性化指导补充教学等。评估方式多样性，评估内容包括听、说、读和写的能力，具体方式在于不同教师的教学方式。存在的问题是有的教师缺乏教学经验和技巧，缺乏现代教育技术的使用能力，缺乏对补充教学模式的了解。

2. Kannika Sa-nguannuan（2003）：Kannika Sa-nguannuan 的硕士学位论文《A Study of Curriculum Implementation of Foreign Language Learning Strand (Chinese) in Schools Under The Bangkok Metropolitan Administration》[①]，对曼谷市下属的18所学校进行了问卷调查和资料分析研究，得出以下几方面的结果：一是大纲管理方面。学术行政助理

① กรรณิการ์ สงวนนวน. การศึกษาการใช้หลักสูตรกลุ่มสาระการเรียนรู้ภาษาต่างประเทศ (ภาษาจีน) ในโรงเรียนสังกัดกรุงเทพมหานคร. [มหาบัณฑิตวิทยานิพนธ์]. กรุงเทพ: จุฬาลงกรณ์มหาวิทยาลัย. 2546:หน้า ง. Kannika Sa-nguannuan. A Study of Curriculum Implementation of Foreign Language Learning Strand (Chinese) in Schools Under The Bangkok Metropolitan Administration:[硕士学位论文]. 曼谷：朱拉隆功大学,2003 年 :ง 页 .

和外语教学主任没有深入了解大纲内容，在安排课程之前没有落实好教职员工的来源问题，没有根据教师的专业和能力特长安排相应教师教授相应课程。汉语课程表的批准与使用缺乏科学性，教学媒介物的下发具有随意性，但较好的一方面是学术行政助理、外语教学主任和外语教学督学者对汉语教学进行了监督和追踪，对教学现场进行了考察，了解汉语教学的实际情况，并根据教师的自我评价书来评估大纲的使用效果。课程的宣传方式主要是在召开家长会时对学生家长进行介绍；二是教学方面。教师根据自身的能力和特长对汉语教师学会发布的汉语教学大纲进行调整和使用，组织补充教学活动，为学生提供日常生活汉语练习的机会。制作适合课文内容的教辅用品，根据学生参加课堂教学和课外活动情况进行教学评估。存在的问题是学校没有汉语教学标准大纲，教师不能完成大纲里安排的教学内容，教师对教学设计缺乏信心，汉语教学活动的时间不足，缺乏学习评估手册，学生要参加其他学科的教学活动，导致没有时间参加汉语补充的教学活动。

3. Phonhathai Jantharakantanon（2006）：Phonhathai Jantharakantanon 的硕士学位论文《A Study of The Managerial State of Private Schools Offering Chinese Language in The Basic Education Curriculum》①，对民办基础教育阶段开设汉语课的学校中 214 位在职汉语教师进行问卷调查，发现学校所设置的汉语课程与 2001 年泰国外语教学大纲的要求基本相同，学校举行各种课外活动，为学生创造练习汉语的机会，由教师负责评估工作，教师还要为自己负责的班级制作教辅用品，根据评估效果不断提高自己的教学质量。使用率最高的教学材料是教材和练习册。

① พรหทัย จันทรกานตานนท์. การศึกษาสภาพการจัดการโรงเรียนเอกชนที่สอนภาษาจีนในหลักสูตรระดับการศึกษาขั้นพื้นฐาน. [มหาบัณฑิตวิทยานิพนธ์]. กรุงเทพ: มหาวิทยาลัยธุรกิจบัณฑิตย์. 2549:หน้า ฆ-ง. Phonhathai Jantharakantanon. A Study of The Managerial State of Private Schools Offering Chinese Language in The Basic Education Curriculum:[硕士学位论文]. 曼谷 : 博仁大学 ,2006 年 :ฆ-ง 页 .

存在的问题是汉语课时太少，使汉语教学管理工作不能正常进行，促进学习的课外活动少，教师没有根据评估结果完善自己的教学，督学工作没有连续，缺乏系统性。缺乏现代化教学技术设备，泰籍汉语教师的汉语水平亟待提高，中国教师又不懂泰语，无法与学生进行良好的沟通。

（二）泰国国外研究综述

根据笔者的调查，中国国内的文献中没有专门针对泰国中小学汉语教学课程大纲的研究，但有关于国际汉语教学的研究，该研究中对汉语学习者能力的划分一部分对笔者制定泰国中小学汉语课程大纲有一定的借鉴意义。如中国国家汉语国际推广领导小组办公室在 2007 年发布《国际汉语教学通用课程大纲》，对汉语作为第二语言课程目标与内容的梳理和描述，旨在为汉语教学机构和教师在教学计划制订、学习者语言能力评测和教材编写等方面提供参考依据和标准。该大纲将学习者能力分为五个等级，每个等级又分别描述了目标、语言知识、语言技能、策略、文化知识五个部分。五个等级的内容大致包括学习者对相应材料的理解、对各种句型的掌握、造句能力、以各种形式对事物的描述能力、学习汉语的兴趣和信心、掌握学习策略、交际策略、资源策略和跨学科策略、了解中国的文化知识、了解跨文化意识和具有国际化视野。

二、研究方法

本研究属于汉语国际传播领域的国别化顶层设计研究，选题具有宏观与微观相结合，但以宏观研究为主的特点。本研究主要使用文献研究法、全球视野比较法和宏观综合分析法，并基于以上三种主要研究方法，就汉语教学课程大纲相关问题进行了透彻的分析。文献资料包括传统的纸制文献及现代化电子文献资源，其中以官方发布的文件为主。

从本文所使用的研究方法中，需要特别提出的是“全球视野比较法”和“宏观综合分析法”[①]，它是吴应辉教授专门提出汉语国际传播研究领域中的重要研究方法。“全球视野比较法是通过比较以展示各国汉语传播总体情况及各个领域差异及其原因的方法，它非常强调全球视野，对世界各地（例如各洲、各国、各地区等）之间的情况进行对比分析研究，找出各地的异同以及对研究有价值的信息。宏观综合分析法是汉语国际传播研究中十分重要的一种研究方法。汉语国际传播研究相对于纯语言学研究来说，研究课题往往较为宏观，涉及内容往往纷繁复杂，同时研究目标往往比较明确，通常是为了解决某一方面问题或为了完成某一任务。研究中需要从全球汉语国际传播或某一国别、地区汉语传播的宏观层面把握大局，要站得高，看得远，善于鉴别筛选有价值的材料并进行综合分析处理，最后得出综合研究成果。这一方法较适合于汉语国际传播方略、对策、专项调研、综合论证等综合性较强的课题研究。”[②]

三、术语解析

本研究内容与泰国汉语教学紧密相关，因此文中用语将会涉及几个专业术语，而对于几个概念的理解，中泰两国之间存在一定的差异。为便于理解，有必要对如下术语进行界定及解释：

（一）教学大纲

教学大纲是根据相关国家的教育政策设定的某一阶段的总体教学

①吴应辉．汉语国际传播研究理论与方法，中央民族大学出版社，2013 年版。
②吴应辉．汉语国际传播研究理论与方法，中央民族大学出版社，2013 年版。

纲要。其中包括某一阶段的教学目的、教学原则、教学内容以及对每个等级的学生能力的要求等。教学大纲是课程内容合乎逻辑的构架，是教学顺序、教学工作的指南，是学生对该课程掌握程度的反映。泰国的教学大纲以《基础核心课程》的形式呈现。该课程将泰国基础教育阶段的课程学习内容分为八类，并对基础教育阶段学生的学习目标、学习标准、学习指标作了规定。在泰国，“教学大纲”即“课程”。

（二）课程大纲

课程大纲是指学校学生所应学习的学科总和进程与安排。课程大纲是从教学的角度，根据教学大纲规定的内容，对每一阶段的教学分项指标、核心教学内容、教学中应该注意的问题进行阐述。是编写教科书和教师进行教学的主要依据，也是检查和评定学生学业成绩和衡量教师教学质量的重要标准。本研究的研究对象是“课程大纲”。

（三）汉语和华文

本文中“汉语”和“华文”这两个术语是根据不同时期的用法来使用的。例如在谈到泰国早期（指 1992 年以前）的情况时使用“华文”这一术语，在谈到现代（指 1992 年以后）的情况时使用“汉语”这一术语。

第二章
泰国汉语教学及汉语课程演变

泰国汉语教学课程的演变离不开泰国汉语教学的历史，因此，研究泰国汉语教学课程情况，应先简要了解泰国汉语教学课程的历史。

泰国汉语教学由来已久，但直到本世纪初汉语才正式进入泰国教育体系。“学汉语会被警察抓”这是笔者小时候在华校上学时经常听到的话。泰国汉语教学从萌芽到在曲折中艰难发展，再到逐渐步入正轨，受政治原因的影响颇大。泰国华校早期的汉语教学受到政府的严格管制，基础教育中的汉语教学直到20世纪中旬才开始逐渐恢复，近年来开始飞速发展。

泰国的汉语教学大体上可以分为两个阶段，一是华校所开展的汉语教学阶段（1238—1992年），二是作为外语的汉语教学阶段（1992年到现在）。早期的汉语教学主要以华校为依托。学生是泰国华人，教学语言是汉语，教材引自中国，教学内容除了汉语语言，还涉及数学，历史，文化等，尤其关心政治。由于这种政治化倾向，泰国汉语教学的发展经历了由自由发展到被政府严格控制甚至禁止的阶段。进入近现代，由于世界政治形势的日趋稳定以及泰中关系的持续升温等原因，泰中两国在经贸、文化、政治、教育等方面的合作越来越频繁，再加上中国综合国力的不断提升，泰国政府逐渐改变了对汉语的态度，并开始重视和促进汉语教学。这一时期的汉语教学开始从华校课程向外语课程过渡，最终成为泰国基础教育体制中一门重要的外语课程。

第一节　华校的汉语教学与课程演变

一、汉语课程自由时期

笔者把该时期的课程演变分为 4 个阶段：（一）素可泰王朝、阿瑜陀耶王朝及吞武里王朝时期（1238—1782 年）；（二）曼谷王朝拉玛一世时期（1782—1809 年）；（三）曼谷王朝拉玛四世时期（1851—1868 年）；（四）曼谷王朝拉玛五世时期（1868—1910 年）。以下分别对这四个时期的汉语教学情况及课程情况进行分析和介绍。

（一）素可泰王朝、阿瑜陀耶王朝及吞武里王朝时期（1238—1782 年）

1. 汉语教学总体情况

素可泰王朝、阿瑜陀耶王朝及吞武里王朝时期，泰国境内还没有出现华文学校。汉语学习仅限于语言的直观接触和模仿，人们在自然环境下学习汉语。①生活在泰国的华人为了保留和传承中国的文化，希望自己的子女能够成为“唐人”，而不是“森人”②。因此，富裕的华人将子女送往中国留学，家境比较好的华人则会聘请家教，这些家庭教师专业性不强，因此教学质量难以保障，所以只能教孩子简单的识字。而贫困的华人则把子女送进庙宇学习，由香公担任教师，以圣经为教材，此外还会讲述一些有关中国的历史和文化故事等。教学方式以教师讲授为主。教学场所一般环境简陋，甚至没有桌椅等教学设施。学费缴付较为自由，有经济能力的人家会支付现金，但是一般家庭则仅能送

---

①帕恰妮•旦日勇 . 泰国的华文教育沿革——中泰合作的新里程碑 . 见：傅增有、薄文泽，编 . 中泰关系三十年——回顾与展望 . 中国香港：香港科学出版社，2007:178.

②注：泰国华人称自己是唐人，而华人以外的人称森人。

给教师一些生活必要品如油、米等作为回报。这一时期的汉语教学比较随意，教学目的仅限于希望学生认识一点汉字，或者借学习汉语打发时间。①

2. 汉语教学课程情况

这一时期，由泰国人开办的学校还没有出现，教育发展还处于自由自发阶段，汉语教学以圣经故事及中国历史文化为主要学习内容，这些学习内容勉强可以算是这时期的课程。课堂教学也都采用最传统的教学法。

（二）曼谷王朝拉玛一世时期（1782—1809 年）

1. 汉语教学总体情况

据记载，曼谷王朝拉玛一世时期，在大成府的一座小岛上开设了一所华文学校。后来，人们便把这座小岛称为“เกาะเรียน”②（/kɔ21 rian33/意思是“学习之岛”）。这所学校只教授中文，学生人数大约 200 人。文献对该校创办者没有记载，也没有政府管理以及学校停办的记录。③该学校的创立可以看作泰国华文学校和汉语教学萌芽的标志。

2. 汉语教学课程情况

由于该时期有记录的唯一学校的信息非常有限，无法深入了解其课程设置等情况。

---

① เสถียร ศุภโสภณ. ประวัติโรงเรียนราษฎร์ในประเทศไทยและทำเนียบโรงเรียนราษฎร์. พระนคร: สมาคมครูโรงเรียนราษฎร์แห่งประเทศไทย, 2514: หน้า 107. Saturn Suphasophon. 泰国私立学校历史及名单 . 暹京 : 泰国

② ThaiTambon 网站 .Korian 乡 .http://www.thaitambon.com/tambon/ttambon.asp?ID=140119.

③ เสถียร ศุภโสภณ. ประวัติโรงเรียนราษฎร์ในประเทศไทยและทำเนียบโรงเรียนราษฎร์. พระนคร: สมาคมครูโรงเรียนราษฎร์แห่งประเทศไทย, 2514: หน้า 106. Saturn Suphasophon. 泰国私立学校历史及名单 . 暹京 : 泰国私立学校教师协会编制 ,1971:106.

（三）曼谷王朝拉玛四世时期（1851—1868 年）

1. 汉语教学总体情况

曼谷王朝拉玛四世时期，美国长老会（The American Presbyterian Board）的传教士 Samuel R. House 博士在曼谷黎明寺（郑王庙）旁边开办了一所寄宿学校。据记载，该校建校的土地是拉玛四世王御赐的，于 1852 年 9 月 30 日开课，最初学生只有 27 人。由于学生全都是华人华裔，因此使用汉语授课，负责授课的教师是一位名叫 Sinsaa ki-eng Qua sean（泰语为 ซินแสกีเอง“ก๊วยเซียน”）①的华人。由于该校得到王族和高级官员的支持，所以学生不断增加，校址狭小问题日渐突出。因此，1857 年学校整体迁到吞武里省湄南河岸边的 Samray 乡 (泰语为 ตำบลสำเหร่)。1859 年招收了第一名女学生，同年 Sinsaa ki-eng Qua sean 去世，②1860 年学校由泰籍老师改用泰语进行授课，③教授的科目有哲学、数学、地理、天文学、作文等。④这一时期的汉语教学进一步发展，出现了以学校为组织形式的汉语教学。

2. 汉语教学课程情况

这一时期汉语作为教学语言，用来教授哲学、数学等自然科学。学校遵循当时通行的一般教学要求设置课程。

（四）曼谷王朝拉玛五世时期（1868—1910 年）

1. 汉语教学总体情况

在曼谷王朝拉玛五世王后期，泰国的汉语教学出现了一次小的热

---

①注 :Sinsaa ki-eng Qua sean, 福建厦门人 ,1844 年 1 月 7 日参加美国长老会基督教的第一个会员 .

② แช่ม กีระนันทน์. ประวัติของท่านซินแสกีเอง(ก๊วยเซียน). พระนคร: โรงพิมพ์บูรพา, 2490: หน้า 42. Cham Keera-nan. Sinsaa ki-eng (Qua sean) 简历 . 暹京 :Burapha 印制场 ,1947:42.

③ เสทื้อน ศุภโสภณ. ประวัติโรงเรียนราษฎร์ในประเทศไทยและทำเนียบโรงเรียนราษฎร์. พระนคร: สมาคมครูโรงเรียนราษฎร์แห่งประเทศไทย, 2514: หน้า 42. Saturn Suphasophon. 泰国私立学校历史及名单 . 暹京 : 泰国私立学校教师协会编制 ,1971:42.

④泰国文物库房网站 . 泰美关系 .http://www1.tv5.co.th/service/mod/heritage/nation/military/usrelation/

潮。中国同盟会的创办人——孙中山先生领导的辛亥革命推翻了满清政府，颠覆了中国封建思想。中华民国成立后，为了取得海外华人的支持，孙中山派其盟友到东南亚各国向海外华人宣传自己的民主主义。1908 年，孙中山访问泰国，并成立了中华会馆，该会馆是同盟会分支机构之一，在泰国的主要任务之一是收集募捐资金，用于中国的革命活动。①

孙中山民族理念的传播，加之中国清朝政府出台《大清国籍条例》②，使泰国华人民族认同感日渐增加。由于《大清国籍条例》以血统为区分国籍的主要依据，以出生地为次要依据，③所以在泰国生长的华人认为自己是生在异国的中国人。华人爱国主义情怀的滋长也促进了泰国华文学校的建设。泰国华人纷纷成立中华商务协会、中文报社等以传播中华文化。华文学校也日渐增多。④

1909 年，中华会馆在曼谷 Charoen Krung 路（泰语写成 เจริญกรุง），Captain Bush 巷（泰语为 ตรอกกัปตันบุช）成立了一所华文学校——“华益学堂”，该校被认为是泰国第一所华文学校。华益学堂的教学活动形式与当时中国国内完全相同。学校开办初期，由同盟会聘请的 3 位中国国内教师负责教学，他们分别是四川、广东和海南籍。教学内容除了基本课程以外，还向学生讲授三民主义。此时中国国内的革命活动越来越激烈，以致这三位教师对革命的兴趣超过了对传授

① จี. วิลเลียม สกินเนอร์. สังคมจีนในประเทศไทย: ประวัติศาสตร์เชิงวิเคราะห์ (ชาญวิทย์ เกษตรศิริบรรณาธิการ, พรรณี ฉัตรพลรักษ์ ผู้แปลและคณะ). กรุงเทพ ฯ: บริษัท Green Print จำกัด, 2548 พิมพ์ครั้งที่ 2: หน้า157-159. G. William Skinner. Chinese Society in Thailand : An Analytical History (Chanwit Kasetsiri 编辑 , Phannee Chatphonrak 等译). 曼谷 :Green Print 有限公司印制 , 2005(重印):157−159.

②北京政学社 (清) 编 . 大清法规大全 . 清宣统间 [1909−1911].42 册 .

③严海玉 . 中国历史上第一部成文国籍法——纪念《大清国籍条例》颁布 100 周年 . 中央民族大学学报 (哲学社会科学版),2010(4).

④ Yukungs. 泰中文化经济协会网站 .2009−07−27. http://www.thaizhong.org/index.php?option=com_content&view=article&id=167:special−art2&catid=41:relationthaichina−cat&Itemid=98. 2011−03−27.

知识的兴趣，因此他们后来纷纷返回中国参加革命。由于师资匮乏，“华益学校”于 1911 年停办。[①]

当时，中华会馆的部分成员支持君主制，导致与同盟会发生矛盾。后来，这些支持君主制的成员离开了中华会馆，成立新的协会，称为“联合书报社”，并以“联合书报社”的名义成立了“中华学校”、“国文学堂”、“初步学堂”等华文学校。后来，泰国的潮州人、福建人、海南人、广东人和客家人携手成立了五帮协会，该协会也开办了几所华文学校，如：新民学校、大同学校、南英学校等。由于该会的大多数成员是潮州人，所以学校以潮州话为教学语言，这给其他方言的学生带来了巨大困难。因此各不同语言帮派开始开设使用自己方言教学的华文学校，如：进德学校、培英学校等。[②]

2. 汉语教学课程情况

曼谷王朝拉玛五世后期，由于政治等方面原因，泰国的华校数量激增，而且当时的泰国政府也没有对华校课程进行控制。学生都是华人，授课语言都是汉语。大多数华校汉语课程仿效中国国内学校进行设置。除了教授汉语的听说读写外，这一时期的课程设置的明显特征是具有很大的政治倾向性，即课程设置的主要目的是用来传播革命政治思想。

二、控制汉语课程时期

泰国政府对华校的汉语教学进行控制始于 1910 年。由于当时华

---

① เสทือน ศุภโสภณ. ประวัติโรงเรียนราษฎร์ในประเทศไทยและทำเนียบโรงเรียนราษฎร์. พระนคร: สมาคมครูโรงเรียนราษฎร์แห่งประเทศไทย, 2514: หน้า 42. Saturn Suphasophon. 泰国私立学校历史及名单 . 暹京 : 泰国私立学校教师协会编制 ,1971:42.

② การเรียนการสอนภาษาจีนในประเทศไทยระดับประถม - มัธยมศึกษา, กรุงเทพ ฯ: หจก.ศรีบูรณ์คอมพิวเตอร์ - การพิมพ์, 2551. หน้า 24. 朱拉隆功大学亚洲研究所中国研究中心 , 泰国华文教学研究——中小学教育 , 曼谷 :SRIBOON 计算机印刷有限股份公司印制 ,2008:24.

校中的汉语教学与泰国教育体制和教育政策相矛盾，泰国政府出台了《1918 年私立学校条例》①对华校进行控制，以规范泰国境内的学校教育（包括华校），希望能够使其符合泰国的教育政策。笔者把该时期的课程演变分为 4 个阶段，即：（一）曼谷王朝拉玛六世时期（1910—1925）；（二）曼谷王朝拉玛七世时期（1925—1935 年）；（三）曼谷王朝拉玛八世时期（1935—1946 年）；（四）曼谷王朝拉玛九世初期（1946—1992 年）。

（一）曼谷王朝拉玛六世时期（1910—1925 年）

1. 汉语教学总体情况

孙中山在中国领导的革命取得成功，引发了泰国高级军官和知识分子对民主制度的追求。当时泰国的君主专制制度引发了人们的不满，地下集团开始密谋发动政变，以推翻君主专制政体，建立民主主义政体的泰国。该团体被称为“曼谷王朝 130 周年（1911）叛乱分子”也被称为“Kek meng②（革命）叛乱分子”。后来该集团的叛乱计划暴露，参与者全都被逮捕。由于该团体的领袖是一名泰籍华人，因此，此事件过后，华人的行动开始引起泰国政府的高度关注。③此时，也正是泰国拉玛六世王需要向国民宣传爱国主义的重点时期，泰国政府和王室希望华人能“轻祖国重泰国”④。六世王针对泰国华人推行了各项措施，

---

① ราชกิจจานุเบกษา. พระราชบัญญัติโรงเรียนราษฎร์พุทธศักราช ๒๔๖๑. ฉบับที่ 35 (ตอนที่ 0ก), 2461: หน้า 110–125. 政府宪报 .1918 年私立学校条例 . 第 35 卷 (第 0ก 段).1918:110–125.

②注 : 泰语写成 เก็กเหม็ง.

③ภูผา. ย้อนรอยขบวนการยึดอำนาจปฏิวัติเมืองไทย. กรุงเทพ: สำนักพิมพ์เครือเถา. 2535: 232. Preng Phupha. 重访泰国夺权连动革命 . 曼谷 :KHRERTAO 出版社 ,1992:232.

④ มูลศิลป. รายงานการวิจัยเรื่องแนวคิดทางการศึกษาสมัยพระบาทสมเด็จพระจอมเกล้าเจ้าอยู่หัว พ.ศ.2475, กรุงเทพ ฯ: โครงการพัฒนาสังคมศาสตร์ที่เกี่ยวข้องกับการศึกษา สำนักคณะกรรมการการศึกษาแห่งชาติ. 2526: 119. Wutthichai Moonsin.1932 年曼谷王朝拉马五世时期的教育思想 :[研究报告]. 曼谷 :(与教育相关的社会科学发展项目) 国家教育委员会办公室 , 1983:119.

如：制定了《曼谷王朝 130 周年（1911）入籍条例》、《曼谷王朝 130 周年（1911）驱逐条例》、《1913 年国籍条例》等。[①]

华校的发展在这一时期受到了限制。1911 年，泰国普吉府有华人向政府部门提出合法创办华文学校的要求。对于此事，普吉府府长 Praya Rassadanupradit（旧名 Co Zimbie Na Ra-nong，中文名：许心美）[②]未敢作出决定，所以致信向当时的外交部长 Kromluang Damrong Rachanuphap 请示。外交部长为避免引起华人的不满，做出了允许成立华校的批示，但要求华校的教学必须遵守国家教育的相关规定。于是，该校就成为泰国第一所合法的华校，取名为“华文学校”[③]。

图 2-1 华文学校 1927 年建筑的教学楼（现已被改为“泰华博物馆”）[④]

---

① Yukungs. 泰中文化经济协会网站 .2009-07-27.http://www.thaizhong.org/index.php?option=com_content&view=article&id=167:special-art2&catid=41:relationthaichina-cat&Itemid=98.2011-03-27.

② Wikipedia,the free encyclopedia.Phaya Rassadanupradit mahisonphakdee (kosinbi na ranong). 2011-03-12. http://th.wikipedia.org/wiki/พระยารัษฎานุประดิษฐมหิศรภักดี_(คอซิมบี๊_ณ_ระนอง).2011-03-27.

③ พิชัย รัตนพล. วิวัฒนาการการควบคุมโรงเรียนจีน.[มหาบัณฑิตวิทยานิพนธ์]. กรุงเทพ: สถาบันบัณฑิตพัฒนบริหารศาสตร์, 2512: 53-57. Phichai Rattanaphon. 华校控制演变 :[硕士学位论文]. 曼谷：泰国国家发展管理学院 ,1969:53-57.

④泰国文化委员会办公室网站 . 普吉泰华博物馆 .http://www.culture.go.th/culturemap/index.php?ction=listdistrict&pid=83&did=83000&pnum=3#mapdetail. 2011-05-22.

除了“华文学校”以外，当时泰国存在大量未向教育部申请注册的其他华文学校，例如：客属会馆成立的“进德学校”，广肇会馆成立的“明德学校”和“坤德学校”，福建会馆成立的“培元学校”，潮州会馆成立的“公立中山学校”、“华英学校”和“培英学校”，海南会馆成立的“育民学校”。[①]这些华校除了教授一般的课程以外，还向学生传播政治思想，当时几乎所有的华校都有中国政治人士活动。为了管控华校的教学，泰国政府于1918年出台了《1918年私立学校条例》[②]，此条例对泰国华校做出如下规定：1）已成立或即将成立学校的公民，需向教育部提出申请注册，并服从教育部的管理；2）私立学校（包括华校）必须设置泰语课，使学生具备比较好的泰语阅读、写作和理解能力；3）私立学校必须设置公民课，使学生了解泰国地理和历史，以及培养学生的爱国（泰国）之心；4）外国教师必须在6个月或1年之内通过泰语能力考试；5）教育部长有权下令禁用违反道德或社会次序的教材或教具；[③]6）私立学校每周至少安排3个小时的泰语课，其他科目，也要在3—5年的教育里使用泰语授课。[④]此条例颁布后，大部分不符合要求的华校并没有积极配合政府的工作，而是维持原状。也有的学校为了合法化，向政府要求派泰籍教师到学校协助

---

① เสท้อน ศุภโสภณ. ประวัติโรงเรียนราษฎร์ในประเทศไทยและทำเนียบโรงเรียนราษฎร์. พระนคร: สมาคมครูโรงเรียนราษฎร์แห่งประเทศไทย, 2514: หน้า 108-109. Saturn Suphasophon. 泰国私立学校历史及名单 . 暹京 : 泰国私立学校教师协会编制 , 1971:108−109.

② ราชกิจจานุเบกษา. พระราชบัญญัติโรงเรียนราษฎร์พุทธศักราช ๒๔๖๑. ฉบับที่ 35 (ตอนที่ 0ก), 2461: หน้า 110−125. 政府宪报 .1918 年私立学校条例 . 第 35 卷 (第 0ก 段).1918:110−125.

③ พิชัย รัตนพล. วิวัฒนาการการควบคุมโรงเรียนจีน. [มหาบัณฑิตวิทยานิพนธ์]. กรุงเทพ: สถาบันบัณฑิตพัฒนบริหารศาสตร์, 2512: 66. Phichai Rattanaphon. 华校控制演变 :[硕士学位论文]. 曼谷 : 泰国国家发展管理学院 ,1969:66.

④ วุฒิชัย มูลศิลป์. รายงานการวิจัยเรื่องแนวคิดทางการศึกษาสมัยพระบาทสมเด็จพระจอมเกล้าเจ้าอยู่หัว พ.ศ. 2475, กรุงเทพ ฯ: โครงการพัฒนาสังคมศาสตร์ที่เกี่ยวข้องกับการศึกษา สำนักคณะกรรมการการศึกษาแห่งชาติ. 2526: 36. Wutthichai Moonsin,Ladawan Phuangnin. 私立学校教育的发展 :[研究报告]. 曼谷 :(私立学校教育组织管理效率研究项目) 国家教育委员会办公室 ,1983:36.

工作，例如 1921 年教育部派 Tim Sukkhawat 先生担任新民学校校长，后又先后派 Cher 先生担任明华学校校长、Chutha Kritsanasan 女士担任潮州女子学校校长等。有泰籍教师在学校任教使华校与政府之间的沟通更加便利。①

1921 年泰国政府又出台了《1921 年泰国小学条例》②，该条例的颁布又一次给华校带来了较大影响。条例规定 7—14 岁的孩童必须就读于合法的公立学校或私立学校。该条例还规定授予小学文凭的学生必须通过教育部规定的所有科目的考试。由于华校只教授华文，所以学生想要在华校通过所有科目的考试，获得小学文凭基本上是不可能的。该条例的颁布给华校带来了巨大的冲击。

2. 汉语教学课程情况

泰国拉玛六世王初期，泰国国内第一所合法的华校“华文学校”的课程受到泰国政府的严格控制，政府只允许学校每天开设一个小时汉语课和四小时的泰语课。③

后来华校数量不断增加，很多华校却不设泰语课，但专门安排了“三民主义”课。泰国政府后来出台的《1918 年私立学校条例》规定华校每周至少上 3 个小时的泰语课。《1921 年泰国小学条例》颁布之后，规定在泰国境内开办的小学要以泰语授课，极大地影响了华校的课程设置。

---

① พิชัย รัตนพล. วิวัฒนาการการควบคุมโรงเรียนจีน.[มหาบัณฑิตวิทยานิพนธ์]. กรุงเทพ: สถาบันบัณฑิตพัฒนบริหารศาสตร์, 2512: 69–70. Phichai Rattanaphon. 华校控制演变 :[硕士学位论文]. 曼谷 : 泰国国家发展管理学院 ,1969:69–70.

② ราชกิจจานุเบกษา. พระราชบัญญัติประถมศึกษาพุทธศักราช ๒๔๖๔. ฉบับที่ 38 (ตอนที่ 0ก), 2461: หน้า 246–289. 政府宪报 .1921 年小学教育条例 . 第 38 卷 (第 0ก 段).1921:246–289.

③ พิชัย รัตนพล. วิวัฒนาการการควบคุมโรงเรียนจีน.[มหาบัณฑิตวิทยานิพนธ์]. กรุงเทพ: สถาบันบัณฑิตพัฒนบริหารศาสตร์, 2512: 57. Phichai Rattanaphon. 华校控制演变 : [硕士学位论文]. 曼谷 : 泰国国家发展管理学院 , 1969: 57.

以下是根据嵇翥青1924年的调查所整理出来的华校开设的科目表。

表2-1 1924年泰国曼谷地区华校开设的科目表[①]

序	学校名称	学习阶段	开设科目	门	课本
1	广肇公立明德两小学校	国民小学四年	国文、国语、修身、算学、体操、音乐、字学、英文、暹文、图画、手工	11	采用民国十年商务印书馆春季出版的新法教科书
		高级小学三年	国文、修身、算学、英文、暹文、国语、地理、历史、信札、珠算、商业、音乐、理化、字学、手工、图画	16	
2	旅暹潮州第一公立女子两等小学校（民国七年开办）	国民小学四年	国文、修身、算学、英文、体操、国语、暹文、唱歌、图画、手工、书信	11	采用最近出版的商务印书馆及其他书局
		高级小学三年	国文、修身、算学、英文、体操、国语、暹文、唱歌、图画、手工、历史、地理、理科、书信	14	
3	客属华侨公建进德学校	国民小学四年	国语、修身、算术、英文、体操、音乐、习字、图画、手工、暹文	10	九年或十年商务印书馆出版的新法教科书
		高级小学三年	国语、修身、算术、英文、体操、地理、历史、信札、珠算、商业、理科、习字、图画、手工、音乐、暹文	16	
4	暹京潮州公立培英学校	国民小学四年	国文、国语、算术、英文、体操、图画、手工、书信、理科、珠算、暹文	11	-
		高级小学三年	国文、国语、算术、英文、体操、地理、历史、图画、手工、书信、习字、音乐、商业、理科、珠算、暹文	16	
5	暹京福建培元义务学校	国民小学四年	国语、修身、算术、珠算、英文、习字、唱歌、作文、暹文、体操	10	商务印书馆出版的新法教科书
		高级小学三年	国文、国语、修身、英文、算术、珠算、地理、理科、习字、书信、暹文、体操、唱歌、作文	14	

①嵇翥青．中国与暹罗．上海：中外广告社，1924: 156–185.

续表

序	学校名称	学习阶段	开设科目	门	课本
6	暹京华侨坤德女校	国民小学四年	国文、国语、算术（数学）、英文、体操（体育）、地理、信札（书信）、珠算、理科、习字、画画儿、音乐、暹文	13	–
		高级小学二年	–	–	
7	暹京盘谷中学校	小学三年	国文、算术、英文、暹文、修身、理科、常识、字课、习字、（汉英）国语、体操、书信、唱歌	13	该校分暹文和华文两部，此科目只是华文部。华文的学制完全依照暹文部的编制法
		中学八年	国文、数学、（几何代数）高等算术、英文、英文法、地理、英本历史、国语、动植物、圣经、作文、几何画、英汉习字、体操、唱歌、音乐	16	
8	暹京存真女学校	幼稚园	认字、礼仪、摹字、简浅数目、手工、唱歌、游戏、谈话	8	上海商务印书馆民国十二年新学制教科书
		小学六年	国文、英文、暹文、算术、常识、社会、国语、卫生、图画、唱歌、编织、刺绣、体育	13	
		中学三年	公民、国文、英文、暹文、历史、圣经、地理、算学、自然学、国语、美术、家事、音乐、织绣、烹饪、体育	16	

从表 2–1 可以看出，华校这一时期培养学生的方式依旧与中国国内相同，使用的是中国教材，用汉语授课，即不设泰语课，也不考虑学生的生长环境。中国（民国时期）的“旧”教育体系小学为七年制，分为小学四年，高级小学三年，“新”教育体系小学为六年，中学三年。泰国华校的教育制度除了“盘谷中学”以外，都与中国国内的制度相同。[①]这一时期，泰国的教育制度为小学三年，中学八年[②]。“盘谷中学”

①嵇翥青．中国与暹罗．上海：中外广告社，1924: 170.

② ธำรง บัวศรี. ทฤษฎีหลักสูตร. กรุงเทพ ฯ: โรงพิมพ์คุรุสภาลาดพร้าว, 2532: หน้า 27. Thamrong Buasri. 课程理论．曼谷：Khurusapha Ladphraw 印刷场，1989: 27.

由西方人担任校长，使用泰国的教育制度。该校为基督教学校，所以学校课程还增加了圣经课。在教材方面，华校大部分选用商务印书馆出版的《新法教科书》。至于泰语，华校按照《1918 年私立学校条例》全部开设了泰语课，但将泰语作为一门外语进行教学。

（二）曼谷王朝拉玛七世时期（1925—1935 年）

1. 汉语教学总体情况

1925 年，曼谷王朝拉玛七世王登基，七世王希望泰国对华人的同化政策能自然地进行，他偏向于用温和的政治手段来达到这一目的。同时，华泰通婚的现象越来越普遍，第二代和第三代的华人也逐渐增多，[①]泰国华人逐渐融入泰国社会。1928 年，拉玛七世王还驾临曼谷地区的四所华校——明德学校（广肇会馆）、育民学校（海南会馆）、培英学校（潮州会馆）和进德学校（客属会馆）。在访问的最后一天，国王在进德学校向在校华人发表了讲话，希望老师们在教学生爱中国的同时，也培养学生热爱泰国的意识，因为泰国是他们赖以生存的国家。[②]

这一时期，政府继续对华校的课程进行控制，规定华校的课程要以“泰国教师协会”公布的课程为标准。[③]在教材方面，要翻译成泰语，通过教育部长审批之后方可使用。[④]1928 年政府任命 Luang Am Noi

---

① Yukungs. 泰中文化经济协会网站 .2009-07-27. http://www.thaizhong.org/index.php?option=com_content&view=article&id=167:special-art2&catid=41:relationthaichina-cat&Itemid=98. 2011-03-27.

②พิชัย รัตนพล. วิวัฒนาการการควบคุมโรงเรียนจีน.[มหาบัณฑิตวิทยานิพนธ์]. กรุงเทพ: สถาบันบัณฑิตพัฒนบริหารศาสตร์, 2512: 76-77. Phichai Rattanaphon. 华校控制演变：[硕士学位论文]. 曼谷：泰国国家发展管理学院, 1969: 76-77.

③ วุฒิชัย มูลศิลป์. รายงานการวิจัยเรื่องแนวคิดทางการศึกษาสมัยพระบาทสมเด็จพระจอมเกล้าเจ้าอยู่หัว พ.ศ. 2475, กรุงเทพ ฯ: โครงการพัฒนาสังคมศาสตร์ที่เกี่ยวข้องกับการศึกษา สำนักคณะกรรมการการศึกษาแห่งชาติ. 2526: 37. Wutthichai Moonsin, Ladawan Phuangnin. 私立学校教育的发展：[研究报告]. 曼谷：（私立学校教育组织管理效率研究项目）国家教育委员会办公室, 1983: 37.

④ วุฒิชัย มูลศิลป์. รายงานการวิจัยเรื่องแนวคิดทางการศึกษาสมัยพระบาทสมเด็จพระจอมเกล้าเจ้าอยู่หัว พ.ศ. 2475, กรุงเทพ ฯ: โครงการพัฒนาสังคมศาสตร์ที่เกี่ยวข้องกับการศึกษา สำนักคณะกรรมการการศึกษาแห่งชาติ. 2526: 38. Wutthichai Moonsin, Ladawan Phuangnin,1983: 38.

Jin Phat（หลวงอำนวยจีนพาทย์）等人制定泰国华校的第一个《汉语课程》。此课程制定好之后，由于没有合适的汉语专家进行审稿，所以一直没有发行使用。后来，相关部门任用 Wat Sam Phra Ya 学校的 Lui Pha Nom Yong（หลุย พนมยงค์）老师对 Luang Am Noi Jin Phat 制定的课程进行修改，然后请玫瑰学校的老师审稿，完成之后得出第二个《汉语课程》，并开始在泰国华校实施。由于以上两个课程是参照当时的英语课程来制定的，所以又称为“参照课程”。

以上课程公布之后，在课程安排上一直比较自由的华校需要严格按照此课程安排组织教学，华校需受到泰国政府的控制。1933 年教育部成立了私立学校管理部门，专门负责管理私立学校的事物。①同年泰国政府规定《1921 年泰国小学条例》②的使用范围涵盖全国各地，并正式宣布“华文只是一门外语”。该条例颁布之后，华校不能招收 14 岁以下的儿童，这些儿童必须到符合该条例的学校上学。1933—1934 年大约有 80 所华校被勒令停办。这期间，泰国华侨四处呼吁，请愿陈诉，最终华校与泰国政府达成协议，华校的课程改用“参照课程”③，即用泰文授课的课程每周为 21.15 小时，汉语课时每周仅 6 小时。④

在使用教材方面，大多数为中国国内的教材，教材内容除了包含中国文化外，还跟中国的政治紧密相关。在笔者所调查的 38 所学校当中，有 20 所华校给出了本校使用的教材情况，这些教材共有 22 本，即《国文》、《书信》、《社会》、《算术》、《国语》、《常识》、《地理》、

① ทิพวรรณ สงวนศักดิ์ แนะนำ สช. . จุลสาร สช. , 2553: ปีที่ 1 ฉบับที่ 1 หน้า 2. Tipphawan sa–nguansak. 介绍民教委 . 民教委手册 , 2010,1(1):2.

② ราชกิจจานุเบกษา. พระราชบัญญัติประถมศึกษาพุทธศักราช ๒๔๖๔. ฉบับที่ 38 (ตอนที่ 0ก), 2464: หน้า 246-289. 政府宪报 .1921 年小学教育条例 . 第 38 卷 (第 0ก 段). 1921: 246–289.

③注 : “参照课程” 指学校通过参考政府制定的统一课程 , 如英语课程 , 对本校汉语教学进行调整得出的课程。

④吴体仁 . 南洋各属之教育制度 . 长沙 : 商务印书馆 ,1938: 36.

《历史》、《手工》、《修身》、《道德》、《公民》、《图画》、《绘画》、《唱歌》、《国音》、《自然》、《卫生》、《国民》、《字汇》、《写字》和《游学》。这些教材的使用情况见表 2–2：

表 2–2 1928 年曼谷地区 20 所华校教材使用情况表①

教材使用学校数量（所）	汉语科目名称
13	国文
11	书信
10	社会、算术
9	国语
8	常识
7	地理
6	自然
5	历史
2	手工、修身、道德、国民、公民
1	图画、绘画、唱歌、国音、卫生、字汇、写字、游学

以上是华校向教育部上报的文件中出现的教材单，除了以上这些教材以外，这一时期还发现了其他一些教材的记录，例如 Lui Pha Nom Yong 制定的课程里出现的《新学制国文读本》和《新学制国语》两本教材，再如 Luang Am Noi Jin Phat 制定的课程里规定使用的《新时代三民主义教科书》和《最新国文》等教材。

2. 汉语教学课程情况

该时期前期，华校课程里汉语课时占有绝对优势。笔者对 1928 年曼谷地区 38 所华校向政府上报课程表②的情况进行整理，这 38 所华校所教授的科目情况见表 2–3：

① หอจดหมายเหตุแห่งชาติ. เรื่องแจ้งความจำนงตั้งโรงเรียนจีนต่าง ๆ: [เอกสารศึกษาธิการ] ศธ. 54.1/1395. 泰国国家档案馆 . 在曼谷地区申报成立各华校 :[教育部文件] ศธ.54.1/1395 号 .

② หอจดหมายเหตุแห่งชาติ. เรื่องแจ้งความจำนงตั้งโรงเรียนจีนต่าง ๆ: [เอกสารศึกษาธิการ] ศธ. 54.1/1395. 泰国国家档案馆 . 在曼谷地区申报成立各华校 :[教育部文件] ศธ.54.1/1395 号 .

表 2-3　1928 年泰国曼谷地区华校一周的泰语和汉语课课时对比①

序号	校名	泰语课和汉语课课时对比（小时 / 周）			泰语课和汉语课数量对比（门 / 周）		
		泰语课	汉语课	总课时	泰语课	汉语课	总数
1	华南学校	14.5	8.5	23	6	3	9
2	孙文学校	15	17	32	5	11	16
3	南侨学校	13	20	33	5	12	17
4	同本学校	11	13.5	24.5	8	8	16
5	斗星学校	4	24	28	4	9	13
6	勤谨学校	12	22	34	5	3	8
7	醒桥学校	11	23	34	5	7	12
8	拖民学校	18	14.5	32.5	6	11	17
9	吉才学校	11	16	27	5	1	6
10	修人学堂	13	20	33	7	1	8
11	大同学校	18	15	33	8	7	15
12	国光学校	20	14	34	6	6	12
13	培侨学校	11	23	34	5	6	11
14	华南学校	11	22	33	5	10	15
15	育人学校	12	24	36	5	5	10
16	培明学校	16.5	27.5	44	11	11	22
17	培明学校	12	24	36	7	7	14
18	中国警青学校	11	25	36	4	10	14
19	懿德学校	10	23	33	5	8	13
20	培侨学校	11	22	33	5	8	13
21	培财学校	11.5	18	29.5	10	2	12
22	中华学校	11	28	39	6	10	16
23	玉明学校	18	36	54	5	6	11
24	中华夜校	12	12	24	3	3	6

① หอจดหมายเหตุแห่งชาติ. เรื่องแจ้งความจำนงตั้งโรงเรียนจีนต่าง ๆ: [เอกสารศึกษาธิการ] ศธ. 54.1/1395. 泰国国家档案馆 . 在曼谷地区申报成立各华校 :[教育部文件] ศธ.54.1/1395 号 .

续表

序号	校名	泰语课和汉语课课时对比（小时 / 周）			泰语课和汉语课数量对比（门 / 周）		
		泰语课	汉语课	总课时	泰语课	汉语课	总数
25	华文夜校	11	19	30	5	5	10
26	京华学校	8	20	28	5	15	20
27	金光学校	9.5	19	28.5	5	11	16
28	益华学校	15	21	36	2	4	6
29	光华学校	10	19	29	4	11	15
30	东亚学校	12	10	22	5	6	11
31	忠民学校	10	20	30	5	16	21
32	启华学校	15	16	31	6	12	18
33	中暹学校	11	22	33	5	9	14
34	涨学学校	12	21	33	5	6	11
35	光南学校	18	30	48	6	6	12
36	文华学校	12	24	36	5	4	9
37	英财学校	8	20	28	7	2	9
38	育德学校	12	21	33	5	13	18
平均		12.39	20.37	32.76	5.55	7.5	13.05

由表 2–3 可以看出，这时期华校的课程当中，用泰语授课的科目平均周课时只有 12.39 小时，而用汉语授课的科目平均周课时是 20.37 小时，比泰语每周超出了 7.98 小时。除了课时多以外，用汉语教学的科目数量也比用泰语教学的科目多。38 所华校的平均 13.05 门课程当中，用泰语讲授的科目只占 5.55 门，用汉语教授的科目占 7.5 门。

在所开设的科目方面，38 所华校开设的科目共计有 66 门，其中，汉语授课科目 52 门，即道德、自然、背词、绘画、科学与自然、科学、社会、游学、杂技、暹文、抄写、手工、常识、工程、书信、家务、字汇、地理、图画、音乐、国音、国语、国民、国文、唱歌、听力、听写、古诗、卫生、北京话、剪纸、写字、公民、修身、作文、体育、体操、翻译、中国地图、阅读、普通话、算术、历史、珠算、文学、三民、填空练习、自学、汉语、背诵课、汉语语法和剪纸等；泰语授课科目 14 门，即泰语阅读、道德、泰语书写、数学、泰语常识、泰语抄写、泰语听写、泰语作文、泰语语法、泰语阅读理解、养身、基本知识、泰国地理和科学等。

表 2-4　1928 年曼谷地区 38 所华校开设的汉语科目和泰语科目数量表①

泰语课		汉语课	
开课 / 所	泰语科目名称	开课 / 所	汉语科目名称
37	泰语阅读	31	算术
37	泰语抄写	25	阅读
34	道德	22	抄写
32	泰语书写	20	写字
32	泰语常识	18	书信、作文
6	数学	12	绘画、历史
6	泰语作文	10	地理
5	泰语语法	9	常识
5	养身	6	社会、国语、唱歌、听写
4	泰语听写	5	国文、修身、汉语语法、翻译
3	阅读理解	4	手工、中国地图、汉语
2	科学	3	道德、科学、卫生、公民、自学、自然
1	基本知识	2	杂技、图画、剪纸、体育、珠算、填空、练习
1	地理	1	背词、科学与自然、游学、工程、家务、字汇、音乐、国音、听力、古诗、北京话、体操、普通话、文学、三民、字学、背诵课、剪纸

① หอจดหมายเหตุแห่งชาติ. เรื่องแจ้งความจำนงตั้งโรงเรียนจีนต่าง ๆ: [เอกสารศึกษาธิการ] ศธ. 54.1/1395. 泰国国家档案馆 . 在曼谷地区申报成立各华校 :[教育部文件] ศธ.54.1/1395 号 .

课程大纲方面，1928 年制定后修改实施的针对泰国华校的《汉语课程》，首次对汉语课程的目的、指标、内容等方面给予了量化的规范，是泰国首个具有汉语课程教学大纲性质的文件。

表 2-5 Lui Pha Nom Yong 华校的汉语课程①

科目	教学项目
阅读	能大致理解现代中文报纸和现代刊物刊载文章
说	能就普通事物进行对话
写	小学及初中阶段，能听写所学过的教材中的内容。小学及初中阶段的教材是《新学制国文读本》或《新学制国语》任一本，或同等难度的教材
汉—泰翻译	能将现代印刷的中文报纸翻译成泰语
泰—汉翻译	能将泰语报纸里的新闻翻译成中文
撰写	能撰写往来书信，难易程度相当于小学或初中阶段教材的难度
抄写	能用毛笔写书法（卷字）
注释 1. 不涉及专门的中文语法，阅读和写作课里涉及的语法以用为主要目的。中国国内的学习，也未包含语法考试。 2. 中国在清朝末期就已经取消了“启、承、转、合”方法，因此不必学习此项内容。	

从表 2–5 中可以看出，该课程对汉语教学的“科目”和“项目”进行规定。“科目”即汉语教学的主要类别，共包括 7 个部分：阅读、说、写、汉—泰翻译、泰—汉翻译、撰写、抄写等。“项目”即教学的主要内容以及课程所要达到的目标。这些内容涉及到汉语课程的听说读写四个方面，同时对交际、翻译、毛笔书写等方面给予关注，但对汉语语法方面不作规定。虽然这些对课程目标的规定，在当时仅仅基于教学经验与教学常识，但对当时华校的课程起到一定的促进作用，也为后来制定汉语教学的课程大纲提供了借鉴。

---

① หอจดหมายเหตุแห่งชาติ. เรื่องแจ้งความจำนงตั้งโรงเรียนจีนต่าง ๆ: [เอกสารศึกษาธิการ] ศธ. 54.1/1395. 泰国国家档案馆 . 在曼谷地区申报成立各华校 :[教育部文件] ศธ.54.1/1395 号 .

第二节 作为外语的汉语教学与课程演变

20世纪中期动荡的国际政治形势，一方面引发了海外华人的爱国之情，另一方面也使得他们与居住国的关系日趋紧张。长期以来泰国华校与泰国教育制度格格不入的状况使得华校的发展受到了来自各方面的压力。在这种情况下，华校想要生存和发展，就不得不按照泰国相关条例进行合法注册，并适当削减汉语课程的课时比例，同时增加泰语授课课时的种类和课时。这从根本上改变了华校从建立以来实行的汉语授课制度。这意味着，泰国华校中的汉语教学开始只能以外语的形式存在于泰国的基础教育系统中。这一汉语从华校授课语言变为外语课程的转变，给此后的汉语教学带来了深远的影响：作为外语的汉语教学开始得到发展，这也标志着泰国的汉语教学开始进入新阶段。

一、华校课程改革和汉语课程发展时期（1935—1992年）

这一时期汉语教学的主要特点是华校开始实施课程改革，开始向作为外语的汉语教学进行过渡。

（一）曼谷王朝拉玛八世时期（1935—1946年）

1. 汉语教学总体情况

由于此前颁布的《1921年小学条例》[①]没有得到严格的执行，到了曼谷王朝拉玛八世时期，为了继续控制华校，政府对以上条例进行了修改和补充，希望通过这些修改使条例更具可行性。在后来出台的《1935

① ราชกิจจานุเบกษา. พระราชบัญญัติประถมศึกษาพุทธศักราช ๒๔๖๔. ฉบับที่ 38 (ตอนที่ 0ก), 2464: หน้า 246–289. 政府宪报 . 1921年小学教育条例 . 第38卷（第0ก段）. 1921: 246–289.

年小学条例》[①]中，政府再次强调所有学校（包括华校）必须按照教育部的教育课程进行教学，华校总的周课时不得超过 28 小时，其中，中文课周课时不超过 5.5 小时，强调汉语课仅能作为一门外语课开设。[②]与此同时，为了管制当时的华校汉语教材，政府下令禁用的教材有 35 套：

（1）《复兴国语初小》5、7、8 册；

（2）《复兴常识初小》4、6 册；

（3）《复兴社会初小》6、7 册；

（4）《复兴历史高小》4 册；

（5）《复兴地里高小》4 册；

（6）《新时代国语初小》3、5 册；

（7）《新时代常识初小》5、8 册；

（8）《新时代社会初小》5、8 册；

（9）《新时代历史高小》2 册；

（10）《新课程社会课本初小》4、6 册；

（11）《新课程社会高小》5 册；

（12）《新中华常识小学初级》8 册；

（13）《新中华地里小学高级》4 册；

（14）《现代学生书信》下册；

（15）《儿童书信》上下册；

（16）《新课程标准适用小学常识课本初级》2 册；

（17）《教育部审定课程标准适用小学国语读本初级》6 册；

（18）《小学初级学生用新课程社会课本》6 册；

---

① ราชกิจจานุเบกษา. พระราชบัญญัติประถมศึกษาพุทธศักราช ๒๔๗๘. ฉบับที่ 52 (ตอนที่ 0ก), 2478: หน้า 1849–1912. 政府宪报 . 1935 年小学教育条例 . 第 52 卷 (第 0ก 段). 1935: 1849–1912.

②吴体仁 . 南洋各属之教育制度 . 长沙 : 商务印书馆 , 1938: 38.

（19）《新课程标准适用小学常识课本初级》6 册；

（20）《教育部审定新课程标准适用小学社会课本初级》2 册；

（21）《中等白话书信》；

（22）《教育部审定儿童实用书信》；

（23）《全国儿童国语文选》2、3、4、5、6 册；

（24）《小学初级学生用新课程社会课本》4、8 册；

（25）《新课程标准适用小学社会课本初小》6 册；

（26）《新课程标准适用小学社会课程课本高小》2 册；

（27）《基本常识初小》4、8 册；

（28）《基本社会初小》6、7、8 册；

（29）《新课程标准适应用小学历史课本》3 册；

（30）《新课程标准适应用小学地理课本》4 册；

（31）《新课程常识课本》6、7、8 册；①

（32）《小学高级学生用国语读本》2 册；

（33）《小学高级学生用国语教科书》2 册；②

（34）《初级应用文教本》；③

（35）《白话信大全》。④

---

① ราชกิจจานุเบกษา. เรื่องห้ามใช้สมุดหนังสือเป็นเครื่องศึกษาในโรงเรียน: [ประกาศกระทรวงธรรมการ]. ฉบับที่ 53(ตอนที่ 0ง), 2479: 2110–2114. 政府宪报．学校禁用纸制教材：［教育部公布］. 第 53 卷（第 0ง 段）. 1936: 2110–2114.

② ราชกิจจานุเบกษา. เรื่องห้ามใช้สมุดหนังสือเป็นเครื่องศึกษาในโรงเรียน: [ประกาศกระทรวงธรรมการ]. ฉบับที่ 53(ตอนที่ 0ง), 2479: 2240–2241. 政府宪报．学校禁用纸制教材：［教育部公布］. 第 53 卷（第 0ง 段）. 1936: 2240–2241.

③ ราชกิจจานุเบกษา. เรื่องห้ามใช้สมุดหนังสือเป็นเครื่องศึกษาในโรงเรียน: [ประกาศกระทรวงธรรมการแผนกกรมศึกษาธิการ]. ฉบับที่ 53(ตอนที่ 0ง), 2479: 3984. 政府宪报．学校禁用纸制教材：［教育部公布］. 第 53 卷（第 0ง 段）. 1936: 3984.

④ ราชกิจจานุเบกษา. เรื่องห้ามใช้สมุดหนังสือเป็นเครื่องศึกษาในโรงเรียน: [ประกาศกระทรวงธรรมการ]. ฉบับที่ 53(ตอนที่ 0ง), 2480: 1229. 政府宪报．学校禁用纸制教材：［教育部公布］. 第 53 卷（第 0ง 段）. 1937: 1229.

1937年卢沟桥事变爆发，中国和日本发生军事冲突，泰国的很多华校、出版社及华文报纸报道了有关抗日的新闻。当时泰国和日本为同盟国，受日本的压迫，泰国政府不得不对华校执行强硬的政策。1939年泰国教育部再一次宣布减少华校的中文课课时，为每周2小时[①]，违反规定的学校将被勒令关闭。最后导致294所华校中，有242所被政府勒令关闭，另外51所不久后自动停办。到1941年第二次世界大战爆发时，泰国只有一所名为Chern witthaya kone（โรงเรียนชื่นวิทยากร）的华校没有被关闭。该校校董和校长都是泰国人，该校后来由潮州人接管，更名为Ko Son Wittaya（โรงเรียนโกศลวิทยา），汉语名称为“普智学校”。[②]

2. 汉语教学课程情况

该时期的华校汉语课程被泰国政府严格控制，政府规定在《1935年小学条例》[③]颁布两个月内，华校必须对原来的课时进行调整。根据笔者找到的资料，华校实际开设课程及时间如下：

表2-6　1936年泰国华校小学周课时[④]

科目		一年级	二年级	三年级	四年级	五年级
必修科每周教学时间总数	修身	1	1.30	1.30	1.30	1.30
	暹文	12.30	12	11	6	6
	算术	4	4	5	4	4
	常识	2	2	2	2	2
	卫生	1	1	1	1	1
	图画	1	1	1	1	1
	童军	1	1	1	1	1

① ประพิณ มโนมัยวิบูลย์. การเรียนการสอนภาษาจีนในประเทศไทย. นิตยาสารรายสัปดาห์สกุลไทย, 2550-02-13 หน้า131. Prapin Manomaiwiboon. 泰国汉语教学. Sakunthai 周刊, 2007−02−13: 131.

② เสถื่อน ศุภโสภณ. ประวัติโรงเรียนราษฎร์ในประเทศไทยและทำเนียบโรงเรียนราษฎร์. พระนคร: สมาคมครูโรงเรียนราษฎร์แห่งประเทศไทย, 2514: หน้า118−119. Saturn Suphasophon. 泰国私立学校历史及名单. 暹京：泰国私立学校教师协会编制,1971:118−119.

③ ราชกิจจานุเบกษา. พระราชบัญญัติประถมศึกษาพุทธศักราช ๒๔๗๘. ฉบับที่ 52(ตอนที่ 0ก),2478: 1849−1912. 政府宪报. 1935年小学教育条例. 第52卷(第0ก段). 1935: 1849−1912.

④吴体仁. 南洋各属之教育制度. 长沙：商务印书馆, 1938: 38−39.

续表

科目		一年级	二年级	三年级	四年级	五年级
选修外国语每周教学时数	中文	5.30	5.30	5.30	11.30	11.30
总时数		28	28	28	28	28

表 2–6 显示，华校小学一至三年级的汉语课周课时为 5.30 小时，四至五年级的周课时为 11.30 小时。①可见华校周课时开始根据相关规定进行调整，逐渐泰化，向政府政策靠拢，所以此课程被称为华校的“泰化课程”。

这一时期由于政治等方面的原因，泰国华校的发展受到了泰国政府的限制和约束。华校的汉语课程一度缩水。汉语首次被要求作为一门外语开设课程，而不是作为主要授课语言。这为后来作为外语的汉语教学开创了先河。

（二）曼谷王朝拉玛九世初期（1946—1977 年）

1. 汉语教学总体情况

第二次世界大战结束后（1946 年），中国的战胜国身份，使得当时的泰国华人欢欣鼓舞，很多华校重新开办。由于这时期特殊的政治情况，当时的华校明显分为右派（国民党）、左派（共产党）和中立派（中立）三个派别。大部分的右派和中派的华校都是未经过合法注册的学校，不设泰语课。②至于左派的学校，一般都按照当时泰国的法律合法注册，并按照当时相关规定开设汉语课程。

1946 年 1 月 23 日，泰中建立外交关系，同年 9 月 17 日成立中华

① 吴体仁 . 南洋各属之教育制度 . 长沙：商务印书馆，1938: 38.

② เสถียร ศุภโสภณ. ประวัติโรงเรียนราษฎร์ในประเทศไทยและทำเนียบโรงเรียนราษฎร์. พระนคร: สมาคมครูโรงเรียนราษฎร์แห่งประเทศไทย, 2514: หน้า 119–120. Saturn Suphasophon. 泰国私立学校历史及名单 . 暹京：泰国私立学校教师协会编制，1971: 119–120.

民国驻泰国大使馆。同年11月份，中国驻泰国大使馆就“华校教学权利”问题向泰国教育部提出公诉，包括以下内容：

1. 华人应有成立华校的自由和权利。

2. 华校的校长及教师由中国驻泰国大使批准担任，非泰语教师不应对泰语能力做任何要求。

3. 小学阶段的华校须开设中文课、中国地理课和中国历史课，每周的课时不低于12小时。其他课程（泰语、泰国地理、泰国历史）教学语言各做规定，用汉语或泰语作为教学媒介语均可。

4. 中文教材经中国教育部批准后方可使用，无需获得泰国教育部的批准。

5. 泰方封闭华校时没收的华校场地及教学工具应该归还华校。

6. 泰方向华人所收税款应用以资助华校。①

以上要求根据中国政府1931年出台的《华桥中小学规程》的规定提出。收到中国驻泰国大使的公诉后，教育部的回答是：

（1）符合泰国《私立学校条例》的学校可以成立。

（2）华校校长及教师要符合《私立学校条例》中的要求，至于对非泰语教师的泰语能力的要求，暂时调整为通过泰语考试的教师方可任教，且须在一年内通过考试。

（3）小学要使用“参照课程”，外语周课时为5.5小时。

（4）中文教材必须通过泰国教育部批准方可使用。

（5）政府对封闭华校时的场地及教具没收之事并不知情，租用或借用场地的学校应直接与房主联系。

（6）国家用来资助小学教育的经费，应用于全部普通小学教育，

① พิชัย รัตนพล. วิวัฒนาการการควบคุมโรงเรียนจีน.[มหาบัณฑิตวิทยานิพนธ์]. กรุงเทพ: สถาบันบัณฑิตพัฒนบริหารศาสตร์, 2512: 102. Phichai Rattanaphon. 华校控制演变:[硕士学位论文]. 曼谷:泰国国家发展管理学院,1969:102.

不仅只用于资助华校。①

中国驻泰国大使与泰国教育部长举行多次谈判，最后达成协议，1977 年泰方允许华校增加汉语课时，每周 10 小时（当时华校的周总课时为 30 小时），另外，还允许不懂泰语的教师教中文，但要在一年内通过泰语考试（四年级水平），如未能通过可酌情延长一年的期限。②

由于华校数量快速增加，战后的 1946 年，泰国华校数量达到 500 多所，③但其中只有 38 所④华校向教育部申请注册。第一所向教育部注册的华校是阿育他耶府的“泰华学校”。为解决华校注册问题，1948 年泰国政府颁布了“全国华校数量限制规定”⑤，规定曼谷地区限注册 8 所；吞武里、清迈、呵叻、乌汶各 3 所；其他府各两所，自颁布之日起不允许注册新的华校。⑥

1949 年中华人民共和国成立后，开始出现华人在泰国宣传共产主义的现象，这些共产主义者经常在华校里举行会议。当时的泰国政府担心华校会成为共产主义者的活动基地，最后引发国家政治暴乱，甚

① พิชัย รัตนพล. วิวัฒนาการการควบคุมโรงเรียนจีน.[มหาบัณฑิตวิทยานิพนธ์]. กรุงเทพ: สถาบันบัณฑิตพัฒนบริหารศาสตร์, 2512: 103–104. Phichai Rattanaphon. 华校控制演变 :[硕士学位论文]. 曼谷 : 泰国国家发展管理学院 ,1969:103–104.

② พิชัย รัตนพล. วิวัฒนาการการควบคุมโรงเรียนจีน.[มหาบัณฑิตวิทยานิพนธ์]. กรุงเทพ: สถาบันบัณฑิตพัฒนบริหารศาสตร์, 2512: 213. Phichai Rattanaphon. 华校控制演变 :[硕士学位论文]. 曼谷 : 泰国国家发展管理学院 , 1969: 213.

③ ขจัดภัย บุรุษพัฒน์. ชาวจีนในประเทศไทย. กรุงเทพ ฯ: สำนักพิมพ์แพร่วิทยา, 2517: 205. Khachatphai Burutphat. 泰国华人 . 曼谷 : Phae Witthaya 出版社 , 1974: 205.

④ พิชัย รัตนพล. วิวัฒนาการการควบคุมโรงเรียนจีน.[มหาบัณฑิตวิทยานิพนธ์]. กรุงเทพ: สถาบันบัณฑิตพัฒนบริหารศาสตร์, 2512: 97. Phichai Rattanaphon. 华校控制演变 :[硕士学位论文]. 曼谷 : 泰国国家发展管理学院 , 1969: 97.

⑤ ราชกิจจานุเบกษา. เรื่องกำหนดจำนวนโรงเรียนราษฎร์เพื่อสอนภาษาจีน: [ประกาศกระทรวงธรรมการ]. ฉบับที่ 65 (ตอนที่ 27), 2491: 1676. 政府宪报 . 全国华校数量限制规定校 .[教育部公布]. 第 65 卷 (第 27 段). 1948: 1676.

⑥ เสถียร ศุภโสภณ. ประวัติโรงเรียนราษฎร์ในประเทศไทยและทำเนียบโรงเรียนราษฎร์. พระนคร: สมาคมครูโรงเรียนราษฎร์แห่งประเทศไทย, 2514: หน้า 123. Saturn Suphasophon. 泰国私立学校历史及名单 . 暹京 : 泰国私立学校教师协会编制 , 1971:123.

至再次引起政变，因此泰国政府加强了对华校的管理。这一时期，泰国加入“东南亚反共互护条约”国，并多次派检查员到华校进行检查，发现违法行为必将给予相关处罚，例如逮捕教师或封闭学校等。因此，华校数量从 1953 年的 600 多所减少至 264 所。之前对教师的泰语能力考试的通融政策也被取消，规定教师必须在一年之内通过泰语考试（四年级水平），否则将永远不能在华校担任教师。另外政府还严格控制教师的数量（按照学生人数、班级和各校情况来决定教师数量），同时对教师的身份进行监督。①

1954 年，泰国政府又出台了新的教育条例，即《1954 年泰国小学条例》，该条例新增加的内容如下：

（1）规定招收学生 7 人以上的私立学校必须向教育部注册；

（2）允许私人开办学校；

（3）学校开办者必须拥有泰国籍，且必须是父辈就是泰国国籍，年龄不低于 20 岁，表现良好，无受罚记录；

（4）规定校董和校长的资格，若未达到则不允许开办学校；

（5）规定校董和校长必须给学生安排泰语课，使学生能理解及流利地读写泰文，否则不允许开办学校；

（6）教育部为华校及华校教师提供资助；

（7）违反条例的学校的校董或校长将被罚款 200 泰铢。②

1971 年中国成为联合国成员国之一，由于国际政治形势转变，中

---

① วุฒิชัย มูลศิลป์. รายงานการวิจัยเรื่องแนวคิดทางการศึกษาสมัยพระบาทสมเด็จพระจอมเกล้าเจ้าอยู่หัว พ.ศ. 2475, กรุงเทพ ฯ: โครงการพัฒนาสังคมศาสตร์ที่เกี่ยวข้องกับการศึกษา สำนักคณะกรรมการการศึกษาแห่งชาติ. 2526: 68–69. Wutthichai Moonsin, Ladawan Phuangnin. 私立学校教育的发展：[研究报告]. 曼谷：(私立学校教育组织管理效率研究项目)国家教育委员会办公室, 1983: 68–69.

② วุฒิชัย มูลศิลป์. รายงานการวิจัยเรื่องแนวคิดทางการศึกษาสมัยพระบาทสมเด็จพระจอมเกล้าเจ้าอยู่หัว พ.ศ. 2475, กรุงเทพ ฯ: โครงการพัฒนาสังคมศาสตร์ที่เกี่ยวข้องกับการศึกษา สำนักคณะกรรมการการศึกษาแห่งชาติ. 2526: 90–91. Wutthichai Moonsin, Ladawan Phuangnin. 私立学校教育的发展：[研究报告]. 曼谷：(私立学校教育组织管理效率研究项目)国家教育委员会办公室, 1983: 90–91.

泰关系也随之变化。1975 年 7 月 1 日中泰建交，但仅三个月后，泰国内阁宣布不允许增加开办华文学校，已有的华校也不能在小学一至四年级开设中文课及英语课，即五年级或以上才可以开设中文课。此外，还规定除了华校，其他类型的学校在小学一至四年级也不能开设外语课，外语课只能在五年级开始，以选修课的形式开设。①

教材方面，1965 年，泰国教育部和亚洲协会（Asia Foundation）合作编写了泰国第一套本土化汉语教材，即：《华文课本》、《华文读本》。主要编写者是亚洲协会的美国籍汉语专家 Dr. Frederick W. Mote，②虽然只出版了一至四年级使用的四册，但两套教材符合泰国的《1960 年的教育课程》③，成为泰国历史上首个真正本土化的汉语教材。

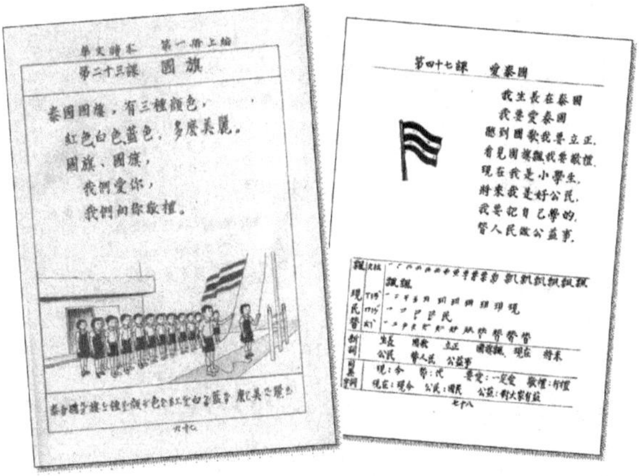

图 2-2　小学一年级《华文读本》④

① หนังสือพิมพ์สยามรัฐ. ศึกษาเสนอทบทวนนโยบายเปิดโรงเรียนสอนภาษาจีน. หนังสือพิมพ์สยามรัฐ, 1989–09–05 หน้า 16. Siamrath 日报 . 教育部建议内阁反思有关允许学校开设汉语课的政策 . Siamrath 日报 , 1989–09–05:16.

② พิชัย รัตนพล. วิวัฒนาการการควบคุมโรงเรียนจีน.[มหาบัณฑิตวิทยานิพนธ์]. กรุงเทพ: สถาบันบัณฑิตพัฒนบริหารศาสตร์, 2512: 142–143. Phichai Rattanaphon. 华校控制演变：[硕士学位论文]. 曼谷：泰国国家发展管理学院 , 1969: 142–143.

③ กระทรวงศึกษาธิการ. หลักสูตรประโยคประถมศึกษาตอนต้นพุทธศักราช 2503. กรุงเทพ ฯ: โรงพิมพ์การช่างวุฒิ, 2503: 1–50. 泰国教育部 . 1960 年初级小学课程 . 曼谷 :Kanchangwut 印刷场 , 1960:1–50.

④泰国教育部电子书籍网站 . http://210.246.188.51/indexs.jsp?type=92. 2011–05–27.

图 2-3 泰国小学使用的《华文课本》和《华文读本》[①]

2. 汉语教学课程情况

1946 年泰国政府允许私立学校开设汉语课之后，规定华校使用“参照课程”，中文周课时限制在 5.5[②]个小时。1947 年中国驻泰国大使出面向泰国政府请求，泰国政府允许华校增加中文课时，从每周 5.5 个小时增加到 10[③]个小时，但仍然必须使用“参照课程”。根据以上情况，

①泰国教育部电子书籍网站 . http://210.246.188.51/indexs.jsp?type=92. 2011−05−27.

② พิชัย รัตนพล. วิวัฒนาการการควบคุมโรงเรียนจีน.[มหาบัณฑิตวิทยานิพนธ์]. กรุงเทพ: สถาบันบัณฑิตพัฒนบริหารศาสตร์, 2512: 211. Phichai Rattanaphon. 华校控制演变 : [硕士学位论文]. 曼谷 : 泰国国家发展管理学院 ,1969: 211.

③ พิชัย รัตนพล. วิวัฒนาการการควบคุมโรงเรียนจีน.[มหาบัณฑิตวิทยานิพนธ์]. กรุงเทพ: สถาบันบัณฑิตพัฒนบริหารศาสตร์, 2512: 213. Phichai Rattanaphon. 华校控制演变 : [硕士学位论文]. 曼谷 : 泰国国家发展管理学院 ,1969: 213.

泰国政府于 1948 年制定了华校专用的两套“参照课程”。第一套课程是按照原来的规定制定的课程，即每周汉语课 6 课时，泰语课及以泰语授课的课程 22 课时，共 28 课时；第二套课程是根据中国驻泰大使与教育部谈判后达成的协议所制定的，即每周汉语课 10 课时，泰语课及以泰语授课的课程 20 课时，共 30 课时，以上两套课程华校可以任选一套使用。①

这一时期泰国教学制度开始改革，小学基础教育从 4 年制改为 7 年制（初级小学 4 年，高级小学 3 年）。另外泰国教育部发布《1960 年小学课程》规定取消针对华校的“参照课程”，同时规定学校的周总课时不低于 25 小时（不包括外语课）。至于外语课，需要上英语课的学校，每周可以增加 5 小时的英语课程，而华校的课程仍然需要根据《华文读本》和《华文课本》中的一套教材进行安排，每周开设 10 课时的汉语课。政府为了降低华校的汉语课课时数，还实施过一系列的鼓励政策，如规定选择第一套课程的学校将得到政府的资金赞助等。根据此政策，少部分经济困难的华校为了继续办学而选择了第一套课程。在这些领取了政府资金资助的华校当中，实际上大部分的学校的汉语周课时还是超过 6 小时，它们大多采用了一些手段使这些华校的汉语周课时达到 10 小时以上。②

1962 年教育部制定了华校专用的汉语课程，该课程的目的是让学生适当地具有日常生活中所使用的汉语知识与技能，根据技能分为 4 个科目，即：阅读课、习字课、听写课、造句与书信课，具体如下：

---

① พิชัย รัตนพล. วิวัฒนาการการควบคุมโรงเรียนจีน.[มหาบัณฑิตวิทยานิพนธ์]. กรุงเทพ: สถาบันบัณฑิตพัฒนบริหารศาสตร์, 2512: 140. Phichai Rattanaphon. 华校控制演变 : [硕士学位论文] 曼谷 : 泰国国家发展管理学院 ,1969:139−140.

② พิชัย รัตนพล. วิวัฒนาการการควบคุมโรงเรียนจีน.[มหาบัณฑิตวิทยานิพนธ์]. กรุงเทพ: สถาบันบัณฑิตพัฒนบริหารศาสตร์, 2512: 140−141. Phichai Rattanaphon. 华校控制演变 : [硕士学位论文]. 曼谷 : 泰国国家发展管理学院 ,1969: 140−141.

表 2-7 教育部制定华校的汉语课程①

科目	教学项目
阅读课	能正确地发音，理解所读的字或词的意义，声母、韵母及声调的发音准确。
抄写课	理解汉字的正确笔画，书写规整、干净。习字课要使用教育部规定的课本。
写字课	根据规定的汉语课本，能正确地听写汉字、词、词组和句子。
写作与书信课	练习造出简单的句子和练习填空，句子通顺。根据所给的简单话题适当地进行写作，练习书写正确的个人信函。

华校专用的这一套汉语课程明确提出了作为外语的汉语课程的教学目标，并指出汉语学习的技能包含阅读、抄写、写字以及写作和书信四个方面。同时对每个基本技能的分项目标做出了规定。这一课程标准的出现，说明作为外语的汉语教学在前期发展的基础上又向前迈进了一步。华校基本上已经意识到汉语仅能作为泰国基础教育中的一门外语出现在教学活动中。因此，为了符合政府相关部门的规定，只能在前期课程改革的基础上再次做出让步。同时，在课程标准的制定方面，这种对教学目的和技能的分项规定虽然有一定的历史局限性，但促进了当时的汉语教学，并对后来制定的泰国作为外语的汉语教学课程大纲具有一定的参考作用。

（三）曼谷王朝拉玛九世中期（1978—1992 年）

1. 汉语教学总体情况

1978 年中国开始实施改革开放政策，中国经济开始快速发展，国家综合实力迅速提高，世界各国纷纷与中国开展各种各样的合作，全

① พิชัย รัตนพล. วิวัฒนาการการควบคุมโรงเรียนจีน.[มหาบัณฑิตวิทยานิพนธ์]. กรุงเทพ: สถาบันบัณฑิตพัฒนบริหารศาสตร์, 2512: 142. Phichai Rattanaphon. 华校控制演变 : [硕士学位论文]. 曼谷 : 泰国国家发展管理学院 , 1969: 142.

球学习汉语的人数也日趋增多。泰国也不例外，开设汉语课不仅限于华文学校，普通公立学校、私立学校、职业教育学校和国际学校也逐渐增设了汉语课。人们开始意识到，将来掌握汉语知识与技能的人更容易找到一份好工作。①作为外语的汉语教学在这一时期逐渐恢复，并在此基础上迅速发展。

1978 年 5 月 9 日内阁同意具备条件的私立学校可以在一至四年级开设汉语课，但要求必须是课外时间（不能与正常课程冲突），周课时也不能超过 5 小时。1988 年泰国内阁决定小学阶段可以开设的外语课有四种语言，即：英语、日语、德语和法语，但不包括汉语。1989 年泰国教育部向内阁提出三个议案，即 1）要求普通华校可以在幼儿园开设中文课；2）要求华文学校在小学五至六年级也能开设汉语课，同时在一至四年级也能开设英语课，但周课时限制在 5 小时之内；3）要求允许基金会、协会等法人单位开办华文学校。内阁会议讨论之后未批准以上三项要求，并指出教育部应该加强当前华校汉语教学的质量。②

这一时期出台了《1978 年课程（1990 年改进版）》。该改进版课程大纲对中学阶段开设的外语课程做出了规定，进一步指出中学阶段的汉语应该作为外语选修课出现，并分为初中和高中 2 个部分，提出了具体教学目标。

2. 汉语教学课程情况

《1978 年课程（1990 年改进版）》对初中阶段外语学习提出的目标主要包括：“1）根据学生的兴趣发展学习外语的能力和特长；2）

① ศูนย์จีนศึกษาสถาบันเอเชียศึกษาจุฬาลงกรณ์มหาวิทยาลัย. การเรียนการสอนภาษาจีนในประเทศไทยระดับประถม - มัธยมศึกษา, กรุงเทพ ฯ: หจก.ศรีบูรณ์คอมพิวเตอร์ - การพิมพ์, 2551. หน้า 21. 朱拉隆功大学亚洲研究所中国研究中心，泰国华文教学研究——中小学教育，曼谷：SRIBOON 计算机印制有限股份公司，2008: 21.

② หนังสือพิมพ์สยามรัฐ. ศึกษาเสนอทบทวนนโยบายเปิดโรงเรียนสอนภาษาจีน. หนังสือพิมพ์สยามรัฐ, 1989-09-05 หน้า16. Siamrath 日报 . 教育部建议内阁反思有关允许学校开设汉语课的政策 . Siamrath 日报，1989-09-05:16.

以交际为目的，掌握所选语言的听、说、读、写等基本技能，培养学习兴趣和打下进一步学习语言的基础，理解该语言所包含的文化；3）喜欢学习所选修的语言，并形成阅读习惯。”①其中，对汉语作为选修课的课程安排如下：

表 2-8 初中汉语课程选修课课时要求

课程名称	每周 / 节	学分
普通汉语 1	4	2
普通汉语 2	4	2
普通汉语 3	4	2
普通汉语 4	4	2
普通汉语 5	4	2
普通汉语 6	4	2
汉语技能发展 1	2	1
汉语技能发展 2	2	1
汉语技能发展 3	2	1
汉语技能发展 4	2	1
功能阅读 1	2	1
功能阅读 2	2	1
功能阅读 3	2	1
功能阅读 4	2	1
听说 1	2	1
听说 2	2	1

对高中阶段外语学习提出的目标主要包括：“1）根据学生的兴趣发展其外语能力和特长；2）掌握所选修语言在听、说、读、写方面的技能，理解包含在语言中的文化；3）能够运用该语言作为媒介来获得知识，并且进一步学习该语言或作为假期学习的基础；4）喜欢所选修的外语，并形成良好的阅读习惯。”②其中，对汉语作为选修课的课程安排如下：

①冯增俊，李志厚，泰国基础教育，广东：广东教育出版社，2004.78.

②冯增俊，李志厚，泰国基础教育，广东：广东教育出版社，2004.92–93.

表 2-9　高中汉语课程选修课课时

课程名称	每周 / 节	学分
普通汉语 1	6	3
普通汉语 2	6	3
普通汉语 3	6	3
普通汉语 4	6	3
普通汉语 5	6	3
普通汉语 6	6	3

值得注意的是，该课程对高中阶段的汉语课程做出了详细的划分，对学生在某一阶段的主要学习目标，在某一阶段的主要学习内容做出了详细的规定。比如："在高中一年级的汉语课程里，要求学生能够通过熟练使用简单词汇、句子和基本的语言结构，完成听、说、读、写任务，能掌握简单的日常活动用语；能朗读、阅读简短的段落、正确地书写汉字、了解汉字的书写规则、发展学生书写句子的能力等。在高中二年级的汉语课程里，除要求学生运用更多的词汇和句子结构练习听、说、读、写的技能之外，还要求学生能朗读和阅读较长的段落，能进行汉语书写。在高中三年级的汉语课程里，要求学生能够使用更多复杂的词汇和结构练习听、说、读、写，能熟练叙述日常活动，能描述和叙说简短的故事，能够朗读和阅读较难的段落，可以写留言、故事和个人信件。"①

从以上课程安排中可以看出，作为外语的汉语教学不但巩固了自身在小学中的地位，而且成为被官方认可的初中和高中选修课程。中学和高中开始开设汉语选修课，扩大了汉语教学在基础教育中的份额，极大地促进了汉语教学的发展，为之后发展奠定了基础。与此同时，对高中阶段的学习目标和学习内容做了系统的划分和说明，使汉语学

①冯增俊，李志厚，泰国基础教育，广东：广东教育出版社，2004.96-97.

习成为一个有章可循的渐进过程。这一课程标准的建立，已经具备了汉语作为外语教学的课程大纲的一般条件。在汉语课程大纲的制定方面具有重要的借鉴意义。

二、促进汉语课程时期（1992 至现在）

随着中泰关系的进一步深化以及汉语国际地位的不断提高，泰国政府意识到了汉语的重要性。1992 年泰国政府内阁议会允许学校可以自由开设包括汉语在内的外语课。进入 21 世纪，随着中国经济和社会的发展，中泰两国无论是经济、文化、教育等方面的合作都越来越频繁，泰国学习汉语的人数也与日俱增，形成了汉语学习热潮，这一时期汉语在学校的地位仅次于英语。①泰国汉语教学从此进入政府促进时期。

1. 汉语教学总体情况

泰国促进汉语教学的举措首先表现在 1992 年 2 月 4 日，内阁宣布取消《外语教学与新成立华文学校政策规定》，允许民间成立外语学校以及教授任何外语课程，但是其课程要符合教育部的要求。使汉语首次与其他外语享有同等地位。②另外泰国政府开始允许中国国籍汉语教师到泰国任教。③1997 年，汉语进入泰国高中阶段的文科语言班，称

---

① ศูนย์จีนศึกษาสถาบันเอเชียศึกษาจุฬาลงกรณ์มหาวิทยาลัย. การเรียนการสอนภาษาจีนในประเทศไทยระดับประถม - มัธยมศึกษา, กรุงเทพ ฯ: หจก.ศรีบูรณ์คอมพิวเตอร์ - การพิมพ์, 2551. หน้า 27. 朱拉隆功大学亚洲研究所中国研究中心，泰国华文教学研究——中小学教育，曼谷：SRIBOON 计算机印制有限股份公司，2008: 27.

②泰国内阁秘书处网站 . http://www.cabinet.soc.go.th/soc/Program2−3.jsp?top_serl=68817&key_word=%E0%B8%A0%E0%B8%B2%E0%B8%A9%E0%B8%B2%E0%B8%88%E0%B8%B5%E0%B8%99&owner_dep=&meet_date_dd=&meet_date_mm=&meet_date_yyyy=&doc_id1=&doc_id2=&meet_date_dd2=&meet_date_mm2=&meet_date_yyyy2=. 2011.05.28.

③ศูนย์จีนศึกษาสถาบันเอเชียศึกษาจุฬาลงกรณ์มหาวิทยาลัย. การเรียนการสอนภาษาจีนในประเทศไทยระดับประถม - มัธยมศึกษา, กรุงเทพ ฯ: หจก.ศรีบูรณ์คอมพิวเตอร์ - การพิมพ์, 2551. หน้า 22. 朱拉隆功大学亚洲研究所中国研究中心，泰国华文教学研究——中小学教育，曼谷：SRIBOON 计算机印制有限股份公司，2008: 22.

为“文科汉语班”。[①]1998 年高等教育部宣布高考中可以选择汉语作为外语考试的科目。[②]2001 年，汉语课程首次作为泰国国家教育课程中的一门外语。[③]

2006 年，内阁批准了教育部的《促进汉语教学，提高国家竞争力战略规划（2006~2010 年）》，内容包括：1）提高泰国籍汉语教师的汉语教学能力，以逐步取代中国籍汉语教师；2）调查对汉语专家的需求，然后根据需求来规定相关目标。在下一个阶段里，可能会考虑成立大众组织或特殊服务单位（Service Delivery Unit : SDU）等机构来负责汉语教学的管理。[④]

在汉语教师方面，从 2008 年开始，中泰两国开始合作培养泰国中小学本土汉语教师。同年，泰国政府议会还批准了教育部提出的汉语教师公务员职位申请，也就是说这些中泰合作培养的教师结业后将成为中小学公务员汉语教师。[⑤]

2010 年内阁批准了教育部提出的“泰国高等教育发展汉语教学合作框架”，包括以下 4 项内容，即：1）同意泰国高等教育委员会和中国国家汉办（China National Office for Teaching Chinese as a Foreign Language : Hanban）签署发展泰国高校汉语教学的合作框架；2）批准

---

① ศูนย์จีนศึกษาสถาบันเอเชียศึกษาจุฬาลงกรณ์มหาวิทยาลัย. การเรียนการสอนภาษาจีนในประเทศไทยระดับประถม - มัธยมศึกษา, กรุงเทพ ฯ: หจก.ศรีบูรณ์คอมพิวเตอร์ - การพิมพ์, 2551. หน้า 27. 朱拉隆功大学亚洲研究所中国研究中心，泰国华文教学研究——中小学教育，曼谷：SRIBOON 计算机印制有限股份公司，2008: 27.

② ประพิณ มโนมัยวิบูลย์. การเรียนการสอนภาษาจีนในประเทศไทย. นิตยาสารรายสัปดาห์สกุลไทย, 2550−02−20 หน้า 130. Prapin Manomaiwiboon. 泰国汉语教学 . Sakunthai 周刊，2007−02−20:130.

③ กระทรวงศึกษาธิการ. หลักสูตรการศึกษาขั้นพื้นฐานพุทธศักราช 2544. กรุงเทพ ฯ: โรงพิมพ์คุรุสภาลาดพร้าว, 2544:1−40. 泰国教育部 .2001 年基础教育课程 . 曼谷 :Kurusapharatphraw 印刷场 ,2009:1−40.

④ กระทรวงศึกษาธิการ. แผนยุทธศาสตร์ส่งเสริมการเรียนการสอนภาษาจีนเพื่อเพิ่มขีดความสามารถในการแข่งขันของประเทศ (พ.ศ.2549-2553). ศธ.0201.1/2775, 2549−07−06: หน้า 1−15. 泰国教育部　促进汉语教学，提高国家竞争力战略规划（2006~2010 年）. ศธ.0201.1/2775, 2006:1−13.

⑤ กระทรวงศึกษาธิการ. การขออนุมัติอัตราข้าราชการครูเพื่อรองรับนักศึกษาที่ได้รับทุนการสอนภาษาจีนจากประเทศสาธารณรัฐประชาชนจีน. ศธ.04001/4658, 2550−11−14: หน้า 1−9. 泰国教育部 . 要求批准公务员教师职位，以加入获得中国政府奖学金汉语教学的学习者 . ศธ.04001/4658, 2007−11−14:1−9.

并授权（Full Power）高等教育委员会秘书长负责签署“泰国高等教育发展汉语教学合作框架”；3）根据“泰国高等教育发展汉语教学合作框架”，同意高等教育委员会就发展泰国高校汉语教学进行学术活动；4）如需对“泰国高等教育发展汉语教学合作框架”的内容进行适当的及不影响泰国利益的修改，无需获得议员的同意。①

在教材方面，这时期的汉语教材越来越丰富，1998年泰国学术厅编制了5—6年级的《小学课本》汉语教材，该教材承接1990年改进版的《1978年小学课程》，在泰国基础教育中广泛使用。

2. 汉语教学课程情况

1992年政府放宽对外语的政策，允许自由学习外语之后，汉语教学与其他外语享有同等地位，但汉语课程并没有列入当时的国家教育课程。

2001年教育部颁布了《2001年国家基础教育课程》，其中的外语教学部分首次出现了“汉语”两个字，也就是说，从国家教育课程的角度来看，汉语正式进入了泰国基础教育体系。《2001年国家基础教育课程》里规定英语为基础教育阶段（小学一年级到高中三年级）的基础外语课，而包括汉语在内的其他外语课学校可以根据自身情况适当安排。

在2006年政府出台的《促进汉语教学，提高国家竞争力战略规划》里，提出教育部应该制定符合泰国外语学习领域要求的汉语课程大纲，使泰国各教育阶段的汉语教学具有连续性。但到目前为止，还没有国家统一的汉语教学课程大纲颁布实施。

① กระทรวงศึกษาธิการ. การขอความเห็นชอบและขออนุมัติการลงนามในกรอบความร่วมมือว่าด้วยการพัฒนาการเรียนการสอนภาษาจีนในสถาบันอุดมศึกษาไทย. ศธ.0507/3975, 2553: หน้า 1-3. 泰国教育部 . 泰国高等教育发展汉语教学合作框架 . ศธ.0507/3975, 2010:1−3.

2008年教育部又出台了新的《2008年基础教育核心课程》①。目前，泰国中小学使用的汉语课程大纲都参考这一标准中的外语标准来制订课程能力标准以及核心内容。

泰国境内的汉语教学从早期华校中的汉语教学逐步发展成为泰国基础教育中的一门重要的外语，经历了从早期照搬中国教育课程到后期逐步泰化的过程。

本章对泰国汉语教学以及汉语课程的演变进行简要的梳理，并将泰国的汉语教学分为两个阶段：华校的汉语教学阶段和作为外语的汉语教学阶段。同时，本章简要介绍了泰国汉语教学历史上比较有影响的汉语教学课程大纲制定的历史，政治背景等，为以后的研究做好了铺垫。

① กระทรวงศึกษาธิการ. หลักสูตรแกนกลางการศึกษาขั้นพื้นฐานพุทธศักราช 2551. กรุงเทพ ฯ: โรงพิมพ์ชุมนุมสหกรณ์การเกษตรแห่งประเทศไทยจำกัด, 2551:1–244. 泰国教育部.2008年基础教育核心课程.曼谷：泰国农业合作社集会印制场,2008:1–244.

第三章
泰国教育体系和政策对中小学汉语教学和课程的影响分析

制定泰国中小学汉语课程大纲，首先，要对泰国中小学教育政策、中小学汉语教学政策以及泰国教育中的学制和课程设置等方面的情况进行深入地了解和分析。本章将详细介绍《2010年国家教育条例》①、《2002—2016年泰国国家教育计划》②、《2007—2011年第十份国家经济及社会发展规划》③、《促进汉语教学，提高国家竞争力战略规划（2006—2010年）》④、《2008年基础教育核心课程》⑤等教育政策的内容。这些教育政策在总体上表明了泰国基础教育的基本形式、主要目标、实施策略等，对泰国汉语教学产生了深远的影响。此外，这些教育条例、教育计划、发展规划、核心课程等还是泰国中小学汉语课程大纲制定的主要依据。

---

① ราชกิจจานุเบกษา. พระราชบัญญัติการศึกษาแห่งชาติ (ฉบับที่3) พ.ศ. 2553. เล่มที่ 127 ตอนที่ 45ก. 2553:1−3. 政府宪报 . 2010 年国家教育条例 (第三份). 第 127 卷 (第 45ก 段).2010:1−3.

② สำนักงานคณะกรรมการการศึกษาแห่งชาติ. แผนการศึกษาแห่งชาติ (พ.ศ. 2545-2559). กรุงเทพ ฯ : 2545:1−113. 泰国教育委员会办公室 . 2002 至 2016 年国家教育计划 . 曼谷 :PHIKWAN GRAFFIC 有限公司 .2002:1−113.

③ ราชกิจจานุเบกษา. แผนพัฒนาเศรษฐกิจและสังคมแห่งชาติ ฉบับที่ 10 (พ.ศ. 2550-2554). เล่มที่ 123 ตอนพิเศษ 123ง. 2549:1−24. 政府宪报 . 2007−2011 年第十份国家经济与社会发展规划 . 第 123 卷 (第 123ง 特殊段).2006:1−24.

④ กระทรวงศึกษาธิการ. แผนยุทธศาสตร์ส่งเสริมการเรียนการสอนภาษาจีนเพื่อเพิ่มขีดความสามารถในการแข่งขันของประเทศ (พ.ศ.2549-2553). ศธ.0201.1/2775, 2549−07−06: หน้า 1−15. 泰国教育部 . 促进汉语教学，提高国家竞争力战略规划（2006~2010 年）. ศธ.0201.1/2775, 2006:1−15.

⑤ กระทรวงศึกษาธิการ. หลักสูตรแกนกลางการศึกษาขั้นพื้นฐานพุทธศักราช 2551. กรุงเทพ ฯ: โรงพิมพ์ชุมนุมสหกรณ์การเกษตรแห่งประเทศไทยจำกัด, 2551:1−244. 泰国教育部 .2008 年基础教育核心课程 . 曼谷 : 泰国农业合作社集会印制场 ,2008:1−244.

第一节　泰国的教育体系对汉语课程的影响

一、泰国的教育体系简介

从发展的角度看，泰国中小学的教育历史可分为四个时期：传统教育时期（1868 年之前）、新型教育时期（1868—1931 年）、现代教育时期（1932—1996 年）和迈向 21 世纪教育时期（1997 年至今）。在前两个时期，中小学教育的主要形式包括“佛寺形式教育”和“宫廷形式教育”两种。学习者多为王子、皇亲贵族和高级官员的子女。因为这种教育的随意性较大，所以，当时政府并没有制定或者出台相应的教育政策。19 世纪末 20 世纪初，随着学校的兴起，泰国教育开始引进西方现代教育模式。在此基础上，泰国教育机构逐步系统化，学校越来越多。为了规范基础教育的目标、内容和科目等，政府制定了《1921 年小学教育条例》。1932 年泰国发生政变，将政体改为君主立宪制。新政府更加重视教育，尤其明确了基础教育在国家发展中的重要地位，制定并颁布了泰国第一个全民性的国家级教育政策——《1932 年国民教育规划》。从此，泰国教育进入了现代教育时期。该教育规划被运用了很长的一段时间。直到 1997 年，亚洲发生金融风暴，泰国经济发展遭受重挫，政府对国家宪法进行了较大修改。同时，政府也实施了一系列重大举措，调整了国家的基础教育体制，并颁布一系列教育条例和计划，希望通过不断改进课程设置，转变教学理念，施行多样化教学和评价体系，来提高泰国教育水平，使泰国中小学教育迈向 21 世纪教育时期。[①]

---

①冯增俊，李志厚，泰国基础教育，广东：广东教育出版社，2004:5-12.

《2010年泰国国家教育条例》第十五条、第十六条和第十七条对泰国教育体系做出了详细的规定。该条例规定：泰国的教育组织可分为三种形式，即正规教育 (Formal Education) 、非正规教育 (Informal Education) 和自主学习 (Non – Formal Education)。正规教育的组织具有明确的教学目标、教育方法、教学课程、教育测量与评价方法等；非正规教育的组织不仅具有灵活的教学目标、教学模式、教育组织方法、教育测量以及评价方法等，而且学习内容及教学课程要以符合学习者的需求为准则；自主学习指学习者能根据自己的兴趣、潜力和机会，综合个人经验和社会环境因素，通过媒体或其他渠道进行学习。教育机构可以选择某种形式，或综合运用三种形式开展教学活动。与此同时，《2010年泰国国家教育条例》规定，学生获得的学习成绩可以在相同或不同的学校、教育机构之间转移。其中也包括非正规教育和自主学习，职业培训或其他工作经历中获得的学习成绩。

《2010年泰国国家教育条例》将泰国体系内教育分为基础教育和高等教育两个层次。基础教育包括高等教育前学生要接受的不低于12年的学校教育。基础教育的年级类别要根据教育部的相关规定执行。高等教育可分为非学位教育[①]和学位教育两个层次。基础教育阶段实行9年制义务教育，即6—15岁的适龄儿童享有进入小学和初中阶段学习，接受基础教育的权利和义务。

另外，从基础教育学制设置的发展来看，泰国的学制制度可分为传统教育学制、新型教育学制和现代教育学制三个阶段。在传统教育阶段，教育由寺庙和王室主导和开展，课程设置随意，比较自由，规范性不强。1871年泰国的第一所学校在王宫成立，此后，又成立了多所学校，这些学校使用的课程是“分学科课程”，泰国教育从此进入

①注：“非学位”指两年制本科证书．

新型教育学制。1887 年泰国教育厅（现在的教育部）成立，为了规范快速发展的泰国基础教育，教育厅对特定历史条件下的学制情况进行规定，如在 1895 年，将课程分为 Prajok[①] 1、Prajok 2、Prajok 3；1898 年，将普通教育分为幼儿园、小学、中学 3 个等级；1913 年，制定新教育计划，对教育学制重新规定，分为普通小学 3 年、中学 8 年；1921 年，颁布的《国家小学条例》后，又规定新学制为普通小学 3 年、初级中学 3 年、中级中学 3 年、高级中学 2 年；1932 年，制定新教育计划，将学制改为普通小学 4 年、初中 4 年、高中 4 年；1936 年，制定新教育计划，学制改为：小学 4 年、初中 3 年、高中 5 年、大学预备 2 年；1960 年，出台了《1960 教育课程》，又将学制改为初级小学 7 年、初中 3 年、高中 2 年。[②]到了 1977 年，泰国对教育课程进行了改革，即将“分学科课程”改为“基础教育课程”（综合性课程）。从此，泰国教育进入现代课程阶段。此次改革重新规定了基础教育的学制，为小学 6 年、初中 3 年、高中 3 年，这一学制一直沿用至今。[③]

二、泰国的教育体系对泰国中小学汉语教学和汉语课程的影响

作为泰国的一门外语教学，泰国的汉语教学必须遵守泰国教育体系的相关规定。1977 年，泰国对教育课程进行改革以后，课程由从前的“分课型课程”转变为“综合性课型”。这一变革决定了在泰国开设的汉语课，与在中国为留学生开设的汉语课有着根本的不同。中国

①注：“Prajok”是该时期的学习年级名称，相当于现在的“年级”.

② ธำรง บัวศรี. ทฤษฎีหลักสูตร. กรุงเทพ ฯ: โรงพิมพ์คุรุสภาลาดพร้าว, 2532: หน้า 30. Thamrong Buasri. 课程理论 . 曼谷 : Khurusapha Ladphraw 印刷场 , 1989: 30.

③ ธำรง บัวศรี. ทฤษฎีหลักสูตร. กรุงเทพ ฯ: โรงพิมพ์คุรุสภาลาดพร้าว, 2532: หน้า 31. Thamrong Buasri. 课程理论 . 曼谷 : Khurusapha Ladphraw 印刷场 , 1989: 31.

国内的留学生教育采用分课型教育的方法，分别训练学生的听、说、读、写能力。而1977年课程改革后，在泰国开设的汉语课程，除了要符合泰国的学制以外，还要符合泰国教育体制对课型的要求，即将听、说、读、写分项技能训练方法，转变为以培养和训练学生综合技能为目的的综合训练方法。

具体来讲，泰国广泛开展汉语教学以来，汉语教学一直受到泰国教育体系的影响，目前的三种教学组织形式中均包含汉语教学。其中，汉语教学规模最大的显然是泰国数量最多的学校，即正规教育学校里的国立中小学。同时，泰国教育体系里的汉语课程属于一门补充课，学校可以在符合《2008年基础教育核心课程》相关规定的前提下，自主决定是否开设汉语课，在什么阶段开设汉语课，开设什么形式的汉语课以及规定多少汉语课时等。因此，目前泰国基础教育阶段的汉语教学情况相对复杂，这就要求笔者在制定基础教育汉语课程大纲时，应该重视并体现灵活性，尤其要考虑大纲对泰国教育体系的适应性，即无论从哪个年级开始学习汉语都可以参照这份课程大纲。

第二节 泰国主要教育政策对汉语课程的影响

泰国主要教育政策包括《2010年国家教育条例》、《2002—2016年泰国国家教育计划》、《国家经济及社会发展规划》、《促进汉语教学，提高国家竞争力战略规划（2006—2010年）》以及《2008年基础教育核心课程》五个。这些教育政策从总体上阐述了泰国教育的总体目标、教育原则、教育任务和教学组织形式等内容，对泰国汉语中小学汉语教学具有重要的影响意义，同时，也是制定泰国汉语教学课程大纲的基本依据。这些教育政策之间的关系如下

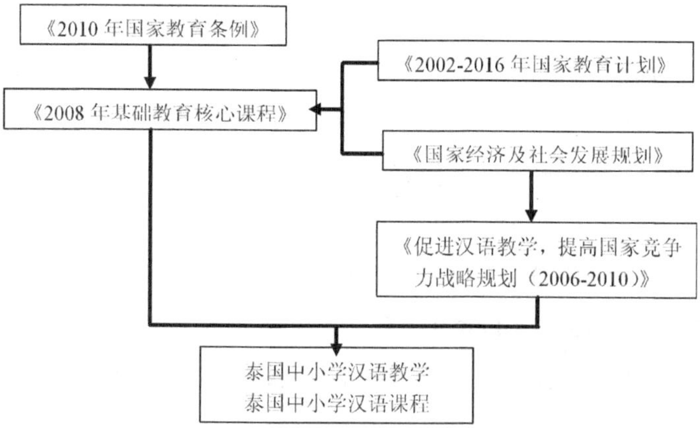

图 3-1 泰国五个有关教育政策与泰国中小学汉语教学和课程的关系图

如图 3-1 所示，《2010 年国家教育条例》是对泰国教育最基本的和最高规定。条例中明确要求，制定泰国基础教育的核心课程，即大纲。同时，《2010 年国家教育条例》还规定在制定基础教育核心课程时，应参考《2002—2016 年泰国国家教育计划》和《国家经济及社会发展规划》中有关泰国经济、社会、教育发展的总体规划，以促进泰国的发展。另外，在泰国政府制定的《第九份国家经济及社会发展规划》的基础上，泰国教育部于 2006 年制定了专门针对汉语教学的《促进汉语教学，提高国家竞争力战略规划（2006—2010 年）》，提出了泰国汉语教学的总体战略规划等，对泰国中小学汉语教学以及泰国中小学课程产生了深远的影响。下面笔者分别将这几个政策中与中小学汉语教学密切相关的部分做简要的介绍。

一、《2010 年国家教育条例》对泰国中小学汉语教学及课程的影响

（一）《2010 年国家教育条例》简介

泰国《1997 年国家宪法》对国家教育基本趋向做出了基本性规定。

宪法第八十一条[①]规定要制定教育法律，使教育符合经济及社会的变化和发展，要培养正确的意识形态，促进民族精华及艺术文化的传承等。1999 年泰国政府颁布了《1999 年国家教育条例》[②]，该条例的框架与国家宪法的规定相联系，是国家教育、宗教、艺术和文化方面的政策基础，是泰国教育改革的指导框架。

《2010 年国家教育条例》（详见附录一：第 155 页）是在对《1999 年国家教育条例》及《1999 年泰国国家教育条例（2002 年修订版）》[③]进行改进的基础上制定的。《2010 年国家教育条例》的内容分为九个部分，包括目标与原则、教育的任务与权利、教育体系、教育组织方法、教育组织与管理、教育标准与教育质量保障、教师与教育人员、教育职员与教育投资和教育科技。条例中以下四个部分的规定与本研究密切相关：

第一是教育的目标与原则方面，泰国教育组织必须为泰国人民的生理、心理、智力及品德的综合发展服务，培养泰国人民生活中应具有的道德和文化内涵以及与他人愉快相处、共同生活的能力；积极学习宗教、艺术、文化、体育、地方和民族智慧以及国际化的知识，形成保护自然资源环境的习惯，具备生存能力，具有自力更生、创造性能力，具有强烈的学习欲望和自学能力。

第二是教育体系方面，《2010 年国家教育条例》规定了泰国教育组织的三种形式，正规教育、非正规教育和自主学习形式；规定学生

---

① ราชกิจจานุเบกษา. รัฐธรรมนูญแห่งราชอาณาจักรไทย. เลมที่ 114 ตอนที่ 55ก. 2540:1–16. 政府宪报 .1997 年泰国国家宪法 . 第 114 卷 (第 55ก 段).1997:16.

② ราชกิจจานุเบกษา. พระราชบัญญัติการศึกษาแห่งชาติ พ.ศ. 2542. เลมที่ 116 ตอนที่ 74ก. 2542:1–23. 政府宪报 .1999 年国家教育条例 . 第 116 卷 (第 74ก 段).1999:1–23.

③ ราชกิจจานุเบกษา. พระราชบัญญัติการศึกษาแห่งชาติ พ.ศ. 2542 แก้ไขเพิ่มเติม (ฉบับที่ 2). เลมที่ 127 ตอนที่ 45ก. 2553:1–3. 政府宪报 . 1999 年国家教育条例 (2002 年修订第二份). 第 127 卷 (第 45ก 段).2002.

的学习成绩可以在相同或不同的学校、教育机构之间进行转移；规定泰国适龄儿童有在小学阶段和初中阶段接受义务教育的权利和义务。

第三是教育组织方法方面，《2010年国家教育条例》规定教育组织必须充分考虑每个学生具有的学习发展能力，即以学习者为中心的原则；教育组织必须鼓励学习者自然发展，充分发挥潜能；强调知识、德育及学习过程的重要性以及如家庭、社区、国家和世界等有关个人和个人与社会关系的知识；强调掌握语言知识和技能；课程的内容（包括学术方面和职业方面）必须在知识、思想、能力、从善以及社会责任等方面提出均衡的发展要求。

第四是教育组织与管理方面，《2010年国家教育条例》规定泰国教育部有义务组织和管理泰国教育。教育部具有推动及监督各级各类教育的责任和任务，设置教育政策及标准，支持教育资源，促进及协调宗教、艺术、文化及体育以发展教育，以及跟踪、监测和评价教育组织的成果和检查其是否符合其他官方法律的规定，教育部或教育部下属机构有绝对的权威。教育部下设基础教育委员会，职业教育委员会和高等教育委员会。其中，基础教育委员会负责制定符合“国家经济及社会发展规划”和“国家教育条例”的政策、发展规划、课程标准以及基础教育核心课程等。

（二）《2010年国家教育条例》对泰国中小学汉语教学的影响

1. 指明了泰国汉语教学的基本目标和原则

《2010年国家教育条例》第六条指出泰国教育的目的是“为泰国人民的生理、心理、智力及品德的综合发展服务，培养泰国人民生活中应具有的道德及文化内涵，以及与他人愉快相处，共同生活的能力”。泰国的一切教育活动都将为实现这一目的服务。汉语教学也不例外。根据这一规定，泰国开展汉语教学最根本的目的是提高泰国人民在心理、智力、品德等方面综合发展的能力，以使得泰国人民能够更好地与他人相处，尤其是在日渐频繁的国际交往中，与各国人民和谐共处的能力。同时，《2010年国家教育条例》还规定泰国教育的三条基本原则：市民的终身教育；社会参与教育；将教育的内容及过程发展为继续教育形式等以及教育的组织体系、结构及过程要遵循的原则，如具有政策上的统一性，同时具有执行方面的多样性；教育权力分散到各教育区、教育机构及地方政府机构等。这些原则在泰国教育活动中发挥着重要的作用，也深刻地影响着泰国汉语教学，指明了泰国汉语教学所需要遵循的基本原则。

2. 明确了泰国汉语教学的主要组织形式，管理方式。

《2010年国家教育条例》中对泰国教育的组织形式和管理方式做出了规定，明确了泰国汉语教学的组织形式为正规教育、非正规教育和自主学习相结合。正规教育中的汉语教学由教育部下设的基础教育委员会，高等教育委员会和职业教育委员会负责，其中中小学汉语教学由基础教育委员会负责。同时，按照《2010年国家教育条例》的规定，进行汉语教育的组织必须充分考虑每个学生具有的学习发展能力，即以学习者为中心的原则，教育组织必须鼓励学习者自然发展，充分发挥学习者的潜能。同时，鼓励社区、社会参与汉语学习，例如各机构参与举办汉语比赛、活动、夏令营等活动，掌握汉语后，泰国人民可以更好地与国际社会沟通，作为世界多元化和谐相处的基础。

（三）《2010年国家教育条例》对泰国中小学汉语课程的影响

1. 从宏观层面决定了泰国中小学汉语课程的目标和原则

《2010年国家教育条例》作为泰国教育方面的政策基础和指导框架，不仅指明了汉语教学的基本目标和原则，也从宏观层面决定了泰国中小学汉语课程的目标和原则。泰国中小学汉语课程的目标和原则都应该严格按照《2010年国家教育条例》相关规定执行，如在课程目标方面，泰国中小学汉语课程的目标必须为泰国中小学生的生理、心理、智力及品德的综合发展服务，培养泰国中小学生在生活中，通过掌握基本汉语知识及文化内涵，获得与他人愉快相处，共同生活的能力。泰国中小学课程的主要原则也应该与《2010年国家教育条例》保持思想上的一致性，培养学生终身教育理念，鼓励社会力量参与中小学汉语教学等。

2. 规定了泰国中小学汉语课程的基本内容和培养方向

《2010年国家教育条例》中指出，泰国教育应培养学生“积极学习宗教、艺术、文化、体育、地方和民族智慧以及国际化的知识”，要“培养学生的创新能力，使他们具有强烈的学习愿望，并掌握自学能力”。因此在具体的中小学汉语课程中，培养学生的创新能力和自学能力应该是汉语教学培养的主要内容，即将掌握汉语语言知识作为培养泰国学生创新能力和自学能力的途径和方法。因此，根据《2010年国家教育条例》的规定，制定泰国汉语教学课程大纲首先促进泰国各教育机构实现汉语教学内容的统一性，实现汉语学分跨校转移机制，同时要有灵活性。其次，在国家级别的统一汉语教学课程大纲的指导下，教育区、教育机构及地方政府可根据自己的实际情况灵活应用。

二、《2002—2016年国家教育计划》和《2007—2011年国家经济及社会发展规划》对泰国中小学汉语教学及课程的影响

（一）《2002—2016年国家教育计划》和《2007—2011年国家经济及社会发展规划》简介

1.《2002—2016年国家教育计划》简介

1933年以来，泰国共出台了八份《国家教育计划》。目前正在使

用的是第八份教育计划，即《2002—2016年泰国国家教育计划》[①]（详见附录二：第164页）。该计划在“国家教育条例”的基础上，进一步详细指出国家教育的三项目标：第一，使泰国人民得到全面平衡的发展，作为国家政体发展的基础；第二，将泰国社会塑造为崇尚品德及智慧的学习型社会；第三，改善社会环境，作为发展人民及构建品德社会、智慧型社会及学习型社会的基础。为了实现这些教育目标，《2002—2016年泰国国家教育计划》还提出了应采取的十一项措施，其中包括为每一个人创造优越的学习机会；为了学习者的学习而改革学习机制；培养及强化德育、品德、道德、价值观和理想行为；发展科学和技术人才，提高其竞争力及自力更生的能力；创造学习型社会，提高人民的知识、思想、行为及品德层次；促进研究及发展；创造、应用及传播知识和培养求知意识等。

2.《2007—2011年国家经济及社会发展规划》简介（详见附录三：166页）

根据《2010年国家教育条例》的规定，基础教育委员会在制定基础教育的相关政策、发展计划、等级标准及基础教育核心课程等时，除了需要参照上文提到的《2002—2016年泰国国家教育计划》以外，还应该参考《国家经济及社会发展规划》（The National Economic and Social Development）中的相关规定。泰国《国家经济及社会发展规划》至今共出台了十份，即1）《1961—1966年第一份国家经济及社会发

① สำนักงานคณะกรรมการการศึกษาแห่งชาติ. แผนการศึกษาแห่งชาติ (พ.ศ. 2545-2559). กรุงเทพ ฯ : 2545:36–92. 泰国教育委员会办公室. 2002至2016年国家教育计划. 曼谷:PHIKWAN GRAFFIC有限公司.2002:36–92. สำนักงานคณะกรรมการการศึกษาแห่งชาติ. แผนการศึกษาแห่งชาติ ฉบับปรับปรุง (พ.ศ. 2552–2559): ฉบับสรุป. กรุงเทพ ฯ : 2553:1–98. 泰国教育委员会办公室. 国家教育计划2009–2016年改进版（总结版）. 曼谷:PHIKWAN GRAFFIC有限公司.2010:1–98. 另外，由于泰国第八份《国家教育计划》的使用期为15年，为了时时更新教育计划的具体要求，以及适应时代的变化，教育部任命国家教育委员会负责对第八份《国家教育计划》进行适当调整和完善，最后于2009年2月出台了第八份教育计划（改进版）.

展规划》，2）《1967—1971 年第二份国家经济及社会发展规划》，3）《1972—1976 年第三份国家经济及社会发展规划》，4）《1977-1981 年第四份国家经济及社会发展规划》，5）《1982—1986 年第五份国家经济及社会发展规划》，6）《1987—1991 年第六份国家经济及社会发展规划》，7）《1992—1996 年第七份国家经济及社会发展规划》，8）《1997—2001 年第八份国家经济及社会发展规划》，9）《2002—2006 年第九份国家经济及社会发展规划》，10）《2007—2011 年第十份国家经济及社会发展规划》。从 2012 年开始，将使用《2012—2016 年第十一份国家经济及社会发展规划》。

当前泰国正在使用的《2007—2011 年国家经济及社会发展规划》① 提出，为了实现泰国经济和社会的全面发展，要通过教育提高人民素质，建造泰国的智慧型社会和学习型社会；同时，要加强社区及社会机制，作为国家稳定的基础；调整经济结构的平衡性，促进可持续发展；在保护生物多元化的基础上进行发展，以及建造资源及环境的稳定机制；建立加强国家管理的治理委员会等。

（二）《2002—2016 年国家教育计划》和《2007—2011 年国家经济及社会发展规划》对泰国中小学汉语教学的影响

1. 全面贯彻以学生为中心的教学理念

以上，笔者对《2002—2016 年国家教育计划》和《2007—2011 年国家经济及社会发展规划》的内容进行了梳理，从这些政策我们可以看出，泰国的教育政策十分强调泰国人民的持续发展，以及以学生为本的教育理念。政府希望通过教育培养公民成为在生活中具有道德及

① ราชกิจจานุเบกษา. แผนพัฒนาเศรษฐกิจและสังคมแห่งชาติ ฉบับที่ 10 (พ.ศ. 2550-2554). เล่มที่ 123 ตอนพิเศษ 123ง. 2549:1–24. 政府宪报 . 2007–2011 年第十份国家经济与社会发展规划 . 第 123 卷 (第 123ง 特殊段).2006:47–136.

文化内涵，能与他人愉快和谐相处的人。另外，泰国教育制度强调终身教育，致力于将教育的内容及过程发展为可持续的教育形式。与此同时，泰国十分重视社会力量在教育中所发挥的作用。近年来，为了促进国家经济和社会的发展，政府推动教育事业的进步，尤其将中小学基础教育放在了非常重要的地位上。在泰国的汉语教学活动中，也应始终坚持以学生为中心的理念，始终根据学生的汉语学习需求安排汉语教学的内容。另外，《2002—2016 年国家教育计划》和《2007—2011 年国家经济及社会发展规划》重视泰国人民得到全面平衡的发展。因为目前汉语成为世界重要的语言，是寻找新知识的重要工具语言，所以，泰国人民掌握汉语可以促使其得到更全面的发展，有利于促进中泰两国开展各方面的深入合作，对发展科学和技术，有利于泰国人民学习和了解中国的传统美德，促进泰国人民的学习和研究，发展思想，扩大视野，有助于建立泰国的智慧型社会和学习型社会，有助于发展国家经济，建立国家经济的稳定性和持续性发展。

2. 进一步强调地方教育机构在教学中的主导地位

在教学组织，教育管理等环节，将权力下放到各教育区、教育机构及地方政府机构手中，使得每一个教育区，每一所教学机构，甚至每一所学校在开展教学活动的时候，能够充分结合自身的实际情况。这种做法，一方面，使教学范围内的教学资源最大限度地发挥作用，另一方面，使教学中学生的主体地位得以提升，以学生为本的教学活动能够保证较高的教学质量和水平。

（三）《2002—2016 年国家教育计划》和《2007—2011 年国家经济及社会发展规划》对泰国中小学汉语课程的影响

1. 进一步明确了中国小学汉语课程的目标和原则

《2002—2016 年国家教育计划》和《2007—2011 年国家经济及社

会发展规划》进一步从课程指导原则方面对泰国中小学汉语课程的目标，原则做出了规定，如“为每一个人创造优越的学习机会”和“建造泰国的智慧型社会和学习型社会”等。

2. 强调科学和教育技术，进一步丰富了中小学汉语课程的内容

《2002—2016 年国家教育计划》和《2007—2011 年国家经济及社会发展规划》更加关注泰国教育与经济和社会发展的相互关系。因此，在相关规定中，更加关注科学技术对教育事业、泰国社会经济和社会发展的影响，如其强调“发展教育技术”、“促进研究及发展”和“发展科学和技术人才，提高其竞争力及自力更生的能力”等。中小学教育作为基础教育更应该重视培养学生对科学的求知精神。这些规定要求我们在中小学汉语教学课程中，重视教学技术的应用，同时培养学生的科学精神和创新能力。

三、《促进汉语教学，提高国家竞争力战略规划（2006—2010）》对泰国中小学汉语教学及课程的影响

（一）《促进汉语教学，提高国家竞争力战略规划（2006—2010）》简介

关于中小学汉语教育的相关政策性规定，在泰国教育政策中出现的较晚，直到 2002 年政府出台的《2002—2006 年国家经济及社会发展规划》才首次提到。此后，根据这份发展规划中的相关规定，泰国教育部提出了《促进汉语教学，提高国家竞争力战略规划（2006—2010年）》（详见附录四：第 167 页）。这一旨在促进泰国汉语教学的五年战略规划简要描述了泰国汉语教学的现状和问题，对汉语教学政策、教学大纲、教材教具以及教师能力提高等方面提出了战略性建议，并从总体目标和具体措施两个层次提出了 2006—2010 年泰国汉语教学的五项

发展战略。这五项战略规划对推动泰国汉语教学规模及其快速发展起到了推动作用，对制定泰国中小学汉语课程大纲具有重要的参考价值。其最终目的是改进泰国汉语教学，提高教学质量，并使泰国中小学汉语教学能够符合国家要求，使泰国汉语教学达到国际公认的水平。

《促进汉语教学，提高国家竞争力战略规划（2006—2010）》的内容主要由总体目标和具体战略两部分构成。

在总体目标部分，该规划提出要使正规教育学校的学生都能够接受高质量的汉语教育，其中，基础教育高中阶段、职业教育学校中专阶段以及高等教育学校本科教育阶段中，接受汉语教学的人数都应占总毕业生人数的20%；具有汉语特长，并有机会接受某专业领域专业化的知识培养的学生应在4000人左右；到2010年，泰国应有约10万适龄劳动者学过汉语，并能用汉语进行工作。根据这一总体目标，该战略规划五年内汉语学习者的阶段目标见下表：

表3-1　《促进汉语教学，提高国家竞争力战略规划》中对学习者的目标表①

目标及时间段						
对象群体	2005年总人数	学习汉语人数（人）				
		2006年	2007年	2008年	2009年	2010年
1. 学过汉语并达到标准的学生						124000
● 高中3年级毕业生	507903	100000 (20%)	100000 (20%)	100000 (20%)	100000 (20%)	100000 (20%)
● 中专毕业生	174259	35000 (20%)	35000 (20%)	35000 (20%)	35000 (20%)	35000 (20%)
● 本科毕业生	414014	83000 (20%)	83000 (20%)	83000 (20%)	83000 (20%)	83000 (20%)
2. 具有汉语特长的学生	-	4000	4000	4000	4000	4000

① กระทรวงศึกษาธิการ.แผนยุทธศาสตร์ส่งเสริมการเรียนการสอนภาษาจีนเพื่อเพิ่มขีดความสามารถในการแข่งขันของประเทศ (พ.ศ.2549-2553). ศธ.0201.1/2775,2549−07−06: หน้า4. 泰国教育部．促进汉语教学，提高国家竞争力战略规划（2006~2010）. ศธ.0201.1/2775, 2006:4.

续表

目标及时间段						
对象群体	2005 年总人数	学习汉语人数（人）				
		2006 年	2007 年	2008 年	2009 年	2010 年
3. 泰国劳动年龄者	49540979	100000	100000	100000	100000	100000
注：对于基础教育第二和第三阶段（小学和初中），教育部将支持私立教育机构及单位根据社区的需求组织教育。						

在具体战略部分，《促进汉语教学，提高国家竞争力战略规划（2006—2010）》提出：（1）实现泰国汉语教学的阶段性目标，完善管理机制；（2）改进及发展高质量教学系统；（3）支持教育系统化，学术规范化；（4）促进自主学习体系；（5）重点培养具有汉语能力的学习者，使其有机会接受某专业领域的知识培养等具体战略。另外，《促进汉语教学，提高国家竞争力战略规划（2006—2010）》还给出了实现上述战略的指导性措施，如建议成立促进汉语教学的专门工作小组，促进、支持及协调泰国汉语教学事务，其成员包括政府机构人员和私人机构的代表和汉语专家；加快制定达到标准和相互衔接的基础教育、职业教育、高等教育教学大纲，以及针对具体职业的特殊培训课程，并建立学分转移制度；促进研究，发展适合泰国，并行之有效的汉语教学模式，而且支持和推行其中有效的教学模式；与中国政府相关机构及私人机构合作，促进和发展教学媒介，包括印刷品及技术资源，使其具有高质量和时代特色，推广其用于课堂教学和自助学习；通过为新教师和在职教师提供来自泰国国内和中国的学习和培训资金，促进汉语教师的培养和招聘，其中包括中国教师和泰国教师，使其质量和数量可以满足各教育阶段的需求；将条件齐全的私立或公立学校发展成为当地汉语教学促进中心，先在府一级实行，再扩展到地区级别；通过制定汉语教师标准来建立汉语教师（包括泰国教师和中国教师）发展系统，使汉语教师具备组织高水平的汉语教学的能力。汉语教师

标准包括语言水平和教学能力，并根据标准进行评估，提高素质。其中规定小学汉语教师的（旧）汉语水平考试（HSK）不低于5级，中学不低于6级。该事项要与中国相关机构、高等教育机构、诗琳通基金会、各种协会和各基金会合作；开办公众出版物、电视节目或广播电台，以促进汉语教学；通过中国政府相关机构和私人机构的支持，发展汉语网络学习（e-learning）模式；促进和发展汉语学习的参与机制，鼓励包括媒体、家庭、社区、私人单位及各行各业的从业人员加入汉语教育事业等。

（二）《促进汉语教学，提高国家竞争力战略规划（2006—2010）》对泰国中小学汉语教学的影响

1. 提出了泰国汉语教学的具体目标，极大地推动了泰国的汉语教学水平

《促进汉语教学，提高国家竞争力战略规划（2006—2010）》从数量上明确提出泰国汉语教学的目标，即到2010年，泰国具有汉语特长的学生达到4000人左右，同时约有10万泰国劳动年龄者学过汉语，并能用汉语进行工作。该规划从颁布以来，极大地推动了泰国汉语教学，尤其是基础教育中汉语教学的发展。短短几年之间，学生数量大幅度增加。据朱拉隆功大学亚洲研究所中国研究中心2008年的统计，泰国学习汉语的人数约有60万人，[①]“2008年，全国基本实现了在泰

①参阅：ศูนย์จีนศึกษาสถาบันเอเชียศึกษาจุฬาลงกรณ์มหาวิทยาลัย. การเรียนการสอนภาษาจีนในประเทศไทยระดับประถม - มัธยมศึกษา ระดับอาชีวะศึกษา ระดับอุดมศึกษา การศึกษาขอกระบบ, กรุงเทพ ฯ: หจก.ศรีบูรณ์คอมพิวเตอร์ - การพิมพ์, 2551. ระดับประถม-มัธยมศึกษา 328700 คน (หน้า67,42) ระดับอุดมศึกษา 20,800 คน (หน้า42) ระดับอาชีวะศึกษา 56,365 คน (หน้า26) การศึกษานอกระบบ 49,790 คน (หน้า27) 朱拉隆功大学亚洲研究所中国研究中心．泰国华文教学研究分——中小学教育、职业教育、高等教育和非正规教育．曼谷：SRIBOON计算机印制有限股份公司，2008. 分为中小学阶段有328700人（中小学阶段：第67,42页），高等教育约20800人（高等教育：第42页），职业教育约56365人（职业教育：第26页），非正规教育约49790人（非正规教育：第27页）.

国各地的 2000 多所中小学开设汉语课程。”“曼谷市政府也在市属的 435 所中小学普及汉语教学，希望所有在校学生都具备一定的汉语听说读写技能。”①

2. 进一步加强了泰两国官方交往，提升了泰国汉语教学在世界汉语传播中的地位

《促进汉语教学，提高国家竞争力战略规划（2006—2010 年）》使中泰两国官方交往更加密切。中国国家汉办在泰国专门设立了代表处，和泰国教育部合作，共同进行孔子学院建设，本土化师资培训，本土化教材开发，教师志愿者派遣以及汉语水平考试和评估等相关工作。这些合作大大提升了泰国汉语教学在世界汉语教学界的地位，泰国汉语快速传播成为一种典型模式，为其他国家的汉语传播在传播模式、传播方法、传播途径等方面提供了极有意义的借鉴。

（三）《促进汉语教学，提高国家竞争力战略规划（2006—2010）》对泰国中小学汉语课程的影响

1. 促进了泰国汉语课程的系统化

《促进汉语教学，提高国家竞争力战略规划（2006—2010）》专门提出要加快制定具有规范性及联系性的基础教育、职业教育和高等教育等各级汉语课程，规定跨学科课程之间的学习成果转移机制。在前文中，笔者讨论过由于缺乏系统的课程大纲，以及泰国教育政策重视权力下放等原因，导致基础教育中汉语课程无法衔接，教学内容不规范，课程设置差异性大等问题。《促进汉语教学，提高国家竞争力战略规划（2006—2010）》为解决这一问题，明确提出建立“规范性及联系性”的课程。这是笔者制定基础教育阶段统一的汉语课程大纲的直接依据。

---

①方雪．泰国汉语教学与汉语推广研究：[硕士学位论文]．山东省：山东大学，2008.

2. 为汉语课程的研发提供了重要的资金支持

《促进汉语教学，提高国家竞争力战略规划（2006—2010）》为汉语教学的总体目标和具体实施战略提供了详细的预算，为汉语课程的研发提供了重要的资金支持。有了资金的保障，各个教育区甚至各教育组织就可以组织相关人力和物力，进行汉语课程的研发，从而切实推动汉语课程大纲的建设步伐。

四、《2008 年基础教育核心课程》对泰国中小学汉语教学及课程的影响

（一）《2008 年基础教育核心课程》简介

在泰国《1999 年国家教育条例（2002 年修订版）》、《2002—2016 年国家教育计划》、《2007—2011 年第十份国家经济及社会发展规划》的基础上，2008 年泰国教育部颁布了《2008 年基础教育核心课程》（The Basic Education Core Curriculum）（详见附录五：第 175 页）。

图 3-6 《2008 年泰国基础教育核心课程》英文版（左）、泰文版（右）

《2008年基础教育核心课程》的主要内容包括：1）课程的教育目的，2）课程原则，3）课程目标，4）学习者的主要能力，5）课程的理想特性，6）课程的学习标准，7）课程等级指标，8）课程的学习内容，9）学习内容与标准，10）学习者能力拓展活动，11）教育等级，12）学习时间分配，13）学习时间结构，14）学习标准和指标。

《2008年基础教育核心课程》规定基础教育核心课程的目的在于提高泰国教育水平，使学习者在身体、知识、品德等方面平衡发展；加强泰国人民作为泰国乃至世界公民的意识，并坚持君主立宪制政体；使学生具备基础知识及技能，对进一步学习、就业及终生学习有持续渴求；坚信每个学生都能够根据自己的潜能，努力学习和提高自己；在教学中坚持以学习者为中心。

《2008年基础教育核心课程》的基本原则规定泰国基础教育课程的最终目的是实现民族团结。课程的学习标准和目标是发展儿童和青少年获取知识、技能、态度和品德的能力，以此作为泰国国民性和普遍价值观的基础。因此，课程要有利于为所有的人创造获得平等和高质量教育的机会；课程要有利于权力下放，鼓励社会参与教育活动，以符合实际情况和当地的需求；课程的结果要达到灵活的学习内容、时间分配和学习管理的目标；要大力提倡以学习者为中心的教学方法；课程的目的要包括所有类型的教育（正规教育，非正规教育和自主学习），涵盖所有的目标群体，并能灵活便利地转移学习成果和经验。

在学习者的主要能力方面，《2008年基础教育核心课程》规定学习者应该具有五种主要能力：第一，交际能力。具体来讲，是指拥有使用语言及其文化，传达自己的思想、知识、感情和见解、能交换信息和经验的能力。第二，思维能力。即分析性、综合性、创造性、批判性和系统性思考的能力，还包括创造性知识或信息，能够作出有利于自身发展或社会发展的适当决定。第三，解决问题的能力。指在合理地掌握一定信息的基础上，解决各种问题和障碍的能力，以及了解社会事物的关系和变化，能考虑自身、社会和环境因素的影响，从而做出有效决定的能力。第四，生存能力。即在自己的日常生活、自主学习、连续学习、工作中建立良好的人际关系，或为和谐共存而使用各种策略的能力，同时能够适当地解决各种问题及冲突，能适应并跟上社会及环境的变化，避免给自身和他人造成不良影响的能力。第五，技术应用的能力。即能够选择使用各种技术，拥有应用相关技术工具，在学习、交际、工作中有创造性地、准确地并以道德为准则来解决问题的能力，以期实现自我发展并推动社会进步。

在理想课程特征方面，《2008 年基础教育核心课程》规定的理想特征主要包括：热爱国家、宗教和国王，诚实正直，遵守纪律，好学，以自足经济理念为原则，全身心投入工作，具有泰国爱国主义(Cherishing Thai nationalism)，具有公共意识等。

为使学习者得到均衡的发展，《2008 年基础教育核心课程》对课程的学习做出了规定，要求的 8 类学习领域包括泰语、数学、科学、社会、宗教和文化、卫生与体育、职业与技术、艺术和外语。《2008 年基础教育核心课程》同时还规定了各领域的主要目标是提高学习者素质。同时，《2008 年基础教育核心课程》还指出学习者应掌握知识，会实践，道德高尚并拥有理想的价值观，这些是学习者在基础教育阶段完成后应该获得的。

在课程等级指标方面，《2008 年基础教育核心课程》按照各年级学习者的特性，指出了学习者应该学习和掌握的知识，不仅能够反映学习标准，学习内容形象而具体，而且应作为规定学习内容、确定学习单元、组织教学以及作为对学生进行评估的重要准则。

在学习目标与标准方面，《2008 年基础教育核心课程》按照 8 类学习领域（泰语、数学、科学、社会、宗教与文化、卫生与体育、艺术、职业与艺术、外语）分开制定各组目标及学习内容，各目标还分别列出若干个学习标准。泰国基础教育核心的8类学习领域共有40个目标，67个标准，详见下表：

表3-5 泰国《2008年基础教育核心课程》8类学习领域的目标及标准表

学习领域	学习目标	学习标准
1. 泰语	5	5
2. 数学	6	14
3. 科学	8	13
4. 社会、宗教与文化	5	11
5. 卫生与体育	5	6
6. 艺术	3	6
7. 职业与技术	4	4
8. 外语	4	8
总计	40	67

在学习时间分配方面，《2008年基础教育核心课程》对8类学习领域和学习者能力拓展活动规定了最少的课时框架结构。其中小学层次（小学1—6年级）为按学年分配课时，每天不超过5小时；初中层次（中学1—3年级）为按学期分配课时，每天不超过6小时。以学分为计量单位，规定每学期40小时可修1学分，高中层次（高中1—3年级）按学期分配课时，每天不低于6小时。在此基础上，教育机构可以根据自身教学的侧重点及能力，同时考虑学习者情况，适当增加课时。具体时间结构如下：

表 3-6 《基础教育核心课程》学习时间表[①]

学习内容 / 活动	学习课时									
	小学						初中			高中
	1	2	3	4	5	6	1	2	3	1-3
基本课程										
泰语	200	200	200	160	160	160	120（3 学分）	120（3 学分）	120（3 学分）	240（6 学分）
数学	200	200	200	160	160	160	120（3 学分）	120（3 学分）	120（3 学分）	240（6 学分）
科学	80	80	80	80	80	80	120（3 学分）	120（3 学分）	120（3 学分）	240（6 学分）
社会宗教与文化	80	80	80	80	80	80	120（3 学分）	120（3 学分）	120（3 学分）	240（6 学分）
卫生与体育	80	80	80	80	80	80	80（2 学分）	80（2 学分）	80（2 学分）	120（3 学分）
艺术	80	80	80	80	80	80	80（2 学分）	80（2 学分）	80（2 学分）	120（3 学分）
职业与技术	80	80	80	80	80	80	80（2 学分）	80（2 学分）	80（2 学分）	120（3 学分）
外语	40	40	40	80	80	80	120（3 学分）	120（3 学分）	120（3 学分）	240（6 学分）
总计（基本课时）	800	800	800	800	800	800	840（21 学分）	840（21 学分）	840（21 学分）	1560（39 学分）
活动课程	200	200	200	200	200	200	120	120	120	360
补充课程	一年不超过 80 小时						一年不超过 240 小时			不低于 1680 小时
总课时	不超过 1000 小时 / 年						不超过 80 小时 / 年			总共 3 年不低于 3600 小时

教学标准和指标是《2008 年基础教育核心课程》的核心部分。课程规定的 8 类学习领域用表格的形式呈现，按年级划分，每个年级分若干个标准。标准的内容为先按年级来对学生的能力进行描述，然后再对各类学习领域的能力指标进行分级描述。为了方便教育组织

① กระทรวงศึกษาธิการ. หลักสูตรแกนกลางการศึกษาขั้นพื้นฐานพุทธศักราช 2551. กรุงเทพ ฯ: โรงพิมพ์ชุมนุมสหกรณ์การเกษตรแห่งประเทศไทยจำกัด, 2551: 1–23. 泰国教育部 . 年基础教育核心课程 . 曼谷 : 泰国农业合作社集会印制场 ,2009:23.

者的理解，在每一项标准和能力指标之前，先介绍该领域的学习目的和学习目标。

最后，在《2008 年基础教育核心课程》的基础上，泰国教育部制定了关于外语教学的《外语分项指标及核心学习内容》。《外语分项指标及核心学习内容》[①]配套文件由基础教育委员会制定，其目的是用来组织基础教育中的地区教育，为教育机构和教师提供课程开发和教学活动的指导性依据。《外语分项指标及核心学习内容》是泰国基础教育中制定课程，组织教学活动的重要依据。作为泰国基础教育中外语教学的指导性原则，它详细介绍了泰国中小学教育中外语学习的学习目的、目标与标准，以泰国基础教育学制为参照，将学习者的外语能力划分为四个级别，即一至三年级，四至六年级，初中和高中，并为每个级别设定了分级目标。在此基础上，设定了详细的分项指标以及每项指标的核心学习内容。

（二）《2008 年基础教育核心课程》对泰国中小学汉语教学的影响

《2008 年基础教育核心课程》与泰国教育政策保持高度一致，促进了泰国汉语教学的多样性发展。《2008 年基础教育核心课程》紧扣相关教育政策，以上文中所说的相关教育政策为主要制定依据，是上述教育政策的深化。作为泰国中小学教育课程设置的指导性原则，与国家教育政策以及中小学教育政策保持了高度的一致性，在泰国基础教育中发挥着重要的作用。《2008 年基础教育核心课程》里规定了学习者能力分级目标和分项指标，使有关各级机构能够明确地看到学习

① กระทรวงศึกษาธิการ. ตัวชี้วัดและสาระการเรียนรู้แกนกลาง กลุ่มสาระการเรียนรู้ภาษาต่างประเทศ ตามหลักสูตรแกนกลางการศึกษาขั้นพื้นฐาน พุทธศักราช 2551. กรุงเทพ ฯ: โรงพิมพ์ชุมนุมสหกรณ์การเกษตรแห่งประเทศไทยจำกัด, 2552: 1–81. 泰国教育部 .2008 年基础教育核心课程外语分项指标及核心学习内容 . 曼谷 : 泰国农业合作社集会印制场 ,2009:1–81.

者的预期目标和学习效果；能够帮助地方上学校及相关机构，充满信心地开展合作，开发课程；同时，《2008年基础教育核心课程》进一步强调泰国教育旨在培养具有道德观念、掌握科学知识和具有远见卓识的泰国公民，使他们能够在身体、智力、情感和道德方面得到全面发展。重点培养儿童和青少年以美德为生活理念，使他们具有公众意识，广泛的生活常识、技能，并以这些能力来促进国家的可持续发展。使泰国青少年具有分析性思维、创造性思维和掌握各类技术技能，并能够与别人合作，与国际社会和谐共存。

（三）《2008年基础教育核心课程》对泰国中小学汉语课程的影响

1. 为制定泰国中小学汉语课程确定了规范。

《2008年基础教育核心课程》作为组织各种形式教育的框架和方针，涵盖所有基础教育阶段的学习者，是泰国基础教育课程的一般性规定。规定中提到的8类学习领域都需要依据这一课程设计本学科统一的课程大纲。同时，该课程还规定了每个学习领域的基本课时和基本课型。课程中关于外语的规定中指出，汉语在泰国基础教育中作为补充课程开设，这为笔者制定汉语课程大纲提供了基本的课时和课型依据。同时，核心课程中的《外语学习分项目标和核心学习内容》为笔者制定汉语学习分项目标和核心学习内容提供了标准的范式。

2. 决定了以课时为基础的泰国中小学汉语课程大纲制定原则。

《2008年基础教育核心课程》对汉语作为补充课程开设的规定，以及泰国教育政策重视权力下放这两个方面的原因，导致了泰国基础教育阶段汉语课程的多样性的问题。这就要求我们在制定汉语课程大纲时，考虑泰国中小学汉语教学的实际情况，在充分权衡可操作性的基础上，统一这种多样性，即设置立足于学时、等级的汉语课程大纲。

这样才能使学校的课程在统一的基础上进行编排，在质量方面得到保证。此外，在测量和评价方面更为清晰，帮助解决校际学分转移的问题。因此，各级别的课程发展（国家、地方和学校级别）必须反映《2008年基础教育核心课程》中学习者能力分级目标和分项指标的质量要求。比如，学生生源中华裔较多的中小学，为了彰显学校的办学特色，会灵活机动地增加汉语课的课时，以课时作为汉语学习内容和学生能力水平的基础和参考，才能充分提高学校的积极性，从而促进汉语教学的发展。

本章小结

泰国主要教育政策包括《2010年国家教育条例》、《2002—2016年泰国国家教育计划》、《国家经济及社会发展规划》、《促进汉语教学，提高国家竞争力战略规划（2006—2010年）》以及《2008年基础教育核心课程》五个。笔者在对泰国教育体系进行简要介绍的基础上，对这些政策进行了梳理。

泰国教育政策的特点可以概括为以下几个方面：第一，十分强调泰国人民的持续发展，教育活动的最终目的是保证泰国人民的生理、心理、智力及品德等方面的整体发展。政府希望通过教育培养公民成为在生活中具有道德及文化内涵，能与他人愉快和谐相处的人。第二，泰国教育制度强调终身教育，致力于将教育的内容及过程发展为可持续的教育形式。第三，泰国十分重视社会力量在教育中所发挥的作用以及权力的下放。在教学组织、教育管理等环节将权力下放到各教育区、教育机构及地方政府机构手中，使得每一个教学区，每一所教学机构，甚至每一所学校在开展教学活动的时候，能够充分结合自身的实际情况。这种做法，一方面，使教学范围内的教学资源最大限度地发挥作用，另一方面，使中小学生的主体地位得以提升，因此，以学生为本的教学活动能够保证较高的教学质量和水平。

泰国教育政策对泰国汉语教学影响主要表现在：指明了泰国汉语教学的基本目标和原则；明确了泰国汉语教学的主要组织形式、管理方式、基本内容、培养方向等；全面贯彻以学生为中心的教学理念；进一步强调地方教育机构在教学中的主导地位；与泰国教育政策保持高度一致，促进了泰国汉语教学的多样性发展；使中泰两国官方交往进一步加强，提升了泰国汉语教学在世界汉语传播中的地位。其对汉语课程的影响主要表现在为泰国中小学汉语课程的制定确定了规范，同时指出了泰国中小学汉语课程大纲制定原则应该以课时为基础。

第四章　泰国中小学汉语课程大纲制定相关问题研究

在第三章，笔者从国家教育政策的角度出发，对制定泰国中小学汉语课程大纲所需要依据的相关政策法规进行了系统而全面的介绍和梳理。根据上一章的研究，笔者发现在实际制定大纲的过程中需要解决以下两个问题：

首先，要制定泰国“汉语分项指标和核心学习内容”，就要涉及汉语课程时间结构的问题。在上一章的研究中笔者论述了泰国教育政策重视权力下放的问题，即各中小学在组织汉语教学，在安排汉语课程方面具有很大的自主性。目前，泰国《2008年基础教育核心课程》里规定的外语课时，主要针对第一外语（英语），至于其他外语的课时，目前的做法是各校各自为政，没有统一的时间规定。所以在制定“汉语分项指标和核心学习内容”时，首先应该确定一个适合汉语教学的学习时间框架，作为“汉语分项指标和核心学习内容”的课时标准。

其次，要制定出符合泰国的教育体系的中小学汉语课程大纲，需根据泰国《2008年基础教育核心课程》里的《外语分项指标及核心学习内容》的目的、目标、标准、学生能力（分级目标）和分项指标及核心学习内容六个部分的要求来实行。由于目前泰国的《外语分项指标及核心学习内容》主要针对英语教学，这些内容不能直接使用于汉语教学。这就需要以这六个部分所提要求为基础，结合汉语的特点来制定“汉语分项指标及核心学习内容”。通过分析，笔者发现在泰国基础教学《外语分项指标和核心学习内容》的六部分内容中，外语课程的目的、目标和标准三个部分作为外语教学的基础性和总体性原则，可以直接用来作为指导具体外语课程教学的一般性原则。至于“学生能力（分级目标）”和“分项指标及核心学习内容”这两个部分则不能直接使用于汉语，尤其是“学生能力（分级目标）”中涉及的词汇量问题，以及“核心学习内容”中涉及的语法项目问题。另外，笔者在制定汉语课程大纲中还遇到了一些其他问题，如如何处理拼音和汉字关系的问题。按照目前泰国中小学为汉语课分配的课时，如何为每个分级目标分配合理的拼音和汉字分项指标；再如在具体的核心学习内容部分的制定中如何运用合理生动的例子等。

本章笔者将详细探讨上述问题的对策。

第一节 课程时间结构的问题及对策

一、问题的提出

时间结构是制定课程大纲需要首先考虑的问题之一，泰国《基础教育核心课程》中规定的时间结构分为基础课课程、活动课程和补充课课程三类。基础课课程包括泰语、数学、科学、社会宗教与文化、卫生与体育、艺术、职业与技术和外语等八种。活动课程包括学习者指导、学生活动、社会及公共活动。补充课的课程安排因校而异，而汉语教学就是属于补充课程的选择之一。泰国《基础教育核心课程》中三类课程的时间结构安排见表 3–6 第 60 页。

从该表中可以看到，对基础课程，活动课程和补充课程这三类课程的课时，还分为小学、初中和高中三个阶段，教育机构可以根据以上规定的时间来安排本校的补充课程。也就是说，小学补充课程的课时每年在 80 小时以内，初中每年在 240 小时以内，高中阶段则共计 1680 小时以上。

泰国中小学阶段的汉语教学大多属于“活动课程”或“补充课程”两类。由于课程属性的不同，所以其名称也随之不同，比如属于“活动课程”类的汉语教学称为“俱乐部汉语”；属于“补充课程”类的汉语教学称为“汉语课和文科汉语班”。

表 4-1 教育阶段与汉语课名称的关系

汉语课名称 / 教育阶段	活动课程	补充课程	
	俱乐部汉语	汉语课	文科汉语班
小学	√	√	—
初中	√	√	—
高中	√	√	√
注释：√ 标是可以在任何阶段开设。			

由于泰国目前还未有汉语教学统一的课时规定，所有学校的课程都是根据《2008 年基础教育核心课程》的要求而制定的，各校的课程区别主要表现在教学课时。教育机构只能根据自身情况（如：校领导对汉语的重视程度、汉语教师数量、家长和学生的需求等因素）来规定各学校课程的时间结构，这导致目前各校安排的课时是各种各样的，此做法带来的问题有以下三个：

1）学习内容缺乏连续性：由于课时不同，所以学生在进入新阶段后需要再从零起点开始学习，导致汉语学习缺乏连续性，学生的汉语水平停滞不前。

2）课程安排没有科学依据：由于目前使用的泰国《外语分项指标即核心学习内容》里的“学习者能力”和“核心学习内容”部分都是针对英语学习者的，所以在用于汉语教学时，教师要对其进行修改和调整，对任课教师来说有一定的困难。而教师的水平参差不齐，能力有限，他们制定出的汉语课程大纲大多缺乏科学性和系统性。

3）没有各阶段有机衔接的汉语教材：一方面，由于学生的汉语基础不同，教师在选用教材时面临一定的困难，大多数教师只能自己编写教材。另一方面，因为没有统一规范的课程大纲，就无法对汉语课程的核心学习内容，以及汉语学习者的能力（分级目标）做相应的规定，也就不可能编写出真正适合泰国中小学各阶段汉语教学的本土化教材。

二、问题的解决

为了解决这一问题，笔者认为首先应该确定汉语课程的基本课时，并以此作为制定“汉语分项指标及核心学习内容”的依据。笔者通过对目前开设汉语课的学校进行调查，得出大部分学校开设汉语课的课时数。再根据这个课时来确定“汉语分项指标及核心学习内容”的课时数。

朱拉隆功大学亚洲研究所中国研究中心 2008 年对泰国开设汉语课的 721 所[①]华校的汉语课时进行了统计，根据收回的来自 574 所学校的有效问卷的数据得出下表：

表 4–2 大多数学校的教育层次每年课时

教育层次	周课时	年课时	学分
小学层次（1—6 年级）	2 小时 / 周[②]	80 小时 / 年	--

①注：泰国开设汉语课的中小学共有 721 所，包括公立学校和私立学校，其中，公立学校有 458 所，占 63.52%；私立学校有 263 所，占 36.48%（华校有 125 所，占所有开设汉语课的学校的 17.34%）。参阅：ศูนย์จีนศึกษาสถาบันเอเชียศึกษาจุฬาลงกรณ์มหาวิทยาลัย. การเรียนการสอนภาษาจีนในประเทศไทยระดับประถม - มัธยมศึกษา, กรุงเทพ ฯ: หจก.ศรีบูรณ์คอมพิวเตอร์ - การพิมพ์, 2551. หน้า 41, 66. 朱拉隆功大学亚洲研究所中国研究中心，泰国华文教学研究——中小学教育，曼谷 :SRIBOON 计算机印刷有限股份公司印制 ,2008:41,66.

② ศูนย์จีนศึกษาสถาบันเอเชียศึกษาจุฬาลงกรณ์มหาวิทยาลัย. การเรียนการสอนภาษาจีนในประเทศไทยระดับประถม - มัธยมศึกษา, กรุงเทพ ฯ: หจก.ศรีบูรณ์คอมพิวเตอร์ - การพิมพ์, 2551. หน้า 68. 朱拉隆功大学亚洲研究所中国研究中心，泰国华文教学研究——中小学教育，曼谷 :SRIBOON 计算机印刷有限股份公司印制 ,2008:68.

教育层次	周课时	年课时	学分
初中层次（初中 1—3）	2 小时 / 周[①]	80 小时 / 年	2 学分 / 年
高中层次（高中 1—3）	2 小时 / 周[②]	80 小时 / 年	2 学分 / 年
高中层次文科汉语班（高中 1—3）	6 小时 / 周[③]	240 小时 / 年	6 学分 / 年

从上表可见，根据 2008 年的数据，泰国小学 1—6 年级实际开设的汉语课课时每学年约 80 小时，但是考虑到《2008 年基础教育核心课程》里对外语课课时的要求为小学一年级至六年级不低于 40 课时，而这一规定却少于实际汉语课时。因此，笔者主张汉语课的基本课时为每年 40 小时，和英语相同，即每年 40 小时的基础上，适当考虑泰国小学汉语课程开设的实际情况，也就是任何学校如果有需要，可以适当增加课时。

其次，小学四年级到高中三年级的汉语课时，即小学 4—6 年级每年 80 小时，初中每年 80 小时，高中每年 80 小时及高中文科汉语班每年 240 小时。笔者认为该课时比较合理。因为该课时没有超出《2008 年基础教育核心课程》里规定的外语课基本课时（见表：3—6），即小学 4—6 年级每年 80 小时，初中每年 120 小时及高中每年 240 小时。至于初中阶段的汉语课时，虽然实际执行的课时少于《2008 年基础教育核心课程》里规定的外语课时，但大多数教育机构实际开设汉语课的课时都是每年 80 小时，所以笔者认为这一课时也是比较适用的。

通过上面的分析和比较，笔者对泰国中小学汉语课课时的设计如下：

---

① ศูนย์จีนศึกษาสถาบันเอเชียศึกษา จุฬาลงกรณ์มหาวิทยาลัย. การเรียนการสอนภาษาจีนในประเทศไทยระดับประถม - มัธยมศึกษา, กรุงเทพ ฯ: หจก.ศรีบูรณ์คอมพิวเตอร์ - การพิมพ์, 2551. หน้า 69. 朱拉隆功大学亚洲研究所中国研究中心，泰国华文教学研究——中小学教育，曼谷 :SRIBOON 计算机印刷有限股份公司印制 ,2008:69.

② การเรียนการสอนภาษาจีนในประเทศไทยระดับประถม - มัธยมศึกษา, กรุงเทพ ฯ: หจก.ศรีบูรณ์คอมพิวเตอร์ - การพิมพ์, 2551. หน้า 71. 朱拉隆功大学亚洲研究所中国研究中心，泰国华文教学研究——中小学教育，曼谷 :SRIBOON 计算机印刷有限股份公司印制 ,2008:71.

③ ศูนย์จีนศึกษาสถาบันเอเชียศึกษา จุฬาลงกรณ์มหาวิทยาลัย. การเรียนการสอนภาษาจีนในประเทศไทยระดับประถม - มัธยมศึกษา, กรุงเทพ ฯ: หจก.ศรีบูรณ์คอมพิวเตอร์ - การพิมพ์, 2551. หน้า 71. 朱拉隆功大学亚洲研究所中国研究中心，泰国华文教学研究——中小学教育，曼谷 :SRIBOON 计算机印刷有限股份公司印制 ,2008:71.

表 4-3 本研究要制定的汉语课课时

补充课程	小学						初中			高中	高中 文科汉语班
	1	2	3	4	5	6	1	2	3	1-3	1-3
汉语课 课时 / 年	40	40	40	80	80	80	80 (2 学分)	80 (2 学分)	80 (2 学分)	80 (2 学分)	240 (6 学分)

从上表中可以看出，笔者将泰国基础教育中小学一年级至三年级的汉语课程课时设定为每学年 40 课时，小学四年级至六年级为每学年 80 课时，初中一年级至初中三年级每学年 80 课时，高中汉语课为每学年 80 课时，高中文科汉语班为每学年 240 课时。上表可以作为本研究制定 “汉语分项指标及核心学习内容” 的主要课时依据，以此为基础就可以设计汉语课程分级目标，分项指标以及核心学习内容。

第二节 学习者能力分级目标问题及对策

一、问题的提出

泰国《2008 年基础教育核心课程》里的 “学习者能力（分级目标）” 部分分为四个等级，即小学 3 年级、小学 6 年级、初中 3 年级和高中 3 年级。每一个等级之下又分别设有 10 个分项目标（参见表 4–4）。其中，第 1 到第 8 项目标是由泰国外语教学的四个目标引申和发展出来的，泰国基础教育中的所有外语教学都要符合这八项目标的内容；而第 9 项和第 10 项分项目标，则是在前面八项分项目标的基础上，针对不同语言的特点提出的。这两项内容被穿插在《外语分项指标及核心学习内容》中的第一个标准里。

表 4-4 泰国中小学外语学习目标、外语学习标准及学习者能力的关系

外语目标	外语标准	学习者能力
1. 语言与交际	1.1 了解及能够解释从不同媒体里听和读的语言，并能够合理地表达自己的想法	第 1 项
	1.2 具有用语言沟通及交换信息的能力，并能够高效地表达自己的感受和意见	第 2 项
	1.3 能够用口语和书面语来介绍各项事宜的信息、概念及意见	第 3 项
2. 语言与文化	2.1 了解目的语语言与文化的关系，并能够在各种场合中适当应用	第 4 项
	2.2 了解目的语和泰语的语言和文化的异同，并能准确和适当的使用语言	第 5 项
3. 语言与连贯	3.1 通过外语链接其他学习领域的知识，并作为进一步的学习、提高和扩展视野的基础	第 6 项
4. 语言与社区	4.1 在各种场合下，包括在学校、社区及社会使用外语	第 7 项
	4.2 将外语为进一步学习、工作及国际社会学习交流的基本工具	第 8 项
语言技能及词汇量		第 9 项
语法项目		第 10 项

泰国以英语为第一外语，所以泰国《外语分项指标及核心学习内容》中的第 9 项——“语言技能及词汇量”和第 10 项——“语法项目”是根据英语的特点来制定的。由于英语和汉语存在较大差异，所以不能直接将英语的目标用于汉语，这就是该部分要解决的问题。

因此，制定泰国中小学“汉语分项指标及核心学习内容”的最主要问题表现在两个方面：首先，如何设计符合汉语作为外语学习规律的词汇量标准；其次，如何合理地编排语法项目，使得这些汉语语法项目，一方面，能够符合《2008 年基础教育核心课程》中关于课程目的、目标、分级目标的规定，另一方面，又符合汉语语言学习的基本规律；最后，在设定每阶段的词汇量和语法项目时还不可避免地面临如何处理拼音和汉字以及如何选择例子等实际问题。

二、问题的解决

下面笔者针对上文提到的三个问题进行深入分析并提出解决方案。

(一)词汇量问题

泰国《外语分项指标及核心学习内容》里，对每个教育阶段学习者应该掌握的词汇量做了规定，要求小学三年级前学习300—450个的词汇，小学六年级前学习1050—1200个的词汇，初中三年级前学习2100—2250个词汇，高中三年级前学习约3600—3750个词汇。这一词汇量的要求是针对英语学习者的。汉语和英语作为两种独立的语言，词汇特点存在着很大的不同，词汇学习的难度也不同。因此，笔者认为，在制定“汉语分项指标及核心学习内容”时，应该重新规定汉语的词汇量，这一点毋庸置疑。

1. 符合泰国汉语教学制度原则

要解决汉语课程分项指标中规定的词汇量问题，首先要对课程的对象进行等级划分，而且这些划分要符合泰国汉语教学制度的要求。

泰国《2008年基础教育核心课程》将泰国学习者能力(分级目标)分为4个阶段，即小学3年级、小学6年级、初中3年级和高中3年级。其中，高中阶段又分为文科和理科，文科开设的汉语课程与其他汉语课程存在很大不同，同时，泰国各中小学首次开设汉语课程的年级之间有很大的不同。这些实际情况就导致了在制定汉语能力等级标准时，年级因素相对弱化。因此，为了适应这种汉语教学的实际，在制定“汉语分项指标及核心学习内容”时，将参考“年级”因素。在此基础上，将泰国中小学汉语能力划分为五等15级。这样，各中小学就可以根据自己的实际有针对性地开展汉语课程。

2. 与国际接轨原则

不可否定，在语言课程大纲制定方面，欧美国家走在了泰国的前面。

为了赶上时代的步伐，与国际课程衔接，在制定泰国“汉语分项指标及核心学习内容”时，应该参考与借鉴国际上的研究成果，再结合本国的实际情况，取长补短。目前，国际上对汉语水平进行等级划分的研究成果主要有《欧洲语言共同参考框架：学习、教学、评估》[①]（CEF）和《国际汉语能力标准》[②]。因此，本研究的能力等级划分参考借鉴了《欧洲语言共同参考框架：学习、教学、评估》和《国际汉语能力标准》的等级划分。

通过借鉴以上两个成果的等级划分，结合泰国汉语教学的体制，得出以下等级划分：

表 4-5 三个语言能力等级划分对照

<table>
<tr><th>欧洲语言框架（CEF）</th><th>国际汉语能力标准</th><th>本研究的能力等级</th></tr>
<tr><td rowspan="2">A1</td><td rowspan="2">一级</td><td>一等 3 级</td></tr>
<tr><td>二等 6 级</td></tr>
<tr><td>A2</td><td>二级</td><td>三等 9 级</td></tr>
<tr><td>B1</td><td>三级</td><td>四等 12 级</td></tr>
<tr><td>B2</td><td>四级</td><td>五等 15 级</td></tr>
<tr><td>C1</td><td rowspan="2">五级</td><td rowspan="2">—</td></tr>
<tr><td>C2</td></tr>
</table>

上表中，笔者根据《欧洲语言共同参考框架：学习、教学、评估》和《国际汉语能力标准》的等级划分，对本研究要制定的“汉语分项指标及核心学习内容”进行等级划分。首先是五等 15 级的能力，只相当于《欧洲语言共同参考框架：学习、教学、评估》的 B2 级，同时相

①欧洲理事会文化合作教育委员会．欧洲语言共同参考框架：学习、教学、评估；刘骏，博宋等译．北京：外语教学与研究出版社，2008:1-294.

②国家汉办国际推广领导小组办公室．国际汉语能力标准．北京：北京汉风教育科技（北京）有限公司印制，2007:1-23.

当于《国际汉语能力标准》的4级；四等12级的能力，规定其相当于《欧洲语言共同参考框架：学习、教学、评估》的B1级，同时相当于《国际汉语能力标准》的3级；三等9级的能力相当于《欧洲语言共同参考框架：学习、教学、评估》的A2级，相当于《国际汉语能力标准》的二级；一等3级的能力和二等6级的能力相当于《欧洲语言共同参考框架：学习、教学、评估》的A1级，同时相当于《国际汉语能力标准》的一级。至于大学阶段，虽然在本研究中也做了对比，但在此不做详细划分。

在进行了等级划分之后，就可以进行词汇量的确定了。首先要说明的是，《促进汉语教学，提高国家竞争力战略规划》里对中小学汉语教师汉语水平的要求为：小学阶段汉语教师的汉语水平应该达到旧汉语水平考试（HSK）5级，中学汉语教师达到6级。[①]根据新旧HSK的分数对应关系进行计算，小学汉语教师应该达到新HSK4级的210分以上，中学汉语教师应达到新HSK 5级的180分以上。[②]新汉语水平考试4级的考生应该掌握约1200个常用词，通过新汉语水平考试5级的考生应该掌握约2500个常用词。要注意的是旧HSK的5级等同于新HSK的4级的210分，因此，根据词汇量进行计算，通过新HSK 4级的考生应该掌握约2 066个词汇量（见表4–6）。对于学生的要求，应该要适当降低。下面是笔者确定的等级词汇量的划分，与新HSK、旧HSK和《国际汉语能力标准》的等级划分的词汇量等级划分进行对比：

---

①กระทรวงศึกษาธิการ. แผนยุทธศาสตร์ส่งเสริมการเรียนการสอนภาษาจีนเพื่อเพิ่มขีดความสามารถในการแข่งขันของประเทศ (พ.ศ.2549-2553). ศธ.0201.1/2775, 2549-07-06:หน้า 7. 泰国教育育部．促进汉语教学，提高国家竞争力战略规划（2006~2010）年．ศธ.0201.1/2775, 2006:7.

②参阅：世界汉语教学学会．关于新、旧HSK分数对应关系的说明．世界汉语教学学会通讯，2011.3:16.

表 4-6 词汇量对比
（本研究与新、旧 HSK 和汉语能力标准的词汇量对比）

旧 HSK	新 HSK		国际汉语能力标准	本研究	
	等级	词汇量		等级	词汇量
	1 级	150	1 级	一等 3 级	100
				二等 6 级	300
	2 级	300	2 级	三等 9 级	600
	3 级	600	3 级	四等 12 级	900
3 级	4 级	1200	4 级	五等 15 级	1500
4 级		（1633）			
5 级		（2066）		小学教师水平	
6 级	5 级	2500	5 级	中学教师水平	
7 级		（3333）			
8 级		（4166）			
9 级	6 级	5000 以上			
10 级					
11 级					

从上表中可以看出，笔者将泰国汉语教学的等级划分为五等 15 级，并给每个等级规定了适用的词汇量，规定一等 3 级词汇量为 100 个，二等 6 级词汇量规定为 300 个，三等 9 级词汇量为 600 个，四等 12 级的词汇量为 900 个，五等 15 级词汇量为 1500 个。本研究制定的“汉语分项指标及核心学习内容”将以这个等级划分为基础。

表 4-7 泰国中小学汉语能力及课时、汉字、词汇对比

五等	一等			二等			三等			四等	五等
15 级	1 级	2 级	3 级	4 级	5 级	6 级	7 级	8 级	9 级	10-11-12 级	13-14-15 级
汉语课时小时 / 年	40	40	40	80	80	80	80	80	80	80	160
累积汉字	10	25	50	80	115	150	200	250	300	450	750
累积词汇	20	50	100	160	230	300	400	500	600	900	1500

笔者认为，将上文中对中小学汉语课程课时规定作为依据，学习这些词汇量是合适的。以上词汇量不超过《泰国促进汉语教学，提高国家竞争力战略规划》对教师规定的词汇量的要求，同时，也与新汉语水平考试及《国际汉语能力标准》的词汇量基本吻合。

此外，笔者用 Access 软件对“2011 年泰国高考的汉语试卷”①的词汇量进行了统计，发现 100 个题目里，共出现了 1064 个词汇。可见，如果高中毕业生能够掌握以上词汇量（高中掌握约 900 个词汇量，高中文科汉语班掌握约 1500 个词汇量），通过高考的汉语考试是有一定保障的。这个数据也证明了，笔者规定的词汇量是比较合适的。

（二）语法项目问题②

上文中提到，泰国《外语分项指标及核心学习内容》中的第 9 项——“语言技能及词汇量”和第 10 项——“语法项目”是根据英语的特点来制定的。虽然《外语分项指标及核心学习内容》是一种交际型大纲，主张“以功能意念为纲，但并非否认语言知识的教学。语言能力（语法能力）是交际能力不可少的组成部分，语言形式结构的掌握也是教学的重要内容之一。”③因此，在制定的分项指标中单列出了第 10 项——“语法项目”。在英语“学习者能力（分级目标）”中，并没有对英语的语法项目进行详细的说明，而仅仅针对核心部分的内容提出了一个较为宽泛的要求。在制定“汉语分项指标及核心学习内容”时，笔者参考了《国际汉语教学通用课程大纲》，将其中的汉语语法项目与泰语的语法项目进行对比，并找出泰语母语者学习汉语语法项目的难

① สถาบันทดสอบทางการศึกษาแห่งชาติ. ความถนัดทางภาษาจีน (Pat 7.4). 2554-03-08:หน้า 1–61. 泰国国家教育测试所 . 汉语技能考试题（Pat 7.4）.2011–03–08:1–61.

②以下对《国际汉语教学通用课程大纲》中的语法与泰语语法对比部分取自笔者已发表的文章 .

③参阅：潘素英 . 泰国学生汉语语法学习难点探讨——以《国际汉语通用课程大纲》为参照 . 见：吴应辉，编 . 汉语国际传播研究 . 北京：商务印书馆 ,2011.58–68.

点，然后试图根据这些难易程度，将语法项目在本研究的各等级中进行重新排序，以便为汉语教师教师提供参考。下面，笔者对《国际汉语教学通用课程大纲》里的语法项目与泰语进行对比分析。

从基本语序来看，在世界上的所有语言中，动词与名词的次序主要有 SVO、SOV 和 OVS 三种形式，泰语和汉语都属于 SVO 型，即两者的基本语序都是主、谓、宾结构。所以，与母语语言为 SOV 或 OVS 型语言的汉语学习者相比，这是泰国学生学习汉语的优势。但相比之下，汉语的主语和动词的次序比泰语更灵活，而且汉语的语序在很大程度上决定了句子的意义。比如句子“ฉันกินข้าวแล้ว”汉语可以用三种不同语序的句子来表达：1）我吃饭了（SVO），2）我（把）饭吃了（SOV），3）饭，我吃了（OSV）；而泰语只有两种表达方式，即 SVO 和 OVS。

总体来看，造成泰国学生学习汉语语法困难的原因主要有两个：一是由于汉泰语“语序”不同；二是汉泰语“表达方式”不同（汉语特殊语法结构形式）。本研究参照《国际汉语教学通用课程大纲》语法项目内容的五个等级，对泰国学生学习汉语语法的上述两方面难点进行分析。

1. 泰汉语法项目对比

本文将《国际汉语教学通用课程大纲》中的五个等级语法结构形式同泰语的表达方式对比，并分析汉泰语法结构形式的不同点。本文从难点产生原因的角度将泰国学生汉语语法学习难点分成三种形式，一是汉泰语“语序”不同而引起的难点；二是汉泰语“表达方式”不同而引起的难点；三是由于汉语特殊语法结构形式而引起的难点。

1.1 汉泰语序不同导致的难点

（1）一级语法项目

①形容词谓语句：

汉语：主语 + 副词 + 形容词

1) 我很高兴。　2) 玛丽非常漂亮。

泰语：主语 + 形容词 + 副词

1) 我高兴很。 2) 玛丽漂亮非常。

② 程度副词作状语：

汉语：很 / 非常 / 真 / 太 +(名 / 形)

3) 布朗非常忙。

泰语：(名 / 形)+ 很 / 非常 / 真 / 太

3) 布朗忙非常。

（2）二级语法项目

① 时间状语：

汉语：主语 + 时间状语 + 动词短语

4) 我每天早上 6 点起床。

泰语：主语 + 动词短语 + 时间状语

4) 我起床 6 点半早上每天。

② 地点状语：

汉语：主语 + 在 + 地点 / 处所 + 动词短语

5) 我在一家电脑公司工作。

泰语：主语 + 动词短语 + 在 + 地点 / 处所

5) 我工作在公司电脑一家。

③ 所属关系的表达：

汉语：名词 / 代词 +(的)+ 名词

6) 这是我的书。 7) 他是我弟弟。

泰语：名词 +(的)+ 名词 / 代词

6) 这是书的我。 7) 他是弟弟我。

④ 方位词组：

汉语：处所名词 + 简单方位词 +(面 / 边)

8) 桌子上 9) 窗外 10) 银行前边 11) 学校西边

泰语：(面/边)+简单方位词+(的)[①]+处所名词

8) 上桌子　9) 外窗　10) 边前的银行　11) 边西的学校

⑤用疑问代词的特殊疑问句：

汉语：哪、哪儿、什么时候

12) 你是哪国人？

13) 你在哪儿上学？

14) 你什么时候开学？

泰语：哪、哪儿、什么时候

12) 你是人国哪？

13) 你上学在哪儿？

14) 你开学什么时候？

⑥"的"字结构：

汉语：名词/代词+的

15) 这是玛丽的。

泰语：的+名词/代词

15) 这是的玛丽。

汉语：形容词+的

16) 红的好看。

泰语：的+形容词

16) 的红好看。

⑦动词+一下：

汉语：动词+一下儿

17) 你看一下这本书。

①注：如果方位词为短语，泰语里必须加"的"。

泰语：动词 + 短语 + 一下儿

17) 你看书本这一下。

⑧ 常用量词的结构：

汉语：量词 + 名词

18) 一件衬衣　19) 两件裤子

20) 三块面包　21) 四斤苹果

泰语：名词 + 量词

18) 衬衣一件　19) 裤子两件

20) 面包三块　21) 苹果四斤

（3）三级语法项目

① 介词：引进空间方位作状语“从”：

汉语：从 + 起点 + 动词短语

22) 我刚从英国回来。

泰语：动词短语 + 从 + 起点

22) 我刚回来从英国。

② 助词“着”的用法：

汉语：主语 + 动词 + 着 + 名词

23) 布朗戴着一副眼镜。

泰语：主语 + 动词 + 名词 + 着 + 一副

23) 布朗戴眼镜着一副。

③ 存现句，其结构形式是：

汉语：方位词组 + 动词 + 着 + 名词（词组）

24) 墙上挂着一张世界地图。

泰语：方位词组 + 动词 + 名词 (词组)+ 着 + 一张

24) 上墙挂地图世界着一张。

④类同的表达：

汉语：……跟 / 和……（不）一样 + 形容词

25) 他和我一样高。

泰语：……跟 / 和……形容词 +（不）一样

25) 他和我高一样。

⑤比较句“比”字句和“比”字句的否定形式：

汉语：A+ 比 +B+ 形容词

26) 今天比昨天冷。

泰语：A+ 比 +B+ 形容词

26) 今天冷比昨天。

汉语：A+ 没有 +B+ 形容词

27) 你没有玛丽高。

泰语：A+ 形容词 + 没有 +B

27) 你高没有玛丽。

⑥副词“最”：

汉语：最 + 形容词 / 动词短语

28) 这是中国最大的城市。

泰语：形容词 / 动词短语 + 最

28) 这是城市大最的中国。

⑦双宾语句的结构形式：

汉语：主语 + 直接宾语 + 间接宾语

29) 玛丽给我一本书。

泰语：主语 + 间接宾语 + 直接宾语

29) 玛丽给书我一本。

⑧用“怎么”的询问方式，其结构形式：

汉语：主语 + 怎么 + 动词短语

30) 这个字怎么念？

31) 去银行怎么走？

泰语：主语 + 动词短语 + 怎么

30) 字个这念怎么？

31) 去银行走怎么？

⑨ 能愿动词：

汉语：能 / 会 / 可以 + 动词短语

32) 玛妮能来。

33) 我会打网球。

34) 这儿可以拍照。

泰语：能 / 会 / 可以 + 动词短语

32) 玛妮来能。

33) 我打网球会。

34) 这儿拍照可以。

⑩ 引进对象作状语：

汉语：跟 / 给某人 + 动词短语

35) 我跟他一起去。

36) 我给爸爸打电话。

泰语：动词短语 + 跟 / 给某人

35) 我去一起跟他。

36) 我打电话给爸爸。

（4）四级语法项目

①助词“了”的用法：

汉语：能愿动词 + 动词短语 + “了”

37) 我能走了。

泰语：动词短语 + 能愿动词 + “了”

37) 我走能了。

②助词“过”的用法：

汉语：主语 +（没）+ 动词 + 过 + 名词（短语）

38) 我去过中国。　39) 我没看过这部电影。

泰语：主语 +（没）+ 过 + 动词 + 名词（短语）

38) 我过去中国。　39) 我没过看电影部这。

③时量补语的结构形式：

汉语：动词 + 了 + 时量 +（名词）+ 了

40) 我打了两个小时网球了。

泰语：动词 +（名词）+ 了 + 时量 + 了

40) 我打网球了两个小时了。

④汉语比较句：

1) 汉语：A+ 比 +B+ 更 / 还 + 形容词

41) 今天比昨天还冷。

泰语：A+ 形容词 + 比 +B+ 更 / 还

41) 今天冷比昨天还。

2) 汉语：A+ 比 +B+ 形容词 + 数量

42) 我比我的弟弟大三岁。

泰语：A+ 形容词 + 比 +B + 数量

42) 我大比弟弟的我三岁。

3) 汉语：A+ 比 +B+ 形容词 + 一点儿 / 多了

43) 他的汉语比我好多了。

泰语：A+ 形容词 + 比 +B + 一点儿 / 多了

43) 汉语的他好比我多了。

⑤复句：

汉语：先……，再……

44) 你先写作业，一会儿再看电视。

泰语：……先，再……

44) 你写作业先，一会儿再看电视。

（5）五级语法项目

① 结果补语肯定的可能式：

汉语：能 + 动词 + 补语

45) 我能买到去上海的飞机票。

泰语：能 + 动词 + 短语 + 补语（得）

45) 我能买票飞机的去上海得。

② 趋向补语的可能式：

汉语：动词 + 得 / 不 + 趋向补语

46) 进得来　47) 进不来

48) 拿得起来　49) 拿不起来

泰语：动词 + 趋向补语 + 得 / 不得

46) 进来得　47) 进来不得

48) 拿起来得　49) 拿起来不得

③ 程度补语中动词受事在程度补语的位置：

汉语：施事 + 受事 + 动词 + 得 + 形容词

50) 玛丽篮球打得不太好。

泰语：施事 + 动词 + 受事 + 得 + 形容词

50) 玛丽打篮球得不太好。

1.2 汉泰语表达方式不同而引起的难点

此类难点是由于汉泰语的表达方式不同所造成的，即泰语和汉语都有类似的表达方式，但具体的表达方式又有不同，所以给泰国学生的学习带来一定困难。以下将分级介绍：

（1）一级语法项目

名词谓语句：

汉语：主语 + 年龄　　　　51) 玛丽 20 岁。

泰语：主语 + 年龄　　　　51) 玛丽年龄 20 年。

汉语：主语 + 籍贯　　　　52) 王明上海人。

泰语：主语 + 籍贯　　　　52) 王明人上海。

汉语年龄的量词是“岁”，只说“数词 + 岁”的时候，就知道指的是年龄。但泰语里年龄的量词是“年”，只说“数词 + 年”的时候，指的不一定是年龄，所以泰语里必须在数词前面加名词“年龄”。

（2）二级语法项目

①时间名词的表达：

汉语：年、月、日　　　　53)2007 年 12 月 5 日

泰语：日、月、年　　　　53) 日 5 月 12 年 2007

汉语的表达是从大到小，而泰语是从小到大，这属于两种语言的固定表达形式。

汉语：星期……　　　　54) 星期一　(55) 星期天

泰语：วัน……（天……）　　54)วันจันทร์　(55)วันอาทิตย์

②人民币钱数表达：

汉语：……元 / 块……角 / 毛……分　(56)105 块 6 角 8 分。

泰语：……泰铢……士丁　　56)105 泰铢 5 0 士丁。

汉语：主语 + 钱数　　　　57) 这本书 32 块 5 毛。

泰语：主语 + 钱数　　57) 书本这价格 32 泰铢 5 0 士丁。

汉语：主语 + 钱数　　　　58)3 斤苹果 10 块钱。

泰语：主语 + 钱数　　　　58) 苹果公斤半价格 5 0 泰铢。

③用疑问代词的特殊疑问句：

汉语：什么 + 名词　　　　59) 你叫什么名字？

泰语：名词 + 什么　　　　59) 你名字什么？

汉语：多少 + 名词　　　　60) 这本书多少钱？

泰语：名词 + 多少　　　　　　60) 书本这价格多少？

汉语的疑问代词在名词之前，而泰语在名词之后。

汉语：“多大”　　　　　　61) 你的孩子多大了。

泰语：“多少”　　　　　　61) 孩子的你年龄多少了。

泰语里用“多少”来问数量，而且“多少”前面是名词，如：“年龄多少？（多大的意思）”、“价格多少？（多少钱的意思）”。

④ 动词重叠。

汉语：62) 我试试这件衣服。

泰语：62) 我要试衣服这件看。

汉语动词重叠表示语气减轻，但泰语中如果要表达减轻动作的语气，则不能将动词重叠，而是要说成“试……看”，所以初学汉语的泰国学生很少用动词重叠句，而是使用与泰语语序一致的将“一下”放在句末的方式来表达语气的减轻。

⑤“的”字结构：

汉语：形容词 + 的　　　　　　63) 红的好看。

泰语：的 + 形容词　　　　　　63) 的红好看。

“形容词 + 的”的定中结构，汉语与泰语的顺序正好相反。另外，汉语的“的”所指的意义比泰语广泛。在泰语里要说出主事的量词，如：“红的（衣服）漂亮”，在泰语里衣服的量词是 ตัว（件），整个句子就要说成“件红好看”（红件好看）；再如鞋子，泰语里鞋子的量词是 คู่（双），整个句子就要说成“双红好看”（红双好看）。

（3）三级语法项目

① 介词：引起空间方位作状语“向”、“往”：

汉语：向 + 方向 + 动词短语

64)（你）一直向北走。

泰语：动词短语 + 去边 + 方向

64)（你）走去边北一直。

汉语：往 + 方向 + 动词短语

65) 往右拐。

泰语：动词短语 +（去边）方向

65) 拐（去边）右。

泰语没有“向”和“往”这两个词，所以泰国学生初学汉语时也不习惯用这样的句子，而只会简单说成“走去边北一直”或“拐右”。

② 事件正在进行的表达：

汉语：主语 + 正 + 动词短语 +(呢)

66) 布朗正看书呢。

泰语：主语 +(正在) 动词短语 + 着 (呢)

66) 布朗 (正在) 看书着呢。

汉语：主语 + 在 + 动词短语 +(呢)

67) 玛丽在睡觉 (呢)。

泰语：主语 +(正在) 动词短语 + 着 (呢)

67) 玛丽 (正在) 睡觉着呢。

汉语里的“正”和“在”可以分开用，也可以连在一起用，放在动词之前。但泰语里表达动作正在进行只有“正在”一个词，结构形式为“主语 + 正在 + 动词 + 着”或省略为“主语 + 动词 + 着”。

③ 正反疑问句：

汉语：主语 + Adj. 不 Adj. ?

68) 那件衣服贵不贵?

泰语：主语 + Adj. + 吗?

68) 衣服件那贵吗?

汉语：主语 +V 没 V+（宾语）?

69) 你看没看电影?

泰语：主语 +V（宾语）+ 了没?

69) 你看电视了没?

因为泰语里没有正反疑问句，所以，以上例句则分别用“贵吗？”和“了没？”来表达。

（4）四级语法项目

① 时间副词作状语“已经”：

汉语：主语 + 已经 + 动词短语

70) 他们已经下班了。

泰语：主语 + 动词短语

70) 他们下班了。

在泰语里，一般不用“已经”，因为只用“了”就可以表示事情已经完成。

② 时间副词（“再 / 又”）作状语：

汉语：主语 + 再 + 动词短语

71) 你再听一遍。

泰语：主语 + 动词 + 再 + 短语

71) 你(试)听再(一)遍。

汉语：主语 + 又 + 动词短语

72) 他又说了一遍。

泰语：主语 + 动词 + 再 + 短语

72) 他说再遍了。

首先，此句式的“一遍”，泰语要去掉数词“一”。其次在汉语里“再”和“又”表达不同的概念，但在泰语里则用同一个词，所以表达“又”的意向时必须加上“了”。

③ 助词“了”的用法：

汉语：主语 + 动词 + 了 + 名词 + 就 / 再 + 动词短语

73) 我吃了饭再去。

泰语：主语 + 动词 + 名词 + 了 + 再 + 动词短语

73) 我吃饭完了再去。

助词“了”表示动作完成，汉语的表达方式是“动词 + 了”，但泰语是“动词 + 动作的结构 + 了”，例如：“吃完了”。

④ 时量补语：

汉语：动词 + 过 + 时量 + 名词

74) 我吃过两次烤鸭。

泰语：过 + 动词 + 名词 + 时量

74) 我过吃鸭烤两次。

“动词 + 过”，泰语的说法是“过 + 动词”；汉语的时量补语位置比泰语灵活，而泰语的时量补语只能放在句尾。

（5）五级语法项目

① 趋向补语的引申用法：

汉语：动词 + 上 + 名词

75) 关上窗户。

泰语：动词 + 名词

75) 关窗户。

汉语：动词 + 下

76) 脱下大衣。

泰语：动词 + 出

76) 脱衣服出。

泰语里没有“动词 + 上 + 宾语”的结构，而是直接使用“动词 + 宾语”。但“动词 + 下”的结构泰语中也存在，根据不同的动作，可以用不同的词来引申，如：“脱衣服”用“出”，“放心”用“下”等。

② “把”字句，泰语里没有“把”字句。

汉语：主语 + 把 + 名词 + 动词 + 形容词

77) 我把房间打扫干净了。

泰语：主语 + 动词 + 名词 + 到 + 形容词

77) 我打扫房间到干净了。

汉语：主语 + 把 + 名词 + 动词 + 趋向

78) 你把铅笔递过来。

泰语：主语 + 动词 + 名词 + 来一下

78) 你递铅笔来一下。

汉语：主语 + 把 + 名词 + 动词 + 在 + 地方

79) 我把车停在学校门口了。

泰语：主语 + 动词 + 名词 + 在 + 地方

79) 我停车在门口学校了。

汉语：主语 + 把 + 名词 + 动词 + 到 + 地方

80) 你把我的包拿到房间里。

泰语：主语 + 拿 + 名词 + 动词 + 放在 + 地方

80) 你拿包的我去放里房间。

汉语：主语 + 把 + 名词 + 动词 + 给 + 某人

81) 他把这封信交给了玛丽。

泰语：主语 + 动词 + 名词 + 给 + 某人

81) 他交信封这给玛丽了。

2. 泰国学生汉语语法项目学习难点分析

通过以上的对比分析可以看出泰国学生学习《国际汉语教学通用课程大纲》中的汉语语法点，其难点既有共性的，也有个性的，以下分别对泰国学生学习汉语语法的两方面难点进行阐述：

第一方面：汉泰语“语序”不同而引起的难点，《国际汉语教学通用课程大纲》里五个级别的常用汉语语法项目中，汉语和泰语的差别主要是“定语与中心语”和“状语与中心语”的位置相反。少部分是由补语位置的不同而引起的难点，汉语补语在谓语之后，而泰语补语有的在谓语之前，有的在谓语之后，所以在制定泰国“汉语分项指标及核心学习内容”时，要根据这些语法的难易程度进行编排，即从易到难。

第二方面：汉泰语“表达方式”不同而引起的难点，在一级至五级的难点中，有的是汉语里有而泰语里没有的语法结构形式，有的是汉语和泰语都有，但是表达方式不同的语法结构形式，所以在制定泰国“汉语分项指标及核心学习内容”时，同样要根据这些语法的难易程度进行编排，即从易到难。

（三）其他问题

在制定泰国“汉语分项指标及核心学习内容”时发现的问题除了以上两个以外，还有“拼音及汉字问题”以及“例子问题”。

1. 拼音及汉字问题

由于泰国“外语分项指标及核心学习内容”的对象是英语，所以当然并没有考虑到汉语拼音和汉字这两个要素，在制定分项指标的过程中，这两个问题是不能回避的。

泰国《外语分项指标及核心学习内容》规定的入门阶段（小学3年级）的第1项规定：“能根据所听到的指令或要求与订单做出合理反应；能按照规律正确地读出字母、词、词组、简单句子及简单的歌谣（chant）；准确地说出听到的词组的意义，能够回答听到或读到的对话及简单的故事。”；同样是入门阶段，第5项的规定是：“能说出目的语与泰语之间的字母、词、词组及简单句子发音的区别。”根据以上两个项目的规定，由于泰国以英语为第一外语，《外语分项指标及核心学习内容》也是针对英语的，所以上面所说的“字母”指的就是英文字母

（ABCD…）。此问题是附着在“分项指标”部分里，即缺少了“拼音”及“汉字”两个部分。“语言要素通常指语音、词汇、语法三个要素，但是在汉语里，还要根据其特点加上书面语言的文字——汉字，这样汉语的语言要素就有四个。学习者需要掌握语言要素的知识，并能运用这些知识。”①笔者认为，“分项指标”在用于汉语时要有针对性，应该考虑突出汉语的语言要素特点，即语音、词汇、语法和汉字等4个要素。在制定泰国《汉语分项指标及核心学习内容》时要加入“拼音”及“汉字”这两个语言要素。但值得提出的是“拼音”只需要在入门阶段出现，在学生上更高年级时，应该已经掌握较好的汉语拼音技能，所以在入门以后的年级里将不再涉及汉语拼音的分项指标，而“汉字”是每个教育阶段和年级都需要涉及的语言技能，因为汉字的学习范围比汉语拼音相对要大得多。

2. 例子问题

泰国《外语分项指标及核心学习内容》里的“核心学习内容”部分给出的例子都是英文的例子，是根据英语里的习惯举出的典型例子。在制定泰国“汉语分项指标及核心学习内容”时，显然不能直接将这些英文例子翻译成汉语，而是要根据汉语的习惯，规定与“分项指标”相符合的汉语例子。这些给出的例子只是一些典型的例子，因为泰国的“外语课程”属于“功能意念大纲”，应使用交际法教学。“交际法强调以学生为中心，首先要分析学习者对第二语言的需要，通过“需要分析”选择应该学习的语言功能和语言形式，教学内容和教学方法的决定也都必须从学习者的需要出发。”②所以，笔者给出的例子仅供教师或学校参考，实际教学的内容还要根据学习者的需求进行调整。

①刘珣．汉语作为第二语言教学简论．北京：北京语言大学出版社，2007年重印：62.
②刘珣．汉语作为第二语言教学简论．北京：北京语言大学出版社，2007年重印：94.

第三节　泰国中小学汉语课程大纲制定原则

通过上述对泰国中小学教育政策，泰国汉语政策，以及泰国学制和课程设置的介绍和解析，笔者认为在制定泰国中小学课程大纲时应遵循有以下几点主要原则。

一、符合国家教育要求，充分考虑各级教育机构的自主性

泰国政府向来鼓励通过各种渠道筹集资源用于教育活动，重视社会力量在教育中所发挥的作用。这使得在泰国，教育不仅是政府行为，更是全社会各阶层广泛参与的公共事业，个人、家庭、社区、地方政府、私人机构、私立组织、教育职业组织、宗教机构、企业单位及其他社会机构等都可以参与到教育活动中来。在政策制定方面，泰国教育条令中明确提出要把教育的权力分散到各教育区、教育机构及地方政府机构中去，这使得各中小学在组织教学、安排课程方面具有很大的自主性。汉语作为泰国基础教育中的一门外语尤其应该如此。在课程设计方面，每个学校在不违背《2008 年基础教育核心课程》所规定主要原则的基础上，可以根据自己学校的学生、师资、教学安排等情况设定本校汉语课的课时、学习内容和评估标准。因此，在制定汉语课程大纲过程中，应该充分考虑各级教育机构的自主性，也就是中小学基础教育的实际情况。在设计汉语课程的课时和核心内容时，应以泰国中小学汉语课程现状的最下限为基础，只有这样才能保证课程大纲的科学性和实用性。

二、从“功能意念”到“形式”的交际型大纲设计模式

“社会语言学、心理语言学把语言看作一种交际手段，认为言语

行为和言语活动是满足人们交际的需求，使用语言是一种交际能力。人们运用语言进行交际的过程包括两方面：一是运用语言表达什么思想，即内容；二是怎样运用语言表达思想，即语言表达的形式。内容就是意念，表达形式就是表达方法。”[①]所以从“功能意念”到“形式”的交际型教学大纲就是“依据语言使用的功能，或是按照语言用来表达的意念来安排语言教学的具体内容……功能意念大纲视语言运用为语言的最基本因素，它认为语言的使用功能是头等重要的，其次才是语言的语法形式和结构……所以功能意念大纲强调按其功能和意念对语言进行分类。其中，功能包括道歉、请求、允许、问候、预测、谢绝邀请等。意念包括普通意念和特定意念两种，前者表示是抽象的概念，如：存在、空间、时间、质量等；后者表示具体的名称、地址、健康、教育和社会公益事业等。”[②]

根据上文对《2008年基础教育核心课程》，《外语分项指标及核心学习内容》的介绍发现，泰国目前正在使用的大纲是一种“交际大纲”，这与泰国以学生为中心的教育传统有关。从教育历史来看，泰国向来非常重视对学生自主性和创造性的培养，鼓励学生积极参与教学活动。因此，在教学活动中，多使用交际教学法进行教学。尤其在外语教学中，更是强调分析学生的学习需求，激发学生的学习兴趣，调动学生的积极性。在教学内容的选择方面，从学生的需要出发。在制定外语教学大纲的过程中，遵循心理语言学的语言学习原则，主张在教学中采取从“功能意念”到“形式”的教学路子。因此，在制定泰国中小学汉语课程大纲时，也应该充分依据这种理念，按照“交际大纲”的制定原则，根据汉语课程目标、汉语课程标准、汉语课程分级目标、汉语课程分项指标以及核心学习内容这一结构进行大纲的编排和设计。

---

①葛利友、由春英．意念教学大纲介绍．齐齐哈尔师范学院学报,1992.6:105.

②阎美玲．对语法大纲和功能意念大纲的思考．渭南师专学报,1997.3:53.

三、国际接轨，借鉴其他国家制定的课程大纲成果

泰国的汉语教学作为一种第二语言教学，具有第二语言教学的一般规律。因此，其他国家制定的第二语言教学的课程大纲成果，对制定泰国汉语课程大纲具有重要的借鉴意义。同时，借鉴其他第二语言课程大纲，尤其是汉语课程大纲，有助于在大纲制定方面与国际接轨，以促进实现泰国教育的国际化。本文要制订的“汉语分项指标及核心学习内容”中的学习者等级划分，参考、借鉴了《欧洲语言共同参考框架：学习、教学、评估》和《国际汉语能力标准》的分级，同时结合泰国的实际情况，最后得出既符合国际标准，又符合泰国情况的汉语能力等级划分。

四、针对性和实用性原则

作为指导泰国中小学汉语教学的指导性文件，泰国中小学汉语课程大纲应该充分考虑泰国基础教育的实际情况。在教学内容方面，既要考虑汉语这种目的语的主要特征，又要充分分析泰语为母语的学习者在汉语学习中的语音、词汇、语法、汉字等方面可能遇到的问题；在课程设置方面，既要考虑作为补充课程的汉语课时分配情况，又要考虑师资、教材、评估等制约因素。只有综合考虑相关因素，才能制定出具有针对性和实用性的汉语课程大纲，也只有这样的课程大纲才能更好地指导泰国基础教育的汉语教学，提高泰国中小学汉语教学的质量和水平。

本章小结

本章笔者对在制定“汉语分项指标及核心学习内容”中遇到的两个问题进行了分析，并结合汉语的具体情况给出了相应的对策。在此

基础上，笔者提出在制定泰国中小学汉语课程大纲时需要遵循的主要原则。

首先，关于汉语课程时间结构的问题，笔者认为，首先应该确定汉语课程的基本课时，并以此作为制定“汉语分项指标及核心学习内容”的依据。笔者通过对目前开设汉语课的学校进行调查，得出大部分学校开设汉语课的课时数。然后将这一数据与《2008年基础教育核心课程》里规定的外语课基本课时进行比较。最后，将泰国基础教育中小学一年级至三年级的汉语课程课时设定为每学年40课时，小学四年级至六年级为每学年80课时，初中一年级至三年级每学年80课时，高中汉语课为每学年80课时，文科汉语班为每学年240课时。并以此作为设计泰国中小学汉语分项指标以及核心学习内容的主要课时依据。

另外，针对学习者学习能力分级目标设计过程中遇到的词汇量问题、语法项目问题等，本研究也提出了自己的对策。首先，针对分项目标中规定的词汇量这一问题，笔者在充分分析《欧洲语言共同参考框架：学习、教学、评估》和《国际汉语能力标准》的等级划分标准的基础上，对本研究要制定出的“汉语分项指标及核心学习内容”进行等级划分。最后将泰国汉语教学的等级划分为五个，并给每个等级规定了适用的词汇量，规定小学3年级词汇量为100个，小学6年级词汇量规定为300个，初中3年级词汇量为600个，高中3年级的词汇量为900个，高中3年级文科汉语班的词汇量为1500个。其次，在语法项目确定的问题上，本研究从语序和表达方式两个方面对比了汉语和泰语的异同，并以此作为划分语法项目难易的标准，确定了针对泰国学生的五个等级的语法项目分布情况。最后，针对目前泰国外语大纲的编写以英语作为参照，忽视汉语拼音和汉字的情况，以及核心学习内容中例子的选择等问题提出了自己的对策。

最后，笔者提出制定泰国中小学汉语课程大纲应该遵守的四项主要原则：要符合国家教育要求，也就是以学生为中心的教育理念，权力下放到地方教育机构的教育制度，充分考虑各级教育机构的自主性；要坚持从“功能意念”到“形式”的交际型大纲设计模式；要借鉴国际上的课程大纲制定成果与国际接轨；要具有针对性和实用性。希望这些原则为制定其他本土化汉语课程大纲提供借鉴。

第五章
泰国中小学汉语课程大纲的制定

通过研究泰国教育体系，泰国《2008 年基础教育核心课程》以及《外语分项指标及核心学习内容》等相关文件，同时参考借鉴国际上的汉语课程大纲，笔者结合泰国中小学汉语教学的实际情况，制定出了专门针对泰国中小学阶段汉语教学的课程大纲，即“泰国中小学汉语课程大纲”。本大纲属于国家级的统一性教学大纲，也就是说地方教育学区或教育机构可以根据本教育区或教育机构的具体情况，按照本大纲的要求开展汉语教学。本大纲的制定具有填补泰国中小学课汉语课程大纲空白的重要意义，为泰国中小学汉语教学活动以及本土汉语教材的编写提供依据，具有较强的实践价值和理论价值。下面是“泰国中小学汉语课程大纲”的具体内容。

第一节　说明

一、“泰国中小学汉语课程大纲”的目的

“今天，中华人民共和国在东盟乃至世界的经济发展中扮演着十分重要的角色，并且其影响还将日益扩大。汉语是世界重要语言之一，使用人口近二十亿，是联合国工作语言之一。”[1]因此，汉语对泰国人

①吴应辉、龙伟华、冯忠芳、潘素英译．泰国促进汉语教学，提高国家竞争力战略规划．国际汉语教育．北京：2009（1）:39.

民在交际、教育、求知、工作、增加对中国文化的理解以及增强泰国人民的跨文化意识和扩展国际视野方面具有非常重要的作用。学习汉语能够帮助泰国人民了解中国语言文化、礼仪、习俗、思维、社会、经济、政治和行政方面与泰国之间的差异。能使泰国人民更容易、更广泛地获得知识，增进中泰两国人民的友谊。

二、“泰国中小学汉语课程大纲”的目标

“泰国中小学汉语课程大纲”的目标是让学习者对汉语学习产生良好的观念；能用汉语完成各种场合下的交际、求知、工作和升学任务；同时，了解世界多元文化和知识，并将泰国文化及思维传播到世界各地。主要内容包括：

1. 语言与交际：用汉语听、说、读、写技能交流信息，表达情感及个人意见；能解释含义，展示信息，总结思想以及表达对客观事物的见解等；并以此建立适当的人际关系。

2. 语言与文化：能够合理地根据中国文化进行汉语交际，处理好汉语—中国文化与泰语—泰国文化之间的异同和关系，并能合理应用。

3. 语言和跨学科的连贯：将汉语与多学科知识进行连贯，使之成为发展自我、求知和开阔视野的基础。

4. 语言与社区和世界的关系：在各种场合下使用汉语，包括课内外，社区与全球社会，将汉语作为升学、工作和学习交流的基本工具。

三、“泰国中小学汉语课程大纲”的标准

目标 1：语言与交际

标准 1.1 了解及解释在各种媒体里听到和看到的信息，并合理地表达意见。

标准 1.2 具备用汉语进行交际和沟通的技能，高效地表达感受和意见。

标准 1.3 用口语和书面语表达信息、总体概念及意见。

目标 2：语言与文化

标准 2.1 了解中国语言与文化的关系，并能够在各种场合适当运用。

标准 2.2 了解中国和泰国的语言与文化的异同，并能准确和适当运用。

目标 3：语言与其他学科的连贯

标准 3.1 用汉语连接其他学科的知识，并作为进一步学习、提高和扩展视野的基础。

目标 4：语言与社区和世界的关系

标准 4.1 在学校、社区及社会中的各种场合使用汉语。

标准 4.2 将汉语作为进一步学习、工作及与世界交流学习的基本工具。

四、“泰国中小学汉语课程大纲”的分级目标

考虑到泰国教育机构开设汉语课的实际情况，本文要制定的中小学汉语课程大纲的等级将不根据年级来进行划分，而是按照自然等级直接分为五等 15 级。在具体教学活动中，各学校可以根据所开设汉语课的阶段和课时选择合适的等级。

（一）一等能力（3 级）

1. 根据听到的指令、请求做出相应的动作；正确地读出声母、韵母、

声调，汉字、词、词组、简单句子及简单的绕口令；准确解释听到的词及词组的意义；根据听到或看到的句子、对话或简单的故事回答问题。

2. 根据听到的信息模式，用简短的话语进行对话；能使用简单的指令和请求，表达自己的简单需求；用口语提供或索取有关自己和朋友的个人信息；根据听到的信息模式，表达自己对各种周边事物或各种活动的感受。

3. 用口语表达有关自己和周边事情的信息；根据听到或看到的信息，对有关人物、动物和物件的词汇进行分类。

4. 根据中国文化 / 社会礼仪进行口语及肢体表达；说出有关中国节日 / 纪念日 / 庆祝活动和中国人的生活方式的名称及简单词语；并根据自己的年龄，适当参与语言和文化活动。

5. 说出汉语与泰语之间的声母、韵母、声调、字、词、词组及简单句子发音的区别。

6. 说出与其他学科相关的词语。

7. 就课堂上的简单场景进行听和说。

8. 使用汉语收集有关身边事物的词语。

9. 使用约 50 个汉字及 100 个汉语词汇就个人、家庭、学校、周边环境、食物、饮料及休闲娱乐的话题进行汉语沟通（重视听说）。

10. 使用单词句和简单句进行日常对话。

（二）二等能力（6 级）

1. 根据听到和看到的指令、请求及建议做出相应的动作；正确地朗读句子、语篇、故事及短诗；根据所看到的符号或标志，选择 / 识别正确的句子或语篇；转述听到和看到的对话、简单故事及传说的主要内容并回答问题。

2. 用口语 / 书面语进行人际沟通；使用有关命令、请求、允许及建议的词语；在简单情况下，用口语 / 书面语表达需求、寻求帮助、同意和拒绝帮助；用口语 / 书面语提供及索要关于自己、朋友、家庭和周边事情的信息；用口语 / 书面语表达有关各种身边事情和活动，并给出简短理由。

3. 用口语 / 书面语提供有关自己、朋友和周边环境的信息；根据听到和看到的信息，绘制图片、蓝图、图表或表格；用口语 / 书面语表达对身边各种事情的看法。

4. 根据中国文化和社会礼仪，礼貌并适当地运用话语、语气和肢体搭配；提供有关中国节日 / 纪念日 / 庆祝活动 / 生活方式的信息；根据自己的兴趣参与语言和文化活动。

5. 说出各种句子的发音的异同点；使用标点符号，根据汉语和泰语的句子结构给句子排序；比较中国与泰国的节日、庆祝活动和传统习俗的异同点。

6. 在学习资源里搜索和收集有关其他学科的词汇，并用口语 / 书面语进行展示。

7. 用汉语在课堂上和学校里的各种场合进行沟通。

8. 用汉语搜索及收集各种信息。

9. 使用约 150 个汉字及 300 个词汇，就个人、家庭、学校、环境、食物、饮料、休闲娱乐、健康与福利、买卖和气候的话题进行汉语沟通（重听、说、读、写）。

10. 在各种情景下，使用单句和复句表达思想。

（三）三等能力（9 级）

1. 根据听到和看到的请求、建议、说明及解释做出相应的动作；正确地朗读语篇、新闻、广告、故事及简短诗词；根据听到或看到的句子和语篇，识别 / 编写各种非文本信息；根据听到和看到的各种媒体信息，选择/识别话题、主要内容，支撑细节和表达意见，并提供理由和示例。

2. 用口语和书面语就自己、各类身边事物、情况、新闻、社会关注的话题进行适当和持续的对话和交流；用有关请求、说明及解释的词语给出适当的建议；用口语和书面语表达需求、提出和给予帮助、同意及拒绝给予帮助；根据听到或看到的信息，用口语和书面语索要及提供信息、描述、解释、比较和恰当地表达意见；用口语和书面语表达自己对各种事情、活动、经验及新闻事件的感想和意见，并给出恰当的理由。

3. 用口语和书面语描述自身经验及社会关注的新闻、事件、事项、各种焦点；能用口语和书面语对所分析的事项、新闻、事件、情况等感兴趣的话题的主要内容、主题进行总结；用口语和书面语表达对活动、经验及事件的意见，并给出理由。

4. 根据中国文化和社会礼仪，选择使用适合于具体场合或人物的语言、语气和肢体搭配；解释中国人的生活方式、风俗习惯和传统习俗；根据自己的兴趣参与、组织语言和文化活动。

5. 比较和解释各类句子发音的异同点，根据汉语和泰语的句子结构给句子排序；比较和解释中国与泰国生活方式和文化的异同点，并能够适当应用。

6. 在学习资源里搜索、收集和总结有关其他学科的信息、真实情况，并通过口语和书面语进行展示。

7. 用汉语就课堂上、学校里、社区里和社会里发生的各种真实情况/模拟场景进行沟通。

8. 在升学和工作中，用汉语在媒体和各种学习资源里查找、研究、收集和总结知识、各种信息；用汉语传达、宣传学校、社区和地方的信息。

9. 使用约300个汉字及600个词汇，就个人、家庭、学校、环境、食物、饮料、休闲和娱乐、健康和福利、买卖、气候、教育和职业、旅行、服务、处所、语言和科技的话题进行汉语沟通（重听、说、读、写）。

10. 在各种情景下使用较难的复合句进行正式和非正式的表达。

（四）四等能力（12级）

1. 根据听到和看到的各种手册的介绍、说明 、解释和陈述做出相应的动作；正确地朗读语篇、新闻、公告、广告、诗词及简短戏剧；根据所读的各种非文本信息来解释和编写句子和语篇，根据听到或看到的句子和语篇写出各种非文本信息；根据听到和看到的专题文章及娱乐文章，抓住其中的主要内容，分析、总结、解释含义并表达自己的意见，给出理由和释例。

2. 用口语和书面语就自己、各种身边事情、经验、情况、新闻/事件、社会关注的焦点话题进行适当和连续的对话和交流；正确选择和使用有关请求、说明、解释及建议的词语；用口语和书面语在真实情况下和模拟情景中恰当地表达需求、提出和给予帮助、同意及拒绝给予帮助；用口语和书面语索要及提供信息，就听到或看到的信息进行描述、解释、比较，恰当地表达对事项/焦点/新闻/事件的意见；用口语和书面语合理地表达自己对各种事项、活动、经验及新闻/事件的感想并提出建议。

3. 根据自己的兴趣，用口语和书面语展示有关自身经验、新闻/事件、事项及各种焦点的信息；根据自己的兴趣，用口语和书面语对所分析的事项、活动、新闻、事件及情况的主题进行总结；用口语和书面语表达地区、社会和世界的活动、经验及事件，并给出理由和示例。

4. 根据中国文化和社会礼仪，选择使用适合于人物的身份级别、时间、地点和场合的语言、语气和肢体搭配；解释或讨论有关中国人的生活方式、思想、信仰及传统习俗和节日的起源；恰当地参与、介绍和组织语言和文化活动。

5. 解释和比较汉语和泰语之间的句子结构，语篇，成语，俗语，谚语和诗词的区别；分析和讨论中国和泰国之间的生活方式、信仰和文化的异同点，并合理地应用。

6. 在各种学习资源里，使用汉语对其他学科的知识进行搜索、记录、研究、总结和表达建议，并通过口语和书面语展示。

7. 用汉语就课堂上、学校里、社区里和社会中发生的真实情况或模拟场景进行沟通。

8. 在升学和工作中，用汉语在各种媒体和学习资源里查找/研究、收集、分析及总结知识和各种信息；用汉语传达和宣传有关学校、社区、地方和国家的信息。

9. 能使用约450个汉字及900个词汇，就个人、家庭、学校、环境，食物、饮料、人际关系、休闲和娱乐、健康和福利、买卖、气候、教育和职业、旅行、服务、处所、语言和科技的话题进行汉语沟通（重听、说、读、写）。

10. 在各种情景下使用较难的复合句进行正式和非正式的对话。

（五）五等能力（15级）

1. 根据听到和看到的各种手册的介绍、说明 、解释和陈述做出相应的动作；正确地朗读语篇、新闻、公告、广告、诗词及简短戏剧；根据看到的各种非文本信息来解释和编写句子和语篇，以及根据听到或看到的句子和语篇来写出各种非文本信息；根据听到和看到的专题文章及娱乐文章，抓住其中的主要内容，分析、总结、解释含义，表达自己的意见，并给出理由和示例。

2. 用口语和书面语就自己、各种身边事情、经验、情况、新闻/事件、社会关注的焦点话题进行适当和持续的对话和交流；选择和使用有关请求、说明、解释及介绍的词语；用口语和书面语在真实情况下和模拟情景中恰当地表达需求、提出和给予帮助、同意及拒绝给予帮助；用口语和书面语索要及提供信息，就听到或看到的信息进行描述、解释、比较，恰当地表达对事项 / 焦点 / 新闻 / 事件的意见；用口语和书面语合理地表达自己对各种事项、活动、经验及新闻 / 事件的感想并提出建议。

3. 根据自己的兴趣，用口语和书面语展示有关自身经验、新闻 / 事件、事项及各种焦点的信息；根据自己的兴趣，用口语和书面语对所分析的事项、活动、新闻、事件及情况的主题进行总结；用口语和书面语表达地区、社会和世界的活动、经验及事件，并给出理由和示例。

4. 根据中国文化和社会礼仪，选择使用适合人物的身份级别、时间、地点和场合的语言、语气和肢体搭配；解释或讨论有关中国人的生活方式、思想、信仰及传统习俗和节日的起源；恰当地参与、介绍和组织语言和文化活动。

5. 解释和比较汉语和泰语之间的句子结构、语篇、成语、俗语、谚语和诗词的区别；分析 / 讨论中国和泰国之间的生活方式、信仰和文化的异同点，并合理地应用。

6. 在各种学习资源里，使用汉语对其他学科的知识进行探索、记录、研究、总结和表达建议，并通过口语和书面语展示。

7. 用汉语就课堂上、学校里、社区里和社会中发生的真实情况 / 模拟场景进行沟通。

8. 在升学和工作中，用汉语在各种媒体和学习资源里查找 / 研究、收集、分析及总结知识 / 各种信息；用汉语传达 / 宣传有关学校、社区、地方和国家的信息。

9. 能使用约 750 个汉字及 1500 个词汇，就个人、家庭、学校、环境、食物、饮料、人际关系、休闲和娱乐、健康和福利、买卖、气候、教育和职业、旅行、服务、处所、语言和科技的话题进行汉语沟通（重听、说、读、写）。

10. 在各种情景下使用较难的复合句进行正式和或正式的对话。

第二节　分项指标及核心学习内容

目标 1：语言与交际

标准 1.1 了解及解释在各种媒体里听到和看到的信息，并合理地表达意见。

等级	分项指标	核心学习内容
一等 1 级	1. 根据听到的简单指令做出相应的动作。	• 课堂上使用的指令，例如：起立，坐下，听，再来，安静，停等。
	2. 识别声母、韵母、声调，并正确地拼读和朗读简单汉字和词语。	• 声母、韵母、声调、汉字、词。
	3. 根据听到的词和词组，选择正确的图片。	• 关于自己、家庭、学校、周边环境、食物、饮料、娱乐相关的词、词组约 20 个（10 个汉字）。
	4. 根据听到的身边事情回答问题。	• 有关身边事物事情或附有图片的故事的语篇。 • 语法项目 1. 动词谓语句（主语 + 动词 + 宾语）如：我姓王。 1.1 “是”字句（主语 + 是 + 宾语）如：玛妮是泰国人。 1.2 “有”字句（主语 + 有 / 没有 + 宾语）如：我有 / 没有笔。 2. 用“吗”、“吧”、“呢”的一般疑问句（小句 + 吗 / 吧 / 呢？）例如：你是学生吗？；他是老实吧？；我是学生，你呢？ 3 用“不”的否定句（主语 + 不 + 动词短语）如：我不是老师。
一等 2 级	1. 根据听到的简单指令和请求做出相应的动作。	• 课堂上使用的指令和请求。 - 指令，例如：给我看；打开书；别说话等。 - 请求，例如：请过来；过来一下；请不要大声等。
	2. 识别声母、韵母、声调，并正确地拼读和朗读简单汉字、词语和句子。	• 声母、韵母、声调、汉字、词、句子。
	3. 根据听到的词、词组及句子，选择正确的图片。	• 关于自己、家庭、学校、身边环境、食物、饮料和娱乐相关的词、词组，累积约 50 个（25 个汉字）。

续表

等级	分项指标	核心学习内容
一等 2 级	4. 根据听到的句子、对话或附有图片的简单故事回答问题。	•句子、对话或附有图片的故事；疑问句和应答句。 •语法项目 1. 人称代词，如：你、我、他、她、您。 1.1 复数人称代词，如：你们、我们、他 们。 1.2 指示代词，如：这、那 + 代词，如：那个人是泰国人。 2. 祈使句：表示礼貌请求（请 + 动词！）如：请进！ 3. 常用量词，如：个、名。 4. 连词“和”，如：我和你。
一等 3 级	1. 根据听到或看到的指令做出相应的动作。	•课堂上使用的指令和请求。 - 指令，例如：给我看；画画儿和图颜色；把……放在……上 / 下 / 里；教室里不许吃东西等。 - 请求，例如：请排队；请不要大声；请帮我一下好吗等。
	2. 正确地朗读、拼读词、词组、句子及简单的绕口令。	•拼读字、词、词组、单词句及绕口令。 •词典的使用。
	3. 根据听到的词组及句子，选择 / 识别正确的图片或符号。	•关于自己、家庭、学校、身边环境、食物、饮料和娱乐相关的符号、句子和语篇，包含词汇累积约 100 个（50 个汉字）。
	4. 根据听到或看到的句子、对话或简单的故事回答问题。	•句子、对话或附有图片的故事。 •语法项目 1. 形容词谓语句（主语 + 副词 + 形容词）如：我很高兴。 2. 程度副词作状语（很、非常、真、太）如：老师很忙。 3. 感叹句（真 + 形容词）（太 + 形容词 + 了！）如：真好！太棒了！ 4. 名词谓语句（主语 + 年龄 / 籍贯等）如：玛丽 20 岁。
二等 4 级	1. 根据听到或看到的指令、请求和简单的建议做出相应的动作。	•课堂上使用的指令及请求和玩游戏 、画画儿或烹饪（包括做饮料）的介绍。 - 指令，例如：看……；这边；那边；再说一遍；读后画画儿；把……放在……上 / 下 / 里；别去那边等。 - 请求，例如：请排队；请帮助我好吗等。 - 建议，例如：你应该每天读；想好再说。 - 游戏用语，例如：开始；该我了；该你了；数数字；下一个；结束。 - 顺序词，例如：第一；第二；然后；最后等。

续表

等级	分项指标	核心学习内容
二等 4 级	2. 正确地朗读及拼读词、词组、句子、简单的语篇及绕口令。	• 词、词组、句子、语篇、绕口令的朗读。 • 词典的使用。 • 朗读方法，例如： - 变调 - 轻声 - 儿化 - 语气词“啊”的音变
	3. 根据听到或看到的句子及短文的意义，正确地选择 / 识别图片或符号或标志。	• 关于自己、家庭、学校、环境、食物、饮料、休闲和娱乐、健康和福利、买卖和气候的句子、语篇、符号、标志，包含词汇累积约 160 个（80 个汉字）。
	4. 根据听到和看到的句子、对话及简单的故事回答问题。	• 句子、对话、附有图片的故事。 • 语法项目 1. 存在的表达 1.1“在”字句（方位词（词组）+ 在 + 方位词组）如：学校在公园旁边。 1.2“有”字句（方位词组 + 有 + 名词 <词组>）如：桌子上有两本书。 1.3“是”字句（方位词组 + 是 + 名词 <词组>）如：邮局旁边是便利店。 2. 距离的表达（A 点 + 离 +B 点 + 远 / 近 / 距离数）如：学校离公园很近。 3. 意愿的表达“要”/“想”（主语 + 要 + 名词）如：我要一瓶可乐。（主语 + 要 / 想 + 动词短语）如：我想去中国。 4. 名词谓语句（主语 + 时间）如：今天 12 月 6 号；（主语 + 钱数）如：这本书 32 块。 5. 所属关系的表达（名词 / 代词 + <的>+ 名词）如：这是我的书。
二等 5 级	1. 根据听到和看到的指令、请求和简单的建议做出相应的动作。	• 课堂上使用的指令、请求。 • 玩游戏 、画画儿、烹饪（包括做饮料）的介绍。 - 指令，例如：往……看；这边；那边；再说一遍；读后画画儿；把……放在…上 / 下 / 里；别去那边等。 - 请求，例如：请排队；你能帮助我吗等。 - 建议，例如：你应该每天看；先想再说等。 - 玩游戏使用的词，例如：开始；该我了；该你了；下一个；数数字；结束。 - 顺序词，例如：第一，第二，下一个，前一个，然后，最后等。

续表

等级	分项指标	核心学习内容
	2. 能正确地朗读句子、语篇及短诗。	•句子、语篇及诗词。 •词典的使用。 •朗读方法，例如： - 变调 - 轻声 - 儿化 - 语气词“啊”的音变
	3. 根据听到或看到的句子及短文的意义，正确地识别 / 画画儿符号或标志。	•关于自己、家庭、学校、环境、食物、饮料、休闲和娱乐、健康和福利、买卖和气候的句子、语篇、符号、标志，包含词汇累积约 230 个词汇。（115 个汉字）。
	4. 根据听到和看到的对话和简单的故事或短文说出其主要内容及回答问题。	•句子、对话、故事或短文。 •语法项目 1. 范围副词作状语 1.1 都（都 + 动词短语）如：我们都学习汉语。 1.2 也（也 + 动词短语）如：他也是泰国人。 2. 时间壮语（主语 + 时间壮语 + 动词短语）如：我每天早上 6 点起床。 3. 地点壮语（主语 + 在 + 地点 / 处所 + 动词短语）如：我在一家酒店工作。 4. 方位词 4.1 简单方位句，如：上、下、左、右、前、后、东、西、南、北、中。 4.2 合成方位词（简单方位词 + 面 / 边）如：上面、上边、东面、东边、西面、西边。 4.3 方位词组（处所名词 + 简单方位词 +< 面 / 边 >）如：桌子上。 5. 动词重叠和动词 + 一下儿 5.1 动词重叠，如：我试试这件衣服。 5.2 动词 + 一下儿，如：你看一下儿这本书。
二等 6 级	1. 根据听到和看到的指令、请求和建议做出相应的动作。	•指令、请求、肢体语言和有关游戏 、画画儿、烹饪（包括做饮料）的介绍。 - 指令，例如：往…看；这边 / 那边；再说一遍；读后画画儿；把……放在……上 / 下 / 里；别去那边等。 - 请求，例如：请看词典里的意义；你能帮助我吗等。 - 建议，例如：你应该每天看；先想再说等。 - 玩游戏使用的词，例如：开始；该我了；该你了；下一个；数数字；结束。 - 顺序词，例如：第一，第二，下一个，前一个，然后，最后等。

续表

等级	分项指标	核心学习内容
二等6级	2. 正确地朗读语篇、故事及短诗。	• 语篇、故事及诗词。 • 词典的使用。 • 朗读方法，例如： - 变调 - 轻声 - 儿化 - 语气词“啊”的音变
	3. 根据所看的图片、符号或标志，选择 / 识别正确的句子或短文。	• 关于自己、家庭、学校、环境、食物、饮料、业余和娱乐、健康和福利、买卖和气候的句子、语篇、符号、标志，包含词汇累积约300个（150个汉字）。
	4. 根据听到和看到的对话、简单的故事及传说指出主要内容及回答问题。	• 句子、对话、故事或传说。 • 语法项目 1. 常用量词（件、条、块、张、斤等+名词）如：一件衬衣、两条裤子、三块面包、四张桌子、五斤苹果。 2. 时间名词 2.1 年、月、日的表达（_年_月_日）如：2011年11月11日。 2.2 星期的表达（星期_）如：星期一到星期天。 2.3 时点的表达（_点_分）如：8点、8点10分；（差_分_点）如：差5分8点。 3. 人民币钱数的表达（_元 / 块_角 / 毛_分）如：105块6角8分。 4. 用疑问代词的特殊疑问句（什么、谁、哪、哪儿、几、多少、什么时候）如：你是哪国人？ 5. “的”字结构（名词 / 代词+的；形容词+的）如：这是玛妮的。
三等7级	1. 根据听到和看到的指令、请求、建议和简单的说明做出相应的动作。	• 有关烹饪和做饮料、工艺、药品使用方法 / 药品说明、指示方向、各种公告或工具使用方法的指令、请求、建议及说明。 - 指令，例如：往……看；这边；那边；再说一遍；读后画画儿；把……放在…上 / 下 / 里；走向窗户然后打开；拿出书来，打开第17页，齐读；别去那边；别迟到等。 - 请求，例如：请看词典里的意义；你可以帮助我吗等。 - 建议，例如：你应该每天看，先想再说。 - 玩游戏使用的词，例如：开始；该我了；该你了；下一个；数数字；结束等。 - 连词，例如：和；但是 / 或者等。 - 顺序连词，首先、其次、接下来、然后、最后等。

续表

等级	分项指标	核心学习内容
三等7级	2. 正确地朗读语篇、故事及短诗。	•语篇、故事及诗词。 •词典的使用 •朗读方法，例如： - 变调 - 轻声 - 儿化 - 语气词“啊”的音变
	3. 根据所看到的非文本信息，选择/识别相应的句子和语篇。	•关于自己、家庭、学校、环境、食物、饮料、休闲和娱乐、健康和福利、买卖、气候、教育和职业、旅行、服务、地点、语言及科技的句子、语篇、符号、标志，包含词汇累积约400个（200个汉字）。 •根据符号、标志、图表、表格及动物、物品、人物、地点的图片等非文本信息，解释/传输相应的信息，并使用副词：很、非常、特别、极，对比的词，比……、虽然、但是、……更；使用数量词：许多、一点儿、很多、不太多、非常多。
	4. 根据听到和看到的对话、故事及短文，识别话题、主要内容和回答问题。	•对话、故事、短文和各种媒体的信息，例如：报纸、期刊、收音机、电视机、网络。 •抓住主要内容，如：话题、主要内容、支撑细节。 •语法项目 1. 助词“了”的用法（数量词/名词+了）如：我10岁了；（主语+形容词/动词+了）如：花红了；（小句+了）如：他回家了；（主语+动词+了+数量/动量+名）我买了两本书。 2. 用“没（有）”的否定句（主语+没（有）+动词短语）如：我没有看电视。 3. 连动句（主语+动词短语1+动词短语2）如：我坐公车去学校。 4. 选择疑问句（……还是……？）如：你喝汽水还是喝果汁？ 5. 用“怎么样？”、“好吗？”、“可以吗？”、“行吗？”的疑问句。如：味道怎么样？我们一起玩，好吗？我们一起玩，可以吗？这样写，行吗？
三等8级	1. 根据听到和看到的请求、建议、说明和简短解释做出相对应的动作。	•请求、建议、说明和解释，例如：烹饪及做饮料、工艺、药品使用方法/药品说明、指示方向、工具使用方法。 - 被动句，例如：苹果被吃了。 - 连词，例如：和、但是、或者、之前、之后等。 - 连词，例如：首先、其次、第三、第四、最后等。

续表

等级	分项指标	核心学习内容
三等8级	2. 正确地朗读语篇、新闻、公告及简短的诗词。	• 语篇、新闻、公告及诗词。 • 词典的使用。 • 朗读方法，例如： - 变调 - 轻声 - 儿化 - 语气词“啊”的音变
	3. 根据所看到的各种非文本信息，选择 / 识别相应的句子和语篇。	• 关于自己、家庭、学校、环境、食物、饮料、休闲和娱乐、健康和福利、买卖、气候、教育和职业、旅行、服务、地点、语言及科技的句子或语篇和意义累积约500个词汇（250个汉字）。 • 根据符号、标志、图表、蓝图、表格及动物、物品、人物、地点的图片等非文本信息，解释 / 传输相应的信息，并使用副词：很、非常、特别、极，对比的词，比…、虽然、但是、…更；使用数量词：许多、一点儿、很多、不太多、非常多。
	4. 选择话题、主要内容，根据听到和看到的信息，指出支撑细节及表达意见，并给出理由及简单举例。	• 对话、故事、短文和各种媒体的事项，例如：报纸、期刊、收音机、电视机、网站。 • 抓住主要内容，如：话题、主要内容、支撑细节。 • 语法项目 1. 介词：引进对象作状语 1.1 跟（跟 + 某人〈一起〉+ 动词短语）如：你跟他一起去。 1.2 给（给 + 某人 + 动词短语）如：我给爸爸打电话。 2. 能愿动词 2.1 应该（应该 + 动词短语）如：你应该每天读。 2.2 愿意（愿意 + 动词短语）如：我愿意学习汉语。 2.3 能（能 + 动词短语）如：玛妮能来。 2.4 会（会 + 动词短语）如：我会唱歌。 2.5 可以（可以 + 动词短语）如：这本书可以看。 3. 存现句（方位词组 + 动词 + 着 + 名词〈词组〉）如：桌上放着一杯水。 4. 助词“着”的用法（主语 + 动词 + 着 + 名词）如：玛妮背着书包。 5. 用“怎么”询问方式（主语 + 怎么 + 动词短语？）如：这个字怎么念？ 6. 副词“最”（最 + 形容词 / 动词短语）如：他是我们班最高的学生。

续表

等级	分项指标	核心学习内容
三等9级	1. 根据听到和看到的请求、建议、说明和做出相应的动作。	• 有关工艺、指示方向、各种公告、工具使用方法的请求、建议、说明和解释。 - 被动句，例如：苹果被吃了。 - 连词：和、但是、或者、之前、之后、因为等。 - 连词：首先、其次、第三、第四、下一个、然后、最后等。
	2. 正确地朗读语篇、新闻、广告及短诗词。	• 语篇、新闻、广告及诗词。 • 词典的使用。 • 朗读方法，例如： - 变调 - 轻声 - 儿化 - 语气词“啊”的音变
	3. 根据所看到的句子和语篇，识别和编写相应的各种非文本信息。	• 关于自己、家庭、学校、环境、食物、饮料、休闲和娱乐、健康和福利、买卖、气候、教育和职业、旅行、服务、地点、语言及科技的句子或语篇，累积约600个（300个汉字）。 • 根据符号、标志、图表、表格及动物、物品、人物、地点的图片等非文本信息，解释／传输相应的信息，并使用副词：很、非常、特别、极，对比的词，比……、虽然、但是、……更；使用数量词：许多、一点儿、很多、不太多、非常多。
	4. 根据在各种媒体里听到和看到的信息，选择／识别话题、主要内容、支撑细节，和提出意见，并给出理由及举例。	•抓住刊物（报刊、期刊）和电子媒体（收音机、电视、网站）的主要内容，如：话题、主要内容、支撑细节。 • 语法项目 1. 介词：引起空间方位作状语 1.1 从（从＋起点＋动词短语）如：我刚从曼谷回来。 1.2 向（向＋方向＋动词短语 如：一直向北走。 1.3 往（往＋方向＋动词短语）如：往右拐。 1.4 从……到……（从＋起点＋到＋终点）如：从这儿到车站怎么走? 2. 事件正在进行的表达（主语＋正＋动词短语〈呢〉）如：小王在看书（呢）；（主语＋正在＋动词短语 +〈 呢 〉）玛妮正在睡觉（呢）。 3. 比较句 3.1 “比”字句（A+ 比 +B+ 形容词）如：今天比昨天热。 3.2 “比”字句的否定（A+ 没有 +B+ 形容词）如：我没有他高。

续表

等级	分项指标	核心学习内容
		4. 类同的表达（……跟 / 和……〈不〉一样）如：我跟你不一样。（……跟 / 和……〈不〉一样 + 形容词）他和我一样高。 5. 双宾语句（主语 + 直接宾语 + 间接宾语）如：玛妮给我一本书。 6. 正反疑问句（主语 +Adj. 不 Adj. ？）如：这件衣服贵不贵？（主语 +V 不 V+〈宾语〉？）如：你来不来？（主语 + V 没 V+〈宾语〉？）如：你看没看电影？
四等 10-12 级	1. 根据听到和看到的使用手册的介绍、说明、解释和陈述做出相应的动作。	• 介绍、说明、解释、陈述，例如：各种紧急公告，药物和药物使用，工具和东西的使用，网络搜索。 - 连词：和、但是、或者、所以、不仅……还、即……又、又……又、和……一样、之后、因为，要是……那么、如果…就 等。 - 连词：首先、其次、第三、第四、下一个、然后、最后等。
	2. 正确地朗读语篇、新闻、公告、广告、诗词和简短戏剧。	• 语篇、新闻、公告、广告、诗词和简短戏剧。 • 词典的使用。 • 朗读方法，例如： - 变调 - 轻声 - 儿化 - 语气词“啊”的音变
	3. 根据所读到的各种非文本信息，解释和编写相应的句子和语篇。并能根据听到或看到的句子和语篇，识别和编写相应的各种非文本信息。	• 关于个人、家庭、学校、环境、食物、饮料、人际关系、休闲和娱乐、健康和福利、买卖、气候、教育和职业、旅行、服务、处所、语言和科技的累积句子或语篇和意义约 900 个（450 个汉字）。 • 根据其他学科的非文本信息，例如：图片、蓝图、图表、表格、缩写，用口语或书面语解释 / 传输相应的信息，使用副词：很、非常、特别、极，对比的词，比……、虽然、但是、……更；使用数量词：许多、一点儿、很多、不太多、非常多。
	4. 根据听到和看到的专题文章和娱乐文章，能抓住其主要内容，分析、总结、解释及提意见，并给出理由及举例。	• 专题文章和娱乐文章。 • 抓住主要内容、总结、分析、解释。 • 使用：浏览、细读、猜测、主旨。 • 发表意见、提出理由和举例子的句子，例如：我相信……；我同意……但是……；我的，我必须说……；你对……怎么想？关于……？我认为 / 不认为……？你对……有什么意见？我想……、你应该……、你可以……、你必须……。

续表

等级	分项指标	核心学习内容
	4. 根据听到和看到的专题文章和娱乐文章，能抓住其主要内容、分析、总结、解释及提意见，并给出理由及举例。	·语法项目 1. 时间副词作状语 1.1 还（还 + 动词短语）如：玛妮还在看电视。 1.2 已经（已经 + 动词短语）如：他们已经下课了。 1.3 再和又（主语 + 再 + 动词短语）如：你再听一遍；（主语 + 又 + 动词短语）如：他又说了一遍。 1.4 就和才（主语 +< 时间 >+ 就 + 动词短语）如：我今天 6 点就起床了；（主语 +< 时间 >+ 才 + 动词短语）如：他今天 8 点半才来上班。 2. 助词“了”的用法（该 + 名词短语 / 动词短语 + 了）如：该你了；（< 就 / 快 > 要 + 动词短语 + 了）如：快要下雨了；（能愿动词 + 动词短语 + 了）如：我能走了；（不 + 动词短语 + 了）如：我不去了；（主语 + 动词 + 了 + 名词 + 就 / 再 + 动词短语）如：我吃了饭再去。 3. 助词“过”的用法（主语 +< 没 >+ 动词 + 过 + 名词 < 短语 >）如：我去过中国。 4. 时量补语（动量 + 时量）如：我吃过两次烤鸭；（动词短语 + 时量 + 了）如：我来北京三年了；（动词 + 了 + 时量 +< 名词 >）如：我打了两个小时网球；（动词 + 了 + 时量 +< 名词 >+ 了）如：我打了两个小时网球了。 5. 动量补语 5.1 次（动词 + 数 + 次）如：我去过三次上海。 5.2 遍（动词 + 数 + 遍）如：这本书我看过三遍。 5.3 趟（动词 + 数 + 趟）如：我去了一趟香港。 6. 比较句如：（A+ 比 +B+ 更 / 还 + 形容词）例如：今天比昨天还热；（A+ 比 +B+ 形容词 + 数量）如：我比弟弟大三岁；（A+ 比 +B+ 形容词 + 一点儿 / 多了）如：他的汉语比我好多了。 7. 兼语句（主语 + 请 / 让 / 叫某人 + 动词短语）如：我请王老师看电影。 8. 特殊句式：是……的 8.1 强调时间（主语 + 是 + 时间 + 动词短语 + 的）如：我是 1968 年出生的。 8.2 强调空间方位（主语 + 是 + 空间方位 + 动词短语 + 的）如：我是在北京出生的。 8.3 强调方式（主语 + 是 + 方式 + 动词短语 + 的）如：他是坐飞机来的。 9. 用“怎么了”的疑问句（名词 + 怎么了？）如：你怎么了？ 10. 复句（先……，再……）如：先写作业，一会儿再看电视；（因为……，所以……）如：因为很忙，所以我没去；（如果 < 要是 >……，就……）如：要是下雨，我们就不去了；（不但……，而且……）如：他不但学习英语，而且还学习汉语；（虽然……，但是……）如：虽然很累，但是我一定要完成作业。

续表

等级	分项指标	核心学习内容
五等 13—15 级	1. 根据听到和看到的使用手册的介绍、说明、解释和陈述做出相应的动作。	•介绍、说明、解释、陈述，例如：各种紧急公告、药物和药物使用、工具和东西的使用、网络搜索。 - 连词：和、但是、或者、所以、不仅……还、既……又、又……又、和……一样、之后、因为，要是……那么、如果……就……等。 - 连词：首先、其次、第三、第四、下一个、然后、最后等。
	2. 正确地朗读语篇、新闻、公告、广告、诗词和简短戏剧。	•语篇、新闻、公告、广告、诗词和简短戏剧。词典的使用。 •朗读方法，例如： - 变调 - 轻声 - 儿化 - 语气词“啊”的音变
	3. 根据所读到的各种非文本信息，解释和编写相应的句子和语篇。并能根据听到或看到的句子和语篇，识别和编写相应的各种非文本信息。	•关于个人、家庭、学校、环境、食物、饮料、人际关系、休闲和娱乐、健康和福利、买卖、气候、教育和职业、旅行、服务、处所、语言和科技的累积句子或语篇和意义约 1500 个（750 个汉字）。 •根据其他学科的非文本信息，例如：图片、蓝图、图表、表格、缩写，用口语或书面语解释 / 传输相应的信息，使用副词：很、非常、特别、极，对比的词，比……、虽然、但是、……更；使用数量词：许多、一点儿、很多、不太多、非常多。
	4. 根据听到和看到的专题文章和娱乐文章，能抓住其主要内容、分析、总结、解释及建议，并给出理由及举例。	•专题文章和娱乐文章。 •抓住主要内容、总结、分析、解释。 •使用：浏览、细读、猜测、主旨。 •发表意见、提出理由和举例子的句子，例如：我相信……；我同意…但是…；我必须说……；你对……怎么想？；关于……；我认为 / 不认为……；你对……有什么意见？我想……；你应该……；你可以……；你必须……。 •语法项目 1. 结果补语 1.1 一般形容词作结果补语（动词 + 形容词）如：衣服洗干净了。 1.2 “完”作结果补语（动词 + 完）如：作业做完了。 1.3 “到”作结果补语（动词 + 到）如：飞机票买到了。 1.4 “好”作结果补语（动词 + 好）如：晚饭做好了。 1.5 作结果补语的否定（没 + 动词 + 结果补语）如：晚饭还没做好。

续表

等级	分项指标	核心学习内容
五等 13—15 级	4. 根据听到和看到的专题文章和娱乐文章，能抓住其主要内容、分析、总结、解释及建议，并给出理由及举例。	2. 结果补语的可能式 2.1 肯定的可能式（动词 + 得 + 补语）或（能 + 动词 + 补语）如：这么多作业，你写得完吗？我能买到上海的飞机票。 2.2 否定的可能式（动词 + 不 + 补语）如：这么多作业，我写不完。 3. 常用的可能补语（看得见 / 看不见）如：飞机看不见了；（睡得着 / 睡不着）如：我睡不着；（动词 + 得 / 不 + 了）如：明天的课我上不了了。 4. 趋向补语 4.1 简单趋向补语（动词 + 来 / 去）如：上来、上去、下来、下去、进来、进去、出来、出去、过来、过去、回来、回去、起来。 4.2 复合趋向补语（动词 + 上 / 下 + 来 / 去）（动词 + 进 / 出 + 来 / 去）（动词 + 回 + 来 / 去）（动词 + 过 + 来 / 去）（动词 + 起 + 来）如：拿上来、搬下去、跑进来、走出来、走回来、寄回去、跳过来、跳过去、站起来。 4.3 趋向补语的引申用法（动词 + 上）如：关上窗户；（动词 + 下）如：脱下大衣；（动词 + 起来）如：笑起来、做起来；（动词 + 下去）如：说下去。 4.4 趋向补语的可能式（动词 + 得 / 不 + 趋向补语）如：进得来、进不来、拿得起来、拿不起来。 5. 程度补语 5.1 程度补语（动词 + 得 + 程度副词 + 形容词）如：玛妮跑得很快。 5.2 动词受事在程度补语的位置（施事 + 动词 + 受事 + 动词 + 得 + 形容词）如玛妮说汉语说得很好；（施事 + 受事 + 动词 + 得 + 形容词）如：玛妮篮球打得很好；（受事 + 施事 + 动词 + 得 + 形容词）如：这首歌玛丽唱得很好听。 6. “把”字句（主语 + 把 + 名词 + 动词 + 补充成分）如：我把房子打扫干净了；（主语 + 把 + 名词 + 动词 + 趋向）如：你把铅笔递过来；（主语 + 把 + 名词 + 动词 + 在 + 地方）如：我把车停在学校门口了；（主语 + 把 + 名词 + 动词 + 到 + 地方）如：请你把我的包拿到 205 房间；（主语 + 把 + 名词 + 动词 + 给 + 某人）如：他把这封信交给了玛丽。 7. 被动意义的表达 7.1 意义上的被动句（受事 + 动词 + 补充成分）如：作业写完了；这顿饭吃得很香。 7.2 “被”字句（受事 + 被 <+ 施事 >+ 动词 + 补充成分）如：我的腿被守门员撞伤了。 8. 各种复句（既然……就……）如：既然这么贵，我就不买了；（即使……也……）如：即使再贵点儿，我也要买；（无论……都……）如：无论多远，我都要去；（不是……就是……）如：周末他不是睡懒觉就是出去玩；（宁可……也……）我宁可饿死，也不吃这种菜。

目标 1：语言与交际

标准 1.2 具备用汉语进行沟通和交换信息的技能，并高效地表达感受和意见。

等级	分项指标	核心学习内容
一等 1 级	1. 根据听到的信息模式，用简短的词语进行交际。	• 打招呼、告别、感谢、道歉的对话，用来自我介绍的句子 / 语篇，例如：你好，老师好，同学们好，早上好，下午好，晚上好，我叫……，再见，拜拜，谢谢，对不起等。
	2. 根据听到的信息模式，使用简单的指令。	• 课堂上使用的指令。
	3. 根据听到的信息模式，表达自己的简单需求。	• 用来表达需求的词、句子，例如：我要……；请你……等。
	4. 根据听到的信息模式，能使用口语索要和提供有关自己的简单信息。	• 索要和提供关于自己信息的词和句子，例如：你叫什么名字？；我叫……；你好吗？；我很好。 等。
一等 2 级	1. 根据听到的信息模式，用简短的词语进行交际。	• 打招呼、告别、感谢、道歉的对话，用来自我介绍的句子 / 语篇，例如：你好；老师好；同学们好；早上好；下午好；晚上好；你好吗？；我很好；我叫……；再见；拜拜；谢谢；对不起等。
	2. 根据听到的信息模式，使用指令和简单的请求。	• 课堂上使用的指令和请求。
	3. 根据听到的信息模式，表达自己的简单需求。	• 用来表达需求的词、句子，例如：我要……；请你……等。
	4. 根据听到的信息模式，能使用口语索要和提供有关自己的简单信息。	• 索要和提供关于自己信息的词和句子，例如：你叫什么名字？；我叫……；你好吗？；我很好 等。
一等 3 级	1. 根据听到的信息模式，用简短的词语进行交际。	• 打招呼、告别、感谢、道歉的对话，和用来自我介绍的句子 / 语篇，例如：你好，老师好，同学们好，早上好，下午好，晚上好，对不起，你好吗？我很好，谢谢，你呢？很高兴认识你，认识你我也很高兴，再见，拜拜，明天见，一会儿见，谢谢，非常感谢，不客气等。
	2. 根据听到的信息模式，使用指令和简单的请求。	• 课堂上使用的指令和请求。

续表

等级	分项指标	核心学习内容
一等3级	3. 根据听到的信息模式，表达自己的简单需求。	•用来表达需求的词、句子，例如：请你……；我要……；我可以……吗等。
	4. 根据听到的信息模式，能使用口语索要和提供有关自己和朋友的简单信息。	•索要和提供有关自己和朋友的信息的词和句子，例如：你叫什么名字？我叫……；你好吗？我很好；现在几点了？现在1点；这是什么？这是……；一共多少……？共……；他是……等。
	5. 根据所听的信息模式，表达自己对身边的各种东西或各种活动的感受。	•用来表达感受的词和句子，包括高兴、不高兴、喜欢、不喜欢。例如：太棒了！太好了！好酷！很高兴；我喜欢猫；我不喜欢蛇 等。
二等4级	1. 用口语/书面语进行交际。	•打招呼、告别、感谢、道歉的对话，有礼貌的插话和用来自我介绍的句子/语篇，例如：你好；老师好；同学们好；早上好；下午好；晚上好；对不起；你好吗？我很好；谢谢，你呢？你好；我叫……；……你好，我叫……；这是我的姐姐，她叫……；你好……；很高兴认识你；认识你我也很高兴；再见；拜拜；明天见；谢谢；非常感谢；不客气；还可以等。
	2. 使用指令、请求和简单的允许。	•课堂上使用的指令、请求和允许。
	3. 用口语/书面语表达自己的需求，以及在简单的情况下寻求帮助。	•用来表达需求和在各种情况下寻求帮助的词、句子，例如：我要……；请你……；可以…………吗？；我需要你帮助；请帮助我；救命呀！等。
	4. 用口语/书面语索要和提供有关自己、朋友和家庭的信息。	•索要和提供有关自己、身边事物、朋友及家庭的信息的词和句子，例如：你叫什么名字？我叫……；现在几点了？现在1点；这是什么？这是……；一共多少……？一共……；……在哪儿？在……里/上/下等。
	5. 根据所听的信息模式，用口语表达自己对身边的各种事项和各种活动的感受。	•用来表达感受的词和句子，包括高兴、不高兴、喜欢、不喜欢、爱、不爱。例如：我/你/我们/他们喜欢……；我/你/我们/他们爱……；我/你/我们/他们不喜欢……；他/她不喜欢/爱/觉得……；我/你/我们/他们觉得……等。

续表

等级	分项指标	核心学习内容
二等5级	1. 用口语／书面语进行交际。	•打招呼、告别、感谢、道歉、赞美的对话，有礼貌的插话和用来自我介绍的句子／语篇，例如：你好；老师好；同学们好；早上好；下午好；晚上好；对不起；你好吗？；我很好；谢谢，你呢？；你好；我叫……；……你好，我叫……；这是我的姐姐，她叫……；你好……；很高兴认识你；认识你我也很高兴；再见；拜拜；明天见；好；很好；谢谢；非常感谢；不客气；还可以等。
	2. 使用指令、请求、允许，并给予简单的介绍。	•指令、请求、允许、具有1—2个步骤的简单介绍。
	3. 用口语／书面语表达自己的需求，寻求帮助，同意和拒绝在简单的情况下给予帮助。	•用来表达需求、寻求帮助、同意和拒绝帮助的词、句子，例如：请你……；可以……吗？；我需要……；救命呀！能……吗？能／不能 等。
	4. 用口语／书面语索要和提供有关自己、朋友、家庭和身边事项的信息。	•索要和提供有关自己、朋友、家庭、身边事项的信息的词和句子，例如：你做什么工作？；我是……；她的职业是什么？；她的职业是……；你有多大／高？；我有……；他能……或……；他要……或……等。
	5. 用口语／书面语表达自己对身边的各种事项和各种活动的感受，并给出简短的理由。	•用来表达感受和提出理由的词和句子，包括喜欢、不喜欢、高兴、不高兴、快乐、难过、饿、味道。例如：我……；他／她／它……；你／我们／他们……；我／你／我们／他们喜欢……；他／她喜欢……；因为…… 等。
二等6级	1. 用口语／书面语进行交际。	•打招呼、告别、感谢、道歉、赞美的对话，有礼貌的插话，和用来自我介绍的句子／语篇，例如：你好；老师好；同学们好；早上好；下午好；晚上好；对不起；你好吗？；我很好；谢谢，你呢？；你好，我叫……；……你好，我叫……；这是我的姐姐，她叫……；你好，……；很高兴认识你。认识你我也很高兴；再见；拜拜；明天见；太好了；好；很好；谢谢；非常感谢；不客气；还可以；也好；不用担心；没关系；劳驾；先生／小姐／夫人等。
	2. 使用指令、请求、允许，并给予介绍。	•指令、请求、允许和具有2-3个步骤的介绍。
	3. 用口语／书面语表达自己的需求，寻求帮助，同意和拒绝在简单的情况下给予帮助。	•用来表达需求、寻求帮助、同意和拒绝帮助的词、句子，例如：请你……、可以……吗？、我需要……、能……吗？、能、不能， 等。

续表

等级	分项指标	核心学习内容
二等6级	4. 用口语和书面语索要和提供有关自己、朋友、家庭和身边事项的信息。	• 索要和提供有关自己、朋友、家庭、身边事项的信息的词和句子，例如：你做什么工作？；我是……；她的职业是什么？；她的职业是……；你有多大/高？；我有……；他能……或……；他要……或……；等。
	5. 用口语/书面语表达自己对身边的各种事项、各种活动的感受，并给出简短的理由。	• 使用表达感受和提出理由的词和句子，包括喜欢、不喜欢、高兴、不高兴、快乐、难过、 饿、味道、漂亮、不漂亮、吵闹、好、不好。例如：我……；他/她/它……；你/我们……；我/你/我们/他们喜欢……；他/她喜欢……，因为……；我/你/我们/他们爱……；我/你/我们/他们不喜欢……，因为……；他/她不喜欢/爱/觉得……，因为……；我/你/我们/他们觉得……，因为……等。
三等7级	1. 在日常生活中，就关于自己、活动和各种情况进行对话、交流信息。	• 人际交流中使用的语言，例如：打招呼、告别、感谢、道歉、赞美，有礼貌的插话，邀请，用来自我介绍、介绍朋友和身边人物的句子/语篇，以及日常生活中用来交流的有关自己、活动、各种情况的回应。
	2. 使用请求、给予介绍和根据情况进行说明。	• 请求、介绍和说明。
	3. 用口语/书面语表达自己的需求，寻求帮助，恰当地同意和拒绝在各种情况下给予帮助。	• 使用表达需求、寻求帮助、同意和拒绝给予帮助的语言，例如：请你……；我需要……；可以/能……吗？；可以；能；当然可以；当然；需要一些帮助；我可以帮助什么呢？；我恐怕……；非常抱歉；不好意思；但是……；对不起等。
	4. 用口语和书面语索要和提供听到或看到的信息，并恰当地提出意见。	• 索要和提供听到或看到的信息的词、句子和语篇。
	5. 用口语/书面语表达自己对身边的各种事项、各种活动的感受和意见，并恰当地给出简短的理由。	在日常生活中的情况、新闻、事件里，用来表达感受、意见的语言，并给出理由，包括喜欢、不喜欢、高兴、不高兴、快乐、难过、饿、味道、漂亮、不漂亮、喧哗、好、不好。例如：好/很好；干得好！恭喜！我喜欢……，因为……；我爱……，因为……；我觉得……，因为……；我想……；我相信……；我同意/不同意……；我不相信……；我没有意见……等。

续表

等级	分项指标	核心学习内容
三等 8 级	1. 在日常生活中，就关于自己、身边事情和各种情况进行恰当地对话和交流信息。	• 人际交流中使用的语言，例如：打招呼、告别、感谢、道歉、赞美，有礼貌的插话，邀请，用来自我介绍、介绍朋友和身边人物的句子 / 语篇，以及日常生活中用来交流的有关自己、周边事情、各种情况的回应。
	2. 使用请求、给予介绍，根据情况进行解释和说明。	• 请求、介绍、说明、解释。
	3. 用口语 / 书面语表达自己的需求，寻求帮助，恰当地同意和拒绝在各种情况下给予帮助。	• 使用表达需求、寻求帮助、同意和拒绝给予帮助的语言，例如：请你……；我需要……；可以 / 能……吗？；可以；能；当然可以；当然；需要一些帮助；我可以帮助什么呢？；我恐怕……；非常抱歉；但是……；对不起，不好意思等。
	4. 用口语和书面语索要和提供听到或看到的信息，并恰当地描述和提出意见。	• 索要和提供听到或看到的信息描述和提出意见的词、句子和语篇。
	5. 用口语 / 书面语表达自己对各种事项、活动和经验的感受和意见，并恰当地给出理由。	• 在日常生活中的情况、新闻、事件里，用来表达感受、意见的语言，并给出理由，包括喜欢、不喜欢、高兴、不高兴、快乐、难过、饿、味道、漂亮、不漂亮、喧哗、好、不好。例如：好 / 很好；干得好！恭喜你的……！我喜欢……，因为……；我爱……，因为……；我觉得……；因为……；我想……；我相信……；我同意 / 不同意……；我怕我不喜欢……；我不相信……；我没有意见…… 等。
三等 9 级	1. 就有关自己、各种身边事情、情况、新闻、社会感兴趣的事项进行恰当和连续的对话和编写交流信息。	• 人际交流的中使用的语言，例如：打招呼、告别、感谢、道歉、赞美，有礼貌的插话，邀请。日常生活中用来交流的有关自己、周边事情、各种情况的回应。对话 / 编写日常生活中有关自己和周边人物、情况、新闻、感兴趣的事项。
	2. 恰当使地用请求、给予介绍，说明和解释。	• 具有复杂步骤的请求、介绍、说明、解释。
	3. 用口语 / 书面语表达自己的需求，寻求帮助，恰当地同意和拒绝在各种情况下给予帮助。	• 使用表达需求、寻求帮助、同意和拒绝给予帮助的语言，例如：请你……；我需要……；可以 / 能……吗？；可以；能；当然可以；当然；需要一些帮助；我可以帮助什么呢？；我恐怕……；非常抱歉；但是……；对不起；不好意思等。

续表

等级	分项指标	核心学习内容
三等9级	4. 用口语和书面语索要和提供听到或看到的信息，并恰当地解释、比较和提出意见。	•索要和提供听到或看到的信息解释、比较和提出意见的词、句子和语篇。
	5. 用口语／书面语描述自己对各种事项、活动、经验和新闻／事件的感受和意见，并恰当地给出理由。	•在日常生活中的情况、新闻、事件里，用来表达感受、意见的语言，并给出理由，包括喜欢、不喜欢、高兴、不高兴、快乐、难过、饿、味道、漂亮、不漂亮、喧哗、好、不好。例如：好／很好；干得好！恭喜你的……！我喜欢……，因为……；我爱……，因为……；我觉得……，因为……，我想……；我相信……；我同意/不同意……我恐怕……；我不喜欢……；我不相信……；我没有意见…… 等。
四等、五等 10—15级	1. 就有关自己、各种身边事情、经验、情况、新闻／事件、社会关注的焦点进行恰当和连续的对话和编写交流信息。	•人际交流中使用的语言，例如：打招呼、告别、感谢、道歉、赞美，有礼貌的插话，邀请。日常生活中用来交流的有关自己、周边事情、各种情况的回应。对话／编写有关自己和周边人物、经验、各种情况、新闻／时间、社会关注的焦点。
	2. 选择和波利地使用请求、给予介绍、说明、解释。	•具有复杂步骤的请求、介绍、说明、解释。
	3. 用口语／书面语表达自己的需求，在模拟和真实的情况下，恰当地提供、接受及拒绝给予帮助。	•使用表达需求、寻求帮助、同意和拒绝给予帮助的语言，例如：请你……；我需要……；可以／能……吗？当然可以；当然需要一些帮助；我可以帮助什么吗？你需要什么帮助吗？如果你需要，我可以……；你需要我帮你吗？如果你需要什么帮助，请……；我可以做什么吗？我可以帮你做；我恐怕……；我非常抱歉，但是……；对不起，不好意思；但是……等。
	4. 用口语和书面语索要和提供听到或看到的信息，并对有关事项／焦点／新闻／事件进行恰当地描述、解释、比较和提出意见。	•索要和提供听到或看到的焦点／新闻／事件，描述、解释、比较和提出意见的词、句子和语篇。
	5. 用口语／书面语合理地描述自己对各种事项、活动、经验和新闻／事件的感受和意见。	•在日常生活中的情况、新闻、事件里，用来表达感受、意见的语言，并给出理由，包括喜欢、不喜欢、高兴、不高兴、快乐、难过、饿、味道、漂亮、不漂亮、喧哗、好、不好。例如：好／很好；干得好！恭喜你的……！我喜欢……，因为……；我爱……，因为……；我觉得……，因为……；我想……；我相信……；我同意／不同意……；我怕我不喜欢……；我不相信……；我没有意见……等。

目标 1：语言与交际

标准 1.3 能够用口语和书面语来介绍各项事宜的信息、概念及意见。

年级	分项指标	核心学习内容
一等 1 级	1. 用口语提供有关自己和身边事项的信息。	• 用口语表达有关自己、身边人物和身边事情的词语和句子。例如：姓名、年龄、身材；各种东西、数字 1—20、颜色、规模、位置。
一等 2 级	1. 用口语提供有关自己和身边事项的信息。	• 用口语表达有关自己、身边人物和身边事情的词语和句子。例如：姓名、年龄、身材；各种东西、数字 1—30、颜色、规模、位置。
一等 3 级	1. 用口语提供有关自己和身边事项的信息。	• 用口语表达有关自己、身边人物和身边事情的词语和句子。例如：姓名、年龄、身材；各种东西、数字 1—50、颜色、规模、位置。
	2. 根据听到或看到的词，对人物、动物和东西进行分类。	有关人物、动物和东西的词、词组，如：用图表、图样、蓝图来识别 / 关联图片与词语或词组的关系。
二等 4 级	1. 用口语 / 书面语提供有关自己和身边事项的信息。	• 用口语表达有关自己、人物、动物和身边事情的句子和语篇。例如：姓名、年龄、身材、颜色、规模、形状、各种东西、数字 1—100、年 / 月 / 日、季节、位置。 • 标点符号。
	2. 根据听到或看到的信息，用口语或图画来表达各种身边事物的关系 。	• 与身边事物有关系的词、词组，如：用图表、图样、蓝图来识别 / 关联图片与词语或词组的关系。
	3. 用口语表达对各种身边事项的简单意见。	• 用来表达对各种身边事项的意见的句子。
二等 5 级	1. 用口语 / 书面语提供有关自己和身边事项的信息。	• 用来提供有关人物、动物、地点和各种活动的句子和语篇。例如：个人信息、各种身边事项、数字 1—500、次序、年 / 月 / 日、季节、时间、气候、情感、颜色、规模、形状、位置。 • 标点符号。

续表

年级	分项指标	核心学习内容
二等5级	2. 根据听到或看到的信息，画出各种图片、蓝图和图表。	·表示信息和各种事情意义的词语、词组、句子。 ·图片、蓝图、图表、表格。
	3. 用口语表达对各种身边事项的意见。	·用来表达对活动或各种身边事项的意见的句子。
二等6级	1. 用口语／书面语提供有关自己、朋友和身边环境的信息。	·用来提供有关自己、日常事务、朋友、身边环境的句子和语篇。例如：个人信息、各种东西、数字1—1000、次序、年／月／日、季节、时间、活动、颜色、规模、形状、位置、简单的指示方向、气候、情感。 ·标点符号。
	2. 用图画、蓝图、图表和表格来展示听到或看到的各种信息。	·意义与图片、蓝图、图表及表格有关联的词语、词组和句子。
	3. 用口语／书面语表达对各种身边事项的意见。	·用来表达意见的句子。
三等7级	1. 用口语和书面语描述有关自己、日常事务、经验和周边环境。	·用来描述有关自己、日常事务、经验、身边环境的句子和语篇。例如：旅行、用餐、学习、运动、听音乐、读书、旅游。
	2. 用口语／书面语对所分析的社会关注的事项／事件的主要内容／主体进行总结。	·抓住主要内容／主题、分析所关注的文章／事项／事件，例如：经验、电影、体育、音乐。
	3. 用口语／书面语表达对活动或各种身边事项的意见，并给出简短的理由。	·就活动或各种身边事项，表达意见并给出理由。
三等8级	1. 用口语和书面语描述有关自己、日常事务、经验和社会关注的新闻／事件 。	·描述有关自己、日常事务、经验、社会关注的新闻／事件。 例如：旅行、用餐、运动／音乐、听歌、读书、旅游、教育、社会情况、经济等。

续表

年级	分项指标	核心学习内容
三等 8 级	2. 用口语和书面语对所分析的社会关注的事项、新闻、事件的主要内容、主题、话题进行总结。	• 抓住主要内容、主题、话题，分析所关注的事项、新闻、事件。例如：经验、电影、体育、音乐等。
	3. 用口语和书面语表达对活动、各种身边事项和经验的意见，并给出简短的理由。	• 就活动、各种身边事项和经验，表达意见和给出理由。
三等 9 级	1. 用口语和书面语描述有关自己、经验和社会关注的新闻、事件、事项、各种焦点。	• 描述有关自己、经验、社会关注的新闻、事件、焦点。 例如：旅行、用餐、运动、音乐、听歌、读书、旅游、教育、社会情况、经济等。
	2. 用口语和书面语对所分析的社会关注的事项、新闻、事件的主要内容、主题、话题进行总结。	• 抓住主要内容、主题、话题，分析所关注的事项、新闻、事件、事情。例如：经验、各种事情、电影、体育、音乐等。
	3. 用口语和书面语表达对活动、经验和事件的意见，并给出理由。	• 就活动、经验和事件，表达意见并给出理由。
四等、五等 10-15 级	1. 用口语和书面语展示有关自己、经验和社会关注的新闻、事件、事项、各种焦点。	• 展示有关自己、经验、新闻、事件、社会关注的事项和焦点。 例如：旅行、用餐、运动、音乐、看电影、听歌、饲养动物、读书、旅游、教育、社会情况、经济等。
	2. 用口语和书面语对所分析的事项、活动、新闻、事件和感兴趣的情况的主要内容、主题进行总结。	• 抓住主要内容、主题，分析所关注的事项、活动、新闻、事件和情况。
	3. 用口语和书面语表达对地区、社会和世界的活动、经验和事件的意见，并给出理由和举例。	• 就有关社区、社会和世界的活动、经验和事件表达意见，并给出理由和举例。

目标 2：语言与文化

标准 2.1 了解中国语言与文化的关系，并能在各种场合中适当运用。

等级	分项指标	核心学习内容
一等 1 级	1. 按照汉语为母语者的文化进行说话和肢体动作。	中国文化。例如：在自我介绍时应该做的动作如握手等；点头，摆手，表示同意或不同意。
	2. 说出中国重要节日的名称和相关的词语。	有关中国重要节日的词语，例如：春节。
	3. 参加适合自己年龄的语言和文化活动。	语言和文化活动。例如：玩游戏、唱歌、讲故事并做动作。
一等 2 级	1. 按照汉语为母语者的文化进行说话和肢体动作。	中国文化。例如：在自我介绍时应该做的动作如握手等；点头、摆手，表示同意或不同意。
	2. 说出中国重要节日的名称和相关的词语。	有关中国重要节日的词语，例如：中秋节。
	3. 参加适合自己年龄的语言和文化活动。	语言和文化活动。例如：玩游戏、唱歌、讲故事并做动作。
一等 3 级	1. 按照汉语为母语者的社会礼貌 / 文化进行说话和肢体动作。	汉语为母语者的社会礼貌 / 文化。例如：感谢、道歉，在自我介绍时应该做的动作如握手等；点头，摆手，表示同意或不同意。
	2. 说出有关中国的节日 / 重要日子 / 庆祝活动和生活方式的名称和简单词语。	有关中国的节日 / 重要日子 / 庆祝活动和生活方式的词语。例如：春节、中秋节、端午节、服装、食物、饮料 。
	3. 参加适合自己年龄的语言和文化活动。	语言和文化活动。例如：玩游戏、唱歌、讲故事并做动作。
二等 4 级	1. 按照汉语为母语者的社会礼貌和文化有礼貌地说话和肢体动作。	汉语为母语者的社会礼貌 / 文化。例如：感谢、道歉，在自我介绍时应该做的动作如握手等；点头，摆手，表示同意或不同意，表达喜欢 / 不喜欢、表达同意或不同意。

续表

等级	分项指标	核心学习内容
二等 4 级	2. 根据有关中国的节日 / 重要日子 / 庆祝活动和生活方式回答简单的问题。	有关中国的节日 / 重要日子 / 庆祝活动和生活方式的词语和信息。例如：春节、中秋节、端午节、服装、季节、食物、饮料。
	3. 参加适合自己年龄的语言和文化活动。	语言和文化活动。例如：玩游戏，唱歌，讲故事并做动作，扮演角色等。
二等 5 级	1. 按照汉语为母语者的社会礼貌和文化，使用礼貌的言语、语气和肢体动作。	使用汉语为母语者的话语、语气和肢体动作进行对话。例如：感谢、道歉，在自我介绍时应该做的动作如握手等；点头，摆手，表示同意或不同意，表达喜欢 / 不喜欢，祝福，表达同意或不同意。
	2. 说出中国的节日 / 重要日子 / 庆祝活动和生活方式的重要性 / 回答简单的问题。	有关中国的节日 / 重要日子 / 庆祝活动和生活方式的信息和重要性。例如：春节、中秋节、端午节、清明节、服装、季节、食物、饮料 。
	3. 根据自己的兴趣参加语言和文化活动。	语言和文化活动。例如：玩游戏、唱歌、讲故事、扮演角色等。
二等 6 级	1. 按照汉语为母语者的社会礼貌和文化，使用礼貌和恰当的言语、语气和肢体动作。	使用汉语为母语者的言语、语气和肢体动作进行对话。例如：感谢，道歉，在自我介绍时应该做的动作如握手等；点头，摆手，表示同意或不同意，表达喜欢 / 不喜欢，祝福，表达同意或不同意。
	2. 提供有关中国的节日 / 重要日子 / 庆祝活动 / 生活方式的信息。	有关中国的节日 / 重要日子 / 庆祝活动和生活方式的信息和重要性。例如：春节、中秋节、端午节、清明节、服装、季节、食物、饮料。
	3. 根据自己的兴趣参加语言和文化活动。	语言和文化活动。例如：玩游戏、唱歌、讲故事、扮演角色。

续表

等级	分项指标	核心学习内容
三等 7 级	1. 按照汉语为母语者的社会礼貌和文化，使用礼貌和恰当的语言、语气和肢体动作。	使用符合汉语为母语者的社会礼貌和文化的语言、语气和肢体动作进行对话。例如：感谢、道歉、称赞，在自我介绍时应该做的动作如握手等；点头、摆手，表示同意或不同意；表达喜欢 / 不喜欢，祝福，表达同意和拒绝。
	2. 描述有关中国的节日、重要日子、生活方式和传统习俗的信息。	有关中国的节日、重要日子、生活方式和传统习俗的来源和重要性。
	3. 根据自己的兴趣参加 / 举办语言和文化活动。	语言和文化活动。例如：玩游戏、唱歌、讲故事、扮演角色。
三等 8 级	1. 按照汉语为母语者的社会礼貌和文化，使用合适人物和场合的语言、语气和肢体动作。	使用符合汉语为母语者的社会礼貌和文化的语言、语气和肢体动作进行对话。例如：感谢、道歉、称赞，在自我介绍时应该做的动作如握手等；点头，摆手，表示同意或不同意，表达喜欢 / 不喜欢，祝福，表达同意和拒绝。
	2. 解释有关中国的节日、重要日子、生活方式和传统习俗的信息。	有关中国的节日、重要日子、生活方式和传统习俗的来源和重要性。
	3. 根据自己的兴趣参加 / 举办语言和文化活动。	语言和文化活动。例如：玩游戏、唱歌、讲故事、扮演角色。
三等 9 级	1. 按照汉语为母语者的社会礼貌和文化，选择使用合适人物和场合的语言、语气和肢体动作。	选择使用符合汉语为母语者的社会礼貌和文化的语言、语气和肢体动作进行对话。例如：感谢、道歉、称赞、在自我介绍时应该做的动作如握手等；点头，摆手，表示同意或不同意，表达喜欢 / 不喜欢，祝福，表达同意和拒绝。

续表

等级	分项指标	核心学习内容
	2. 解释有关中国的生活方式、风俗习惯和传统习俗的信息。	有关中国的生活方式、风俗习惯和传统习俗。
	3. 根据自己的兴趣参加 / 举办语言和文化活动。	语言和文化活动。例如：玩游戏、唱歌、讲故事、扮演角色。
四等、五等 10—15 级	1. 按照汉语为母语者的社会礼貌和文化，选择使用合适人物级别、场合和地点的语言、语气和肢体动作。	选择使用符合汉语为母语者的社会礼貌和文化的语言、语气、肢体动作进行对话。例如：感谢、道歉、称赞，在自我介绍时应该做的动作如握手等；点头，摆手，表示同意或不同意，表达喜欢 / 不喜欢，祝福，表达同意和拒绝。
	2. 解释 / 讨论有关中国的生活方式、思想、信仰、风俗和传统习俗的来源。	有关中国的生活方式、思想、信仰、风俗和传统习俗的来源。
	3. 恰当地参加、介绍和举办语言和文化活动。	语言和文化活动。例如：玩游戏、唱歌、讲故事 / 电影的内容、扮演角色、表演戏剧。

目标 2：语言与文化

标准 2.2 了解汉语和泰语的语言与文化的异同，并能准确和适当地运用。

等级	分项指标	核心学习内容
一等 1 级	1. 识别汉语和泰语的声母、韵母、声调、汉字和读音。	汉语和泰语的声母、韵母、声调、汉字和读音。
一等 2 级	1. 识别汉语和泰语的声母、韵母、声调、汉字和读音。	汉语和泰语的声母、韵母、声调、汉字和读音。
一等 3 级	1. 说出汉语和泰语的声母、韵母、声调的读音、汉字、词、词组和简单句子的区别。	汉语和泰语的声母、韵母、声调、汉字、词、词组和句子的读音的区别。

续表

等级	分项指标	核心学习内容
二等 4 级	1. 说出汉语和泰语的声母、韵母、声调的读音、汉字、词、词组、句子、语篇的区别。	汉语和泰语的声母、韵母、声调、汉字、词、词组、句子和语篇的读音的区别。
	2. 说出中国文化与泰国文化下的节日和庆祝活动的异同点。	中国文化与泰国文化下的节日和庆祝活动的异同点。
二等 5 级	1. 说出汉语和泰语的各种句子的读音、标点符号和语序的异同点。	- 汉语与泰语的各类句子的读音的异同点。 - 标点符号的使用，以及汉语和泰语的语序。
	2. 说出中国与泰国的节日和庆祝活动的异同点。	中国与泰国的节日和庆祝活动的异同点。
二等 6 级	1. 说出汉语和泰语的各种句子的读音、标点符号和语序的异同点。	- 汉语与泰语的各类句子的读音的异同点。 - 标点符号的使用，以及汉语和泰语的语序。
	2. 比较中国与泰国的节日、庆祝活动和传统习俗的异同点。	比较中国与泰国的节日、庆祝活动和传统习俗的异同点。
三等 7 级	1. 说出汉语和泰语的各种句子的读音、标点符号和语序的异同点。	- 汉语与泰语的各类句子的读音的异 / 同点。 - 标点符号的使用，以及汉语和泰语的语序。
	2. 比较中国与泰国的节日、庆祝活动、重要节日和生活方式的异同点。	比较中国与泰国的节日、庆祝活动、重要节日和生活方式的异同点。
三等 8 级	1. 比较和解释汉语和泰语的各种句子的读音和语序的异同点。	- 比较和解释汉语与泰语的各类句子的读音的异同点。 - 标点符号的使用，以及汉语和泰语的语序。
	2. 比较和解释中国与泰国的日常生活和文化的异同点。	比较和解释中国与泰国的日常生活和文化的异同点。

续表

等级	分项指标	核心学习内容
三等 9 级	1. 比较和解释汉语和泰语的各种句子的读音和语序的异同点。	- 比较和解释汉语与泰语的各类句子的读音的异同点。 - 标点符号的使用，以及汉语和泰语的语序。
	2. 比较和解释中国与泰国的生活方式和文化的异同点，并恰当地应用。	比较和解释中国与泰国的生活方式和文化的异同点和汉语为母语者的文化。
四等、五等 10—15 级	1. 解释 / 比较汉语和泰语句子结构、语篇、成语、俗语和诗词的区别。	解释 / 比较汉语和泰语句子结构、语篇、成语、俗语和诗词的区别。
	2. 分析 / 讨论中国与泰国的生活方式、信仰和文化的异同点，并合理地应用。	分析 / 讨论中国与泰国的生活方式、信仰和文化的异同点，并合理地应用汉语为母语者的文化。

目标 3：语言与其他学科的连贯

标准 3.1 用汉语连接其他学科的知识，并作为进一步的学习、提高和扩展视野的基础。

等级	分项指标	核心学习内容
一等 1 级	1. 说出有关其他学科的词语。	有关其他学科的词语。
一等 2 级	1. 说出有关其他学科的词语。	有关其他学科的词语。
一等 3 级	1. 说出有关其他学科的词语。	有关其他学科的词语。
二等 4 级	1. 探索、收集有关其他学科的词语，并用口语 / 书面语展示。	搜索、收集和展示有关其他学科的词语。
二等 5 级	1. 探索、收集有关其他学科的词语，并用口语 / 书面语展示。	搜索、收集和展示有关其他学科的词语。
二等 6 级	1. 在学习资源里探索、收集有关其他学科的词语，并用口语 / 书面语展示。	搜索、收集和展示有关其他学科的词语。

续表

等级	分项指标	核心学习内容
三等7级	1. 在学习资源里探索、收集和总结有关其他学科的信息/真实情况,并用口语/书面语展示。	探索、收集、总结和展示有关其他学科真实信息的词语。
三等8级	1. 在学习资源里探索、收集和总结有关其他学科的信息/真实情况,并用口语/书面语展示。	探索、收集、总结和展示有关其他学科真实信息的词语。
三等9级	1. 在学习资源里探索、收集和总结有关其他学科的信息/真实情况,并用口语/书面语展示。	探索、收集、总结和展示有关其他学科真实信息的词语。
四等、五等 10—15级	1. 在各种学习资源里探索、研究、记录、总结有关其他学科的信息和表达意见,并用口语和书面语展示。	在各种学习资源里,探索、研究、记录、总结、表达意见和展示有关其他学科的信息。

目标4：语言与社区和世界的关系

标准4.1 在学校、社区及社会的各种场合里使用汉语。

等级	分项指标	核心学习内容
一等1级	1. 就教室里出现的简单情况进行听/说。	就教室里出现的简单情况用汉语进行听/说。
一等2级	1. 就教室里出现的简单情况进行听/说。	就教室里出现的简单情况用汉语进行听/说。
一等3级	1. 就教室里出现的简单情况进行听/说。	就教室里出现的简单情况用汉语进行听/说。
二等4级	1. 就教室里和学校里出现的情况进行听和说/读。	就课堂和学校的场景,使用汉语进行听和说/读。
二等5级	1. 就教室里和学校里出现的各种情况进行听、说和读/写。	就课堂和学校的各种场景,使用汉语进行听、说和读/写。
二等6级	1. 就教室里和学校里出现的各种情况进行沟通。	就课堂和学校的各种场景,使用汉语进行沟通。

续表

等级	分项指标	核心学习内容
三等 7 级	1. 就教室里和学校里出现的真实情况 / 模拟情况进行沟通。	就课堂上和学校里出现的真实情况 / 模拟情况，使用汉语进行沟通。
三等 8 级	1. 就教室里、学校里和社区里出现的真实情况 / 模拟情况进行沟通。	就课堂上、学校里和社区里出现的真实情况 / 模拟情况，使用汉语进行沟通。
三等 9 级	1. 就教室里、学校里、社区里和社会里出现的真实情况 / 模拟情况进行沟通。	就课堂上、学校里、社区里和社会中出现的真实情况 / 模拟情况，使用汉语进行沟通。
四等、五等 10-15 级	1. 就教室里、学校里、社区里和社会里出现的真实情况 / 摸拟情况进行沟通。	就课堂上、学校里、社区里和社会里出现的真实情况 / 模拟情况，使用汉语进行沟通。

目标 4：语言与社区和世界的关系

标准 4.2 用汉语作为进一步学习、工作及与世界交流学习的基本工具。

等级	分项指标	核心学习内容
一等 1 级	1. 用汉语收集有关身边事物的生词。	借助各种媒体，使用汉语收集有关身边事物的词语。
一等 2 级	1. 用汉语收集有关身边事物的生词。	借助各种媒体，使用汉语收集有关身边事物的词语。
一等 3 级	1. 用汉语收集有关身边事物的生词。	借助各种媒体，使用汉语收集有关身边事物的词语。
二等 4 级	1. 用汉语搜索和收集各种信息。	借助媒体和各种学习资源，使用汉语搜索和收集有关身边事物的词语。
二等 5 级	1. 用汉语搜索和收集各种信息。	借助媒体和各种学习资源，使用汉语搜索和收集有关身边事物的词语。

续表

等级	分项指标	核心学习内容
二等 6 级	1. 用汉语搜索和收集各种信息。	借助媒体和各种学习资源，使用汉语搜索和收集有关身边事物的词语。
三等 7 级	1. 借助媒体和各种学习资源，使用汉语搜索 / 研究知识 / 各种信息，以便进一步学习和工作。	使用汉语在媒体和各种学习资源里搜索 / 研究知识 / 各种信息，以便进一步学习和工作。
三等 8 级	1. 借助媒体和各种学习资源，使用汉语搜索 / 研究、收集和总结知识 / 各种信息，以便进一步学习和工作。	使用汉语在媒体和各种学习资源里搜索 / 研究、收集和总结知识 / 各种信息，以便进一步学习和工作。
	2. 使用汉语传达 / 宣传学校的信息。	使用汉语传达 / 宣传有关学校的信息，例如：介绍学校的宣传册、传单、校训、广告牌、邀请牌，在学校使用汉语展示学校的信息。
三等 9 级	1. 在媒体和各种学习资源里，使用汉语搜索 / 研究、收集和总结知识 / 各种信息，以便进一步学习和工作。	使用汉语在媒体和各种学习资源里搜索 / 研究、收集和总结知识 / 各种信息，以便进一步学习和工作。
	2. 使用汉语传达 / 宣传学校、社区和地方的信息。	使用汉语传达 / 宣传有关学校、社区和地方的信息，例如：介绍学校的宣传册、传单、校训、广告牌、邀请牌，在学校里使用汉语展示学校的信息；在学校、社区和地方使用汉语展示学校的信息。
四等、五等 10—15 级	1. 在媒体和各种学习资源里，使用汉语搜索 / 研究、收集、分析和总结知识 / 各种信息，以便进一步学习和工作。	使用汉语在媒体和各种学习资源里搜索 / 研究、收集和总结知识 / 各种信息，以便进一步学习和工作。
	2. 使用汉语传达 / 宣传学校、社区、地方 / 国家的信息。	使用汉语传达 / 宣传有关学校、社区和地方 / 国家的信息，例如：介绍学校、社区和地方 / 国家的宣传册、传单、校训、广告牌、邀请牌，在学校、社区和地方 / 国家使用汉语展示学校的信息。

余 论

本论文在前面的章节中本着实事求是的研究精神，对泰国中小学汉语课程大纲制定过程中需要考虑的问题进行了分析，并在此基础上，提出了可行性对策。在总结这些对策的基础上，本文提出了泰国中小学汉语课程大纲制定的主要原则，如，要符合国家教育要求，充分考虑各级教育机构的自主性；要坚持从“功能意念”到“形式”的交际型大纲设计模式；要充分借鉴其他国家制定的课程大纲成果，尽量与国际接轨；要注重针对性和实用性等。最后本文尝试在这些研究成果的基础上，制定了“泰国中小学汉语课程大纲”。这一课程大纲的制定弥补了泰国汉语课程大纲的空白。但是，限于资源、人力、时间等问题，本文的研究并非尽善尽美。本章将对本文研究中尚存在的问题及今后进一步研究的设想做简要阐述。

一、存在的问题

1. 从总体上看，泰国汉语教学的顶层设计薄弱，缺乏官方制定的汉语能力标准，这为设计和制定汉语课程大纲造成了很大的困难。另外，泰国中小学中的汉语课作为基础教育规定的补充课程，在课时安排上相对灵活和自由，笔者虽然采用取最低课时的办法作为制定课程大纲的参考课时，但是这有可能与部分发展较好的泰国中小学的汉语教学情况不符。

2. 语言对比研究是第二语言教学中的一种基础的和重要的研究手段。通过对比两种语言发现一种语言的特点，以此预见语言学习的难点，才能在语言教学中采取有针对性的方法，以达到理想的教学效果。

深入地对比汉泰两种语言的异同，在此基础上预见泰国人在学习汉语过程中遇到的问题，再将这些问题按照难易程度进行分级，并将其作为大纲中分项指标的内容，这样教师在组织教学过程中就有章可循，有利于泰国学生循序渐进地学习汉语，提高汉语水平。本研究从语序和表达方式两个方面对汉泰语法项目做了对比，但这些还远远不够。

3. 笔者尽量充分考虑汉语语法项目的特殊性，并对比了汉泰语言的差异，以此作为参考，将典型的汉语语法项目分成五个等级来对应大纲中的五个标准。另外，笔者参照《国际汉语通用课程大纲》,《HSK考试大纲》以及《促进汉语教学，提高国家竞争力战略规划》中提到的教师标准中的关于词汇量的相关规定，以此作为制定泰国中小学汉语学习的词汇量指标的依据。这种做法虽然符合交际型大纲对“核心学习内容”的要求，但是由于时间和精力等方面的原因，本文研究并能给出与之相配套的汉语词汇大纲和语法大纲。

二、今后的研究设想

制定课程大纲是一个系统工程，并非一朝一夕能够完成，也并非穷一人之力能够做到的。本论文的研究还仅仅是个开始。在未来将做的进一步研究包括：

1. 进行全面、具体、深入的汉泰语言对比，系统的整理汉泰语言在语音、词汇和语法方面的不同，以此作为语言教学的基础。

2. 制定针对泰国中小学的汉字、词汇表和语法项目表，并对其进行详细的分级，作为课程大纲的附录部分。

3. 制定泰国中小学汉语课程的评估体系，在汉语课程大纲的基础上，对泰国中小学汉语课程进行总体的评估，以此促进汉语教学的发展。

参考文献

中文文献

专著

[1] Brown D（周燕导读）. 语言教学大纲要素：课程设计系统法 . 外语教学与研究出版社 ,2001.9(2009.4 重印):F25.

[2] 冯增俊 , 李志厚 . 泰国基础教育 , 广东，广东教育出版社 ,2004.78.

[3] 国家汉办国际推广领导小组办公室 . 国际汉语能力标准 . 北京，北京汉风教育科技（北京）有限公司印制 ,2007.

[4] 嵇翥青 . 中国与暹罗 . 上海，中外广告社 ,1924.

[5] 刘珣 . 汉语作为第二语言教学简论 . 北京，北京语言大学出版社，2007 年重印 .

[6] 欧洲理事会文化合作教育委员会 . 欧洲语言共同参考框架：学习、教学、评估；刘骏 , 博宋等译 . 北京，外语教学与研究出版社 ,2008.

[7] 吴体仁 . 南洋各属之教育制度 . 长沙，商务印书馆 ,1938.

[8] 吴应辉：《汉语国际传播研究理论与方法》中央民族大学出版社，2013 年版 .

定期出版物

[9] 葛利友，由春英 . 意念教学大纲介绍 . 齐齐哈尔师范学院学报 ,1992.6:105.

[10]潘素英 . 泰国学生汉语语法学习难点探讨——以《国际汉语通用课程大纲》为参照 . 汉语国际传播研究 . 北京，商务印书馆 ,2011.

[11]帕恰妮，旦日勇 . 泰国的华文教育沿革——中泰合作的新里程

碑 . 见 : 傅增有、薄文泽编 . 中泰关系三十年——回顾与展望 . 香港，香港科学出版社 , 2007.

[12]世界汉语教学学会 . 关于新、旧 HSK 分数对应关系的说明 . 世界汉语教学学会通信 ,2011.

[13]吴应辉，龙伟华，冯忠芳，潘素英译 . 泰国促进汉语教学，提高国家竞争力战略规划 . 国际汉语教育 . 北京，2009(1).

[14]严海玉 . 中国历史上第一部成文国籍法——纪念《大清国籍条例》颁布 100 周年 . 中央民族大学学报 (哲学社会科学版),2010(4).

[15]阎美玲 . 对语法大纲和功能意念大纲的思考 . 渭南师专学报 ,1997.3:53.

学位论文

[16]方雪 . 泰国汉语教学与汉语推广研究 :[硕士学位论文]. 青岛，山东大学 ,2008.

官方文件

[17] 北京政学社 (清) 编 . 大清法规大全 . 清宣统间 [1909—1911]. 42 册 .

泰文文献

专著

[18]กระทรวงศึกษาธิการ. ตัวชี้วัดและสาระการเรียนรู้แกนกลางกลุ่มสาระการเรียนรู้ภาษาต่างประเทศ ตามหลักสูตรแกนกลางการศึกษาขั้นพื้นฐาน พุทธศักราช 2551.กรุงเทพฯ:โรงพิมพ์ชุมนุมสหกรณ์การเกษตรแห่งประเทศไทยจำกัด,2552. 泰国教育部 .2008 年基础教育核心课程外语分项指标及核心学习内容 . 曼谷，泰国农业合作社集会印制厂 ,2009.

[19]กระทรวงศึกษาธิการ.หลักสูตรการศึกษาขั้นพื้นฐานพุทธศักราช2544.กรุงเทพฯ:โรงพิมพ์คุรุสภาลาดพร้าว,2544. 泰国教育部 .2001 年基础教育课程 . 曼谷，Kurusapharatphraw 印刷厂 , 2009.

[20]กระทรวงศึกษาธิการ.หลักสูตรแกนกลางการศึกษาขั้นพื้นฐานพุทธศักราช 2551.กรุงเทพฯ:โรงพิมพ์ชุมนุมสหกรณ์การเกษตรแห่งประเทศไทยจำกัด,2551. 泰国教育部.2008年基础教育核心课程.曼谷,泰国农业合作社集会印制厂,2008.

[21]กระทรวงศึกษาธิการ.หลักสูตรประโยคประถมศึกษาตอนต้นพุทธศักราช 2503.กรุงเทพฯ: โรงพิมพ์การช่างวุฒิ,2503. 泰国教育部 .1960 年初级小学课程 . 曼谷，Kanchangwut 印刷厂 ,1960.

[22]ขจัดภัย บุรุษพัฒน์.ชาวจีนในประเทศไทย.กรุงเทพฯ:สำนักพิมพ์แพร่วิทยา,2517. Khachatphai Burutphat. 泰国华人 . 曼谷，Phae Witthaya 出版社 ,1974.

[23]จี. วิลเลียม สกินเนอร์.สังคมจีนในประเทศไทย:ประวัติศาสตร์เชิงวิเคราะห์(ชาญวิทย์ เกษตรศิริบรรณาธิการ,พรรณี ฉัตรพลรักษ์ ผู้แปลและคณะ).กรุงเทพฯ:บริษัทGreen Print จำกัด,2548พิมพ์ครั้งที่2. G. William Skinner.Chinese Society in Thailand:An Analytical History(Chanwit Kasetsiri 编辑 ,Phannee Chatphonrak 等译). 曼谷，Green Print 有限公司印制 ,2005（重印）.

[24]แช่ม กีระนันทน์. ประวัติของท่านซินแสกีเอง(ก๊วยเซียน).พระนคร:โรงพิมพ์บูรพา,1947.Cham Keera-nan.Sinsaa ki-eng(Qua sean) 简历 . 暹京，Burapha 印制厂 , 1947.

[25]ธำรง บัวศรี.ทฤษฎีหลักสูตร.กรุงเทพฯ:โรงพิมพ์คุรุสภาลาดพร้าว,2532. Thamrong Buasri. 课程理论 . 曼谷，Khurusapha Ladphraw 印刷厂 ,1989.

[26]เพลิง ภูผา.ย้อนรอยขบวนการยึดอำนาจปฏิวัติเมืองไทย.กรุงเทพ:สำนักพิมพ์เครือเถา.2535.Preng Phupha. 重访泰国夺权连动革命 . 曼谷，KHRERTAO 出版社 ,1992.

[27]วุฒิชัย มูลศิลป์.รายงานการวิจัยเรื่องแนวคิดทางการศึกษาสมัยพระบาทสม

เด็จพระจอมเกล้าเจ้าอยู่หัว พ.ศ.2475,กรุงเทพ ฯ:โครงการพัฒนาสังคมศาสตร์ที่เกี่ยวข้องกับการศึกษา สำนักคณะกรรมการการศึกษาแห่งชาติ.2526.Wutthichai Moonsin.1932 年曼谷王朝拉马五世时期的教育思想 :[研究报告]. 曼谷，(与教育相关的社会科学发展项目) 国家教育委员会办公室 , 1983.

[28]ศูนย์จีนศึกษาสถาบันเอเชียศึกษาจุฬาลงกรณ์มหาวิทยาลัย.การเรียนการสอนภาษาจีนในประเทศไทย:ระดับประถม-มัธยมศึกษา,กรุงเทพ ฯ:หจก.ศรีบูรณ์คอมพิวเตอร์ - การพิมพ์,2551. 朱拉隆功大学亚洲研究所中国研究中心 . 泰国华文教学研究 : 中小学教育 . 曼谷，SRIBOON 计算机印制有限股份公司 ,2008.

[29]ศูนย์จีนศึกษาสถาบันเอเชียศึกษาจุฬาลงกรณ์มหาวิทยาลัย.การเรียนการสอนภาษาจีนในประเทศไทย:ระดับอาชีวะศึกษา,กรุงเทพ ฯ:หจก.ศรีบูรณ์คอมพิวเตอร์ - การพิมพ์,2551. 朱拉隆功大学亚洲研究所中国研究中心 . 泰国华文教学研究分 : 职业教育 . 曼谷，SRIBOON 计算机印制有限股份公司 ,2008.

[30]ศูนย์จีนศึกษาสถาบันเอเชียศึกษาจุฬาลงกรณ์มหาวิทยาลัย.การเรียนการสอนภาษาจีนในประเทศไทย:ระดับอุดมศึกษา,กรุงเทพ ฯ:หจก.ศรีบูรณ์คอมพิวเตอร์ - การพิมพ์,2551. 朱拉隆功大学亚洲研究所中国研究中心 . 泰国华文教学研究 : 高等教育 . 曼谷，SRIBOON 计算机印制有限股份公司 ,2008.

[31]ศูนย์จีนศึกษาสถาบันเอเชียศึกษาจุฬาลงกรณ์มหาวิทยาลัย.การเรียนการสอนภาษาจีนในประเทศไทย:การศึกษาขอกระบบ,กรุงเทพ ฯ:หจก.ศรีบูรณ์คอมพิวเตอร์ - การพิมพ์, 2551. 朱拉隆功大学亚洲研究所中国研究中心 . 泰国华文教学研究 : 非正规教育 . 曼谷，SRIBOON 计算机印制有限股份公司 ,2008.

[32]เสถียร ศุภโสภณ.ประวัติโรงเรียนราษฎร์ในประเทศไทยและทำเนียบโรงเรียนราษฎร์.พระนคร:สมาคมครูโรงเรียนราษฎร์แห่งประเทศไทย, 2514.Saturn Suphasophon. 泰国私立学校历史及名单 . 暹京，泰国私立学校教师协会编制 ,1971.

学位论文

[33]กรรณิการ์ สงวนนวน.การศึกษาการใช้หลักสูตรกลุ่มสาระการเรียนรู้ภาษาต่างประเทศ (ภาษาจีน)ในโรงเรียนสังกัดกรุงเทพมหานคร.[มหาบัณฑิตวิทยานิพนธ์].กรุงเทพ:จุฬาลงกรณ์มหาวิทยาลัย.2546.Kannika Sa–nguannuan. A Study of Curriculum Implementation of Foreign Language Learning Strand (Chinese) in Schools Under The Bangkok Metropolitan Administration:[硕士学位论文]. 曼谷，朱拉隆功大学 ,2003.

[34]พรหทัย จันทรกานตานนท์.การศึกษาสภาพการจัดการโรงเรียนเอกชนที่สอนภาษาจีนใน หลักสูตรระดับการศึกษาขั้นพื้นฐาน.[มหาบัณฑิตวิทยานิพนธ์].กรุงเทพ:มหาวิทยาลัยธุรกิจบัณฑิตย์.2549.Phonhathai Jantharakantanon. A Study of The Managerial State of Private Schools Offering Chinese Language in The Basic Education Curriculum:[硕士学位论文]. 曼谷，博仁大学 , 2006.

[35]พิชัย รัตนพล.วิวัฒนาการการควบคุมโรงเรียนจีน.[มหาบัณฑิตวิทยานิพนธ์].กรุงเทพฯ: สถาบันบัณฑิตพัฒนบริหารศาสตร์,2512.Phichai Rattanaphon. 华校控制演变 :[硕士学位论文]. 曼谷，泰国国家发展管理学院 ,1969.

[36]ภาวิณี บุญทา. การศึกษาการพัฒนาหลักสูตรภาษาต่างประเทศที่2(ภาษาจีน): กรณีศึกษาโรงเรียนไตรมิตรวิทยาลัย.[มหาบัณฑิตวิทยานิพนธ์].กรุงเทพ:จุฬาลงกรณ์มหาวิทยาลัย. 2545.Phawinee Boontha. A Study of Curriculum Development of Second Foreign Language (Chinese) : A Case Study of Trimitvittayalai School:[硕士学位论文]. 曼谷，朱拉隆功大学 ,2002.

官方文件

[37]กระทรวงศึกษาธิการ.การขออนุมัติอัตราข้าราชการครูเพื่อรองรับนักศึกษาที่ได้รับทุนการสอนภาษาจีนจากประเทศสาธารณรัฐประชาชนจีน.ศธ.04001/4658. 泰国教育部 . 要求批准公务员教师职位 , 以加入获得中国政府奖学金汉语教学的学习者 .ศธ.04001/4658.

[38]กระทรวงศึกษาธิการ. แผนยุทธศาสตร์ส่งเสริมการเรียนการสอนภาษาจีนเพื่อเพิ่มขีดความสามารถในการแข่งขันของประเทศ (พ.ศ.2549-2553). ศธ.0201.1/2775,2006. 泰国教育部 . 促进汉语教学 , 提高国家竞争力战略规划（2006—2010 年）. ศธ. 0201.1/2775,2006.

[39]กระทรวงศึกษาธิการ.การขอความเห็นชอบและขออนุมัติการลงนามในกรอบความร่วมมือว่าด้วยการพัฒนาการเรียนการสอนภาษาจีนในสถาบันอุดมศึกษาไทย. ศธ.0507/3975, 2553. 泰国教育部 . 泰国高等教育发展汉语教学合作框架 .ศธ.0507/3975, 2010.

[40]ราชกิจจานุเบกษา.แผนพัฒนาเศรษฐกิจและสังคมแห่งชาติ ฉบับที่10(พ.ศ.2550-2554). เล่มที่123ตอนพิเศษ 123ง. 2549. 政府宪报 .2007—2011 年第十份国家经济与社会发展规划 . 第 123 卷 (第 123ง 特殊段).2006.

[41]ราชกิจจานุเบกษา. แผนพัฒนาเศรษฐกิจและสังคมแห่งชาติ ฉบับที่10 (พ.ศ.2550-2554). เล่มที่123ตอนพิเศษ 123ง. 2549. 政府宪报 .2007—2011 年第十份国家经济与社会发展规划 . 第 123 卷 (第 123ง 特殊段).2006.

[42]ราชกิจจานุเบกษา.พระราชบัญญัติการศึกษาแห่งชาติ(ฉบับที่3)พ.ศ.2553. เล่มที่127ตอนที่45ก. 2553. 政府宪报 .2010 年国家教育条例 (第三份). 第 127 卷 (第 45ก 段).2010.

[43]ราชกิจจานุเบกษา.พระราชบัญญัติการศึกษาแห่งชาติ พ.ศ.2542แก้ไขเพิ่มเติม (ฉบับที่2). เล่มที่127ตอนที่45ก.2553. 政府宪报 . 1999 年国家教育条例 (2002 年修订第二份). 第 127 卷 (第 45ก 段).2002.

[44]ราชกิจจานุเบกษา.พระราชบัญญัติการศึกษาแห่งชาติ พ.ศ. 2542. เล่มที่116ตอนที่74ก. 2542. 政府宪报 .1999 年国家教育条例 . 第 116 卷 (第 74ก 段).1999.

[45]ราชกิจจานุเบกษา.พระราชบัญญัติประถมศึกษาพุทธศักราช2464. ฉบับที่38(ตอนที่0ก),2464. 政府宪报 .1921 年小学教育条例 . 第 38 卷 (第 0ก 段).1921.

[46]ราชกิจจานุเบกษา.พระราชบัญญัติประถมศึกษาพุทธศักราช2478. ฉบับที่52(ตอนที่0ก),2478. 政府宪报 .1935 年小学教育条例 . 第 52 卷 (第 0ก 段).1935.

[47]ราชกิจจานุเบกษา.พระราชบัญญัติโรงเรียนราษฎร์พุทธศักราช2461. ฉบับที่35(ตอนที่0ก),2461. 政府宪报 .1918 年私立学校条例 . 第 35 卷 (第 0ก 段).1918.

[48]ราชกิจจานุเบกษา.รัฐธรรมนูญแห่งราชอาณาจักรไทย.เล่มที่114ตอนที่55ก. 2540. 政府宪报 .1997 年泰国国家宪法 . 第 114 卷 (第 55ก 段).1997.

[49]ราชกิจจานุเบกษา.เรื่องกำหนดจำนวนโรงเรียนราษฎร์เพื่อสอนภาษาจีน: [ประกาศกระทรวงธรรมการ].ฉบับที่ 65 (ตอนที่ 27),2491. 政府宪报 . 全国华校数量限制规定校 :[教育部公布]. 第 65 卷 (第 27 段). 1948.

[50]ราชกิจจานุเบกษา. เรื่องห้ามใช้สมุดหนังสือเป็นเครื่องศึกษาในโรงเรียน: [ประกาศกระทรวงธรรมการ]. ฉบับที่ 53 (ตอนที่ 0ง),2479. 政府宪报 . 学校禁用纸制教材 : [教育部公布] . 第 53 卷 (第 0ง 段). 1936.

[51]ราชกิจจานุเบกษา. เรื่องห้ามใช้สมุดหนังสือเป็นเครื่องศึกษาในโรงเรียน: [ประกาศกระทรวงธรรมการ แผนกกรมศึกษาธิการ]. ฉบับที่53 (ตอนที่ 0ง),2479. 政府宪报 . 学校禁用纸制教材 : [教育部公布] . 第 53 卷 (第 0ง 段). 1936.

[52]ราชกิจจานุเบกษา.เรื่องห้ามใช้สมุดหนังสือเป็นเครื่องศึกษาในโรงเรียน: [ประกาศกระทรวงธรรมการ].ฉบับที่53 (ตอนที่ 0ง),2480. 政府宪报 . 学校禁用纸制教材 : [教育部公布] . 第 53 卷 (第 0ง 段). 1937.

[53]สำนักงานคณะกรรมการการศึกษาแห่งชาติ. แผนการศึกษาแห่งชาติ (พ.ศ. 2545-2559). กรุงเทพ ฯ:2545. 泰国教育委员会办公室 .2002 至 2016 年国家教育计划 . 曼谷，PHIKWAN GRAFFIC 有限公司 .2002.

[54]สำนักงานคณะกรรมการการศึกษาแห่งชาติ.แผนการศึกษาแห่งชาติฉบับปรับปรุง (พ.ศ. 2552-2559): ฉบับสรุป. กรุงเทพ ฯ:2553. 泰 国 教 育 委

员会办公室 . 国家教育计划 2009–2016 年改进版 (总结版). 曼谷，PHIKWAN GRAFFIC 有限公司 .2010.

[55]หอจดหมายเหตุแห่งชาติ.เรื่องแจ้งความจำนงตั้งโรงเรียนจีนต่าง ๆ:[เอกสารศึกษาธิการ]ศธ.54.1/1395. 泰国国家档案馆 . 在曼谷地区申报成立各华校 :[教育部文件] ศธ.54.1/1395 号 .

定期出版物

[56]ทิพวรรณ สงวนศักดิ์.แนะนำ สช.จุลสาร สช.,2553: ปีที่ 1 ฉบับที่1. Tipphawan sa–nguansak. 介绍民教委 . 民教委手册 ,2010:1 卷第 1 期 .

[57]ประพิณ มโนมัยวิบูลย์.การเรียนการสอนภาษาจีนในประเทศไทย. นิตยาสารรายสัปดาห์สกุลไทย,2550.Prapin Manomaiwiboon. 泰国汉语教学 .Sakunthai 周刊 ,2007.

网络文献

[58]Thaitambon 网站 :Korian 乡 .http://www.thaitambon.com/tambon/ ttambon.asp?ID=140119.

[59]Wikipedia 网站 :the free encyclopedia.Phaya Rassadanupraditmahis onphakdee(kosinbi na ranong).2011–03–12.http://th.wikipedia.org/wiki/พระยารัษฎานุประดิษฐมหิศรภักดี_(คอซิมบี๊_ณ_ระนอง).

[60]Yukungs. 泰 中 文 化 经 济 协 会 网 站 .2009–07–27.http://www.thaizhong.org/index.php?option=com_content&view=article&id=167:specialart2&catid=41:relationthaichina–cat&Itemid=98.

[61] 中国新闻网 2011 年 2 月 15 日讯 :http://www.chinanews.com/cj/2011/02–15/2844826.shtml.

[62]中国网 http://www.china.com.cn/chinese/kuaixun/349267.htm.

[63]泰国内阁秘书处网站 :http://www.cabinet.soc.go.th/soc/Program2–3.jsp?top_serl=68817&key_word=%E0%B8%A0%E0%B8%B2%E0%B8

%A9%E0%B8%B2%E0%B8%88%E0%B8%B5%E0%B8%99&owner_dep=&meet_date_dd=&meet_date_mm=&meet_date_yyyy=&doc_id1=&doc_id2=&meet_date_dd2=&meet_date_mm2=&meet_date_yyyy2=.

[64]泰国教育部电子书籍网站 :http://210.246.188.51/indexs.jsp?type=92.

[65]泰国文化委员会办公室网站 . 普吉泰华博物馆 :http://www.culture.go.th/culturemap/index.php?ction=listdistrict&pid=83&did=83000&pnum=3#mapdetail.

[66]泰国文物库房网站 : 泰美关系 http://www1.tv5.co.th/service/mod/heritage/nation/military/usrelation/usrelation1.htm.

其他

[67]สถาบันทดสอบทางการศึกษาแห่งชาติ.ความถนัดทางภาษาจีน(Pat7.4). 2554. 泰国国家教育测试所 . 汉语技能考试题（Pat7.4）.2011.

[68]หนังสือพิมพ์สยามรัฐ.ศึกษาเสนอทบทวนนโยบายเปิดโรงเรียนสอนภาษาจีน.หนังสือพิมพ์สยามรัฐ, 2532.Siamrath 日报 . 教育部建议内阁反思有关允许学校开设汉语课的政策 . Siamrath 日报 ,1989.

附录一

《2010 年国家教育条例 (第三份)》节选

泰文版

พระราชบัญญัติการศึกษาแห่งชาติ (ฉบับที่๓) พ.ศ. ๒๕๕๓

หมวด ๑ บททั่วไป ความมุ่งหมายและหลักการ

มาตรา ๖ การจัดการศึกษาต้องเป็นไปเพื่อพัฒนาคนไทยให้เป็นมนุษย์ที่สมบูรณ์ทั้งร่างกาย จิตใจ สติปัญญา ความรู้ และคุณธรรม มีจริยธรรมและวัฒนธรรมในการดำรงชีวิตสามารถอยู่ร่วมกับ ผู้อื่นได้อย่างมีความสุข

มาตรา ๗ ในกระบวนการเรียนรู้ต้องมุ่งปลูกฝังจิตสำนึกที่ถูกต้องเกี่ยวกับการเมืองการปกครองในระบอบประชาธิปไตยอันมีพระมหากษัตริย์ทรงเป็นประมุข รู้จักรักษาและส่งเสริม สิทธิ หน้าที่ เสรีภาพ ความเคารพกฎหมาย ความเสมอภาค และศักดิ์ศรีความเป็นมนุษย์ มีความภาคภูมิใจในความเป็นไทย รู้จักรักษาผลประโยชน์ส่วนรวมและของประเทศชาติ รวมทั้ง ส่งเสริมศาสนา ศิลปะ วัฒนธรรมของชาติ การกีฬา ภูมิปัญญาท้องถิ่น ภูมิปัญญาไทย และความรู้อันเป็นสากล ตลอดจนอนุรักษ์ทรัพยากรธรรมชาติและสิ่งแวดล้อม มีความสามารถในการ ประกอบอาชีพ รู้จักพึ่งตนเอง มีความริเริ่มสร้างสรรค์ ใฝ่รู้และเรียนรู้ด้วยตนเองอย่างต่อเนื่อง

มาตรา ๘ การจัดการศึกษาให้ยึดหลักดังนี้

(๑) เป็นการศึกษาตลอดชีวิตสำหรับประชาชน

(๒) ให้สังคมมีส่วนร่วมในการจัดการศึกษา

(๓) การพัฒนาสาระและกระบวนการเรียนรู้ให้เป็นไปอย่างต่อเนื่อง

มาตรา ๙ การจัดระบบ โครงสร้าง และกระบวนการจัดการศึกษา ให้ยึดหลักดังนี้

(๑) มีเอกภาพด้านนโยบาย และมีความหลากหลายในการปฏิบัติ

(๒) มีการกระจายอำนาจไปสู่เขตพื้นที่การศึกษา สถานศึกษา

และองค์กรปกครองส่วน ท้องถิ่น

(๓) มีการกำหนดมาตรฐานการศึกษา และจัดระบบประกันคุณภาพการศึกษาทุกระดับ และประเภทการศึกษา

(๔) มีหลักการส่งเสริมมาตรฐานวิชาชีพครู คณาจารย์ และบุคลากร ทางการศึกษา และ การพัฒนาครู คณาจารย์ และบุคลากรทางการศึกษาอย่างต่อเนื่อง

(๕) ระดมทรัพยากรจากแหล่งต่าง ๆ มาใช้ในการจัดการศึกษา

(๖) การมีส่วนร่วมของบุคคล ครอบครัว ชุมชน องค์กรชุมชน องค์กรปกครองส่วนท้องถิ่น เอกชน องค์กรเอกชน องค์กรวิชาชีพ สถาบันศาสนา สถานประกอบการ และสถาบันสังคมอื่น

หมวด ๓ ระบบการศึกษา

มาตรา ๑๕ การจัดการศึกษามีสามรูปแบบ คือ การศึกษาในระบบ การศึกษานอกระบบ และการศึกษาตามอัธยาศัย

(๑) การศึกษาในระบบ เป็นการศึกษาที่กำหนดจุดมุ่งหมาย วิธีการศึกษา หลักสูตร ระยะเวลา ของการศึกษา การวัดและประเมินผล ซึ่งเป็นเงื่อนไขของการสำเร็จการศึกษาที่แน่นอน

(๒) การศึกษานอกระบบ เป็นการศึกษาที่มีความยืดหยุ่นในการกำหนดจุดมุ่งหมาย รูปแบบ วิธีการจัดการศึกษา ระยะเวลาของการศึกษา การวัดและประเมินผลซึ่งเป็นเงื่อนไขสำคัญของการสำเร็จ การศึกษาโดยเนื้อหาและหลักสูตรจะต้องมีความเหมาะสมสอดคล้องกับสภาพปัญหาและความต้องการของบุคคลแต่ละกลุ่ม

(๓) การศึกษาตามอัธยาศัย เป็นการศึกษาที่ให้ผู้เรียนได้เรียนรู้ด้วยตนเอง ตามความสนใจ ศักยภาพ ความพร้อม และโอกาส โดยศึกษาจากบุคคล ประสบการณ์ สังคม สภาพแวดล้อม สื่อ หรือแหล่งความรู้อื่น ๆ สถานศึกษาอาจจัดการศึกษาในรูปแบบใดรูปแบบหนึ่งหรือทั้งสามรูปแบบ ก็ได้ ให้มีการเทียบโอนผลการเรียนที่ผู้เรียนสะสมไว้ในระหว่างรูปแบบเดียวกันหรือต่างรูปแบบได้ ไม่ว่า

จะเป็นผลการเรียนจากสถานศึกษาเดียวกันหรือไม่ก็ตาม รวมทั้งจากการเรียนรู้นอกระบบตามอัธยาศัย

การฝึกอาชีพ หรือจากประสบการณ์การทำงาน

มาตรา ๑๖ การศึกษาในระบบมีสองระดับ คือ การศึกษาขั้นพื้นฐาน และการศึกษาระดับอุดมศึกษา การศึกษาขั้นพื้นฐานประกอบด้วย การศึกษาซึ่งจัดไม่น้อยกว่าสิบสองปีก่อนระดับ อุดมศึกษา การแบ่งระดับและประเภทของการศึกษาขั้นพื้นฐานให้เป็นไปตามที่กำหนดในกฎ กระทรวง การศึกษาระดับอุดมศึกษาแบ่งเป็นสองระดับ คือ ระดับต่ำกว่าปริญญา และระดับ ปริญญาการแบ่งระดับหรือการเทียบระดับการศึกษานอกระบบหรือการศึกษาตามอัธยาศัยให้เป็นไปตามที่กำหนดในกฎกระทรวง

มาตรา ๑๗ ให้มีการศึกษาภาคบังคับจำนวนเก้าปี โดยให้เด็กซึ่งมีอายุย่างเข้า ปีที่เจ็ด เข้าเรียนในสถานศึกษาขั้นพื้นฐานจนอายุย่างเข้าปีที่สิบหก เว้นแต่สอบได้ชั้นปีที่เก้าของการศึกษาภาคบังคับ หลักเกณฑ์และวิธีการนับอายุให้เป็นไปตามที่กำหนดในกฎกระทรวง

หมวด ๔ แนวการจัดการศึกษา

มาตรา ๒๒ การจัดการศึกษาต้องยึดหลักว่าผู้เรียนทุกคนมีความสามารถเรียนรู้และพัฒนา ตนเองได้ และถือว่าผู้เรียนมีความสำคัญที่สุด กระบวนการจัดการศึกษาต้องส่งเสริมให้ผู้เรียนสามารถ พัฒนาตามธรรมชาติและเต็มตามศักยภาพ

มาตรา ๒๓ การจัดการศึกษา ทั้งการศึกษาในระบบ การศึกษานอกระบบ และการศึกษา ตามอัธยาศัย ต้องเน้นความสำคัญทั้งความรู้ คุณธรรม กระบวนการเรียนรู้และบูรณาการตามความเหมาะสมของแต่ละระดับการศึกษาในเรื่องต่อไปนี้

(๑) ความรู้เรื่องเกี่ยวกับตนเอง และความสัมพันธ์ของตนเองกับสังคม ได้แก่ ครอบครัว ชุมชน ชาติ และสังคมโลก รวมถึงความรู้เกี่ยวกับประวัติศาสตร์ความเป็นมา ของสังคมไทยและระบบการเมืองการปกครองในระบอบประชาธิปไตยอันมีพระมหากษัตริย์ทรงเป็นประมุข

(๒) ความรู้และทักษะด้านวิทยาศาสตร์และเทคโนโลยี รวมทั้งความรู้ ความเข้าใจและ ประสบการณ์เรื่องการจัดการ การบำรุงรักษาและการใช้ประโยชน์จากทรัพยากรธรรมชาติและ สิ่งแวดล้อมอย่างสมดุลยั่งยืน

(๓) ความรู้เกี่ยวกับศาสนา ศิลปะ วัฒนธรรม การกีฬา ภูมิปัญญาไทย

และการประยุกต์ใช้ ภูมิปัญญา

(๔) ความรู้ และทักษะด้านคณิตศาสตร์ และด้านภาษา เน้นการใช้ภาษาไทย อย่างถูกต้อง

(๕) ความรู้ และทักษะในการประกอบอาชีพและการดำรงชีวิตอย่างมีความสุข

มาตรา ๒๗ ให้คณะกรรมการการศึกษาขั้นพื้นฐานกำหนดหลักสูตรแกนกลางการศึกษา ขั้นพื้นฐานเพื่อความเป็นไทยความเป็นพลเมืองที่ดีของชาติการดำรงชีวิตและการประกอบอาชีพ ตลอดจนเพื่อการศึกษาต่อให้สถานศึกษาขั้นพื้นฐานมีหน้าที่จัดทำสาระของหลักสูตรตามวัตถุประสงค์ใ

นวรรคหนึ่งในส่วนที่เกี่ยวกับสภาพปัญหาในชุมชนและสังคม ภูมิปัญญาท้องถิ่นคุณลักษณะอัน พึงประสงค์เพื่อเป็นสมาชิกที่ดีของครอบครัว ชุมชน สังคม และประเทศชาติ

มาตรา ๒๘ หลักสูตรการศึกษาระดับต่าง ๆ รวมทั้งหลักสูตรการศึกษาสำหรับบุคคลตามมาตรา ๑๐ วรรคสอง วรรคสาม และวรรคสี่ ต้องมีลักษณะหลากหลาย ทั้งนี้ให้จัดตามความ เหมาะสมของแต่ละระดับโดยมุ่งพัฒนาคุณภาพชีวิตของบุคคลให้เหมาะสมแก่วัยและศักยภาพสาระของหลักสูตรทั้งที่เป็นวิชาการและวิชาชีพ ต้องมุ่งพัฒนาคนให้มีความสมดุล ทั้งด้านความรู้ ความคิด ความสามารถ ความดีงาม และความรับผิดชอบต่อสังคมสำหรับหลักสูตรการศึกษาระดับอุดมศึกษา นอกจากคุณลักษณะในวรรคหนึ่ง และวรรคสองแล้วยังมีความมุ่งหมายเฉพาะ ที่จะพัฒนาวิชาการ วิชาชีพชั้นสูงและการค้นคว้า วิจัย เพื่อพัฒนาองค์ความรู้และพัฒนาสังคม

หมวด ๕ แนวการจัดการศึกษา

มาตรา ๓๑ ให้กระทรวงมีอำนาจหน้าที่เกี่ยวกับการส่งเสริม และกำกับดูแลการศึกษาทุกระดับและ ทุกประเภท กำหนดนโยบาย แผนและมาตรฐานการศึกษา สนับสนุนทรัพยากรเพื่อ การศึกษา ส่งเสริมและประสานงานการศาสนาศิลปะและวัฒนธรรมและการกีฬาเพื่อการศึกษา รวมทั้งการติดตาม ตรวจสอบและประเมินผลการจัดการศึกษาและราชการอื่นตามที่มีกฎหมาย กำหนดใหเป็นอำนาจหน้าที่ของกระทรวงหรือส่วนราชการที่สังกัดกระทรวงมาตรา ๓๓ สภาการศึกษา ศาสนา และวัฒนธรรมแห่งชาต

ิ มีหน้าที่

(๑) พิจารณาเสนอแผนการศึกษาแห่งชาติที่บูรณการศาสนา ศิลปะและวัฒนธรรมและกีฬา กับการศึกษาทุกระดับ

(๒) พิจารณาเสนอนโยบาย แผน และมาตรฐานการศึกษาของชาติ เพื่อดำเนินการให้เป็นไป ตามแผนตาม (๑)

(๓) พิจารณาเสนอนโยบาย แผนในการสนับสนุนทรัพยากรเพื่อการศึกษา

(๔) ดำเนินการประเมินผลจัดการศึกษาตาม (๑)

(๕) ให้ความเห็นหรือคำแนะนำเกี่ยวกับกฎหมาย และกฎกระทรวงที่ออกตามความใน พระราชบัญญัตินี้

การเสนอนโยบาย แผนการศึกษาแห่งชาติและมาตรฐานการศึกษาให้เสนอต่อคณะรัฐมนตรี

ให้คณะกรรมการสภาการศึกษา ประกอบด้วย รัฐมนตรีเป็นประธานโดยตำแหน ่งจากหน่วยงาน ที่เกี่ยวข้อง ผู้แทนองค์กรเอกชน ผู้แทนองค์กรปกครองส่วนท้องถิ่น ผู้แทนองค์กรวิชาชีพ พระภิกษุ ซึ่งเป็นผู้แทนคณะสงฆ์ ผู้แทนคณะกรรมการกลางอิสลามแห่งประเทศไทย ผู้แทนองค์กรการศาสนา อื่นและกรรมการผู้ทรงคุณวุฒิ ซึ่งมีจำนวน ไม่น้อยกว่าจำนวนกรรมการประเภทอื่นรวมกัน

ให้สำนักงานเลขาธิการสภาการศึกษา เป็นนิติบุคคล และให้เลขาธิการสภาเป็นกรรมการ และเลขานุการ

จำนวนกรรมการ คุณสมบัติ หลักเกณฑ์ วิธีการ สรรหา การเลือกกรรมการ วาระการดำรง ตำแหน่งและการพ้นจากตำแหน่ง ให้เป็นไปตามที่ กฎหมายกำหนด

มาตราที่ ๓๔ คณะกรรมการการศึกษาขั้นพื้นฐาน มีหน้าที่พิจารณาเสนอนโยบาย แผน พัฒนามาตรฐานและหลักสูตรแกนกลางการศึกษาขั้นพื้นฐานที่สอดคล้องกับแผนพัฒนา มาตรฐาน และหลักสูตรแกนกลางการศึกษาขั้นพื้นฐานที่สอดคล้องกับแผนพัฒนาเศรษฐกิจและสังคงแห่งชาติ การสนับสนุนทรัพยากร การติดตาม ตรวจสอบ และประเมินผลการจัดการศึกษาขั้นพื้นฐาน

คณะกรรมการการอาชีวศึกษา มีหน้าที่พิจารณาเสนอนโยบายแผนพัฒนามาตร

ฐานและ หลักสูร การอาชีวศึกษาทุกระดับ ที่สอดคล้องกับความต้องการตามแผนพัฒนาเศรษฐกิจและสังคม แห่งชาติ และแผนการศึกษาแห่งชาติ การส่งเสริมประสานงานการจัดการอาชีวศึกษาของรัฐและ เอกชน การสนับสนุนทรัพยากร การติดตามตรวจสอบ และประเมินผลการจัดการอาชีวศึกษา โดยคำนึงถึงคุณภาพและความเป็นเลิศทางวิชาชีพ

คณะกรรมการการอุดมศึกษา มีหน้าที่พิจารณาเสนอนโยบายพัฒนาและมาตรฐาน การ อุดมศึกษา ที่สอดคล้องกับความต้องการตามแผนพัฒนาเศราฐกิจและสังคมแห่งชาติ และแผนการ ศึกษาแห่งชาติ การสนับสนุนทรัพยากร การติดตาม ตรวจสอบ และประเมินผลการจัดการศึกษา ระดับอุดมศึกษา โดยคำนึงถึงความเป็นอิสระและความเป็นเลิศทางวิชาการของสถานศึกษาระดับปริญญาตามกฎหมายว่าด้วยการจัดตั้งสถานศึกษาแต่ละแห่ง และกฎหมายที่เกี่ยวข้อง

《2010 年国家教育条例（第三份）》节选

翻译版

（一）目标与原则

第六条：教育的组织必须为泰国人民的生理、心理、智力及品德的综合发展服务，培养泰国人民生活中应具有的道德及文化内涵，以及与他人愉快相处、共同生活的能力。

第七条：在学习的过程中要形成良好的政治意识，及对君主立宪制政体的正确认识，具有在权利、责任、自由、遵守法律、公平和尊严等方面的保护和促进作用。以身为泰国公民而自豪，能够保护国家和公众利益，积极学习宗教、艺术、文化、体育、地方和民族智慧以及国际化的知识，形成保护自然资源环境的习惯，具备生存能力，具有自力更生、创造性能力，具有强烈的学习愿望和自学能力。

第八条：教育的组织要遵循以下原则：

（1）市民的终身教育；

（2）社会参与教育；

（3）将教育的内容及过程发展为继续教育形式。

第九条：教育的组织体系、结构及过程要遵循以下原则：

（1）具有政策上的统一性，同时具有执行方面的多样性；

（2）教育权力分散到各教育区、教育机构及地方政府机构；

（3）规定教育标准，以及组织各级各类教育的教育保障体系；

（4）规定教师及教育人员职业标准及职业发展的实施原则；

（5）通过各种渠道筹集资源用于教育组织；

（6）鼓励个人、家庭、社区、社区部门、地方政府、私人机构、私立组织、教育职业组织、宗教机构、企业单位及其他社会机构的参与。

（二）教育体系

第十五条：教育组织可分为三种形式，即正规教育 (Formal Education)、非正规教育 (Informal Education) 和自主学习 (Non - Formal Education)。

（1）正规教育：体系内教育组织具有学习目标、教育方法、教学课程、教育时期、教育测量与评价等内容的规定。

（2）非正规教育：体系外教育组织具有灵活的学习目标、教学模式、教育组织方法、教育期间、教育测量与评价等方面的规定。学习内容及教学课程要符合学习者的需求。

（3）自主学习：自主学习组织是学习者能根据自己的兴趣、潜力及机会，综合个人经验和社会环境因素，通过媒体或其他渠道学习知识的教育组织形式进行学习。

教育机构可以选择某种或全部三种形式来开展教学活动。

学生的学习成绩可以在相同或不同的学校、教育机构之间转移，无论是否是同一所学校，其中包括非正规教育的自主学习，职业培训或工作经历的学习成绩。

第十六条：体系内教育可分为基础教育和高等教育两个层次。基础教育是高等教育前，要接受不低于 12 年的学校教育，基础教育的年级类别要根据教育部的规定执行。高等教育可分为非学位[①]和学位两个层次。非正规教育或自主学习的分级或等级对照要根据教育部规定办理。

第十七条：实行九年义务制教育，5 到 15 岁的儿童有接受基础教育的权利和义务，除了考上义务教育初中三级外，其年龄的标准和方法据教育部的规定来执行。

①注："非学位"指两年制本科证书。

（三）教育组织方法

第二十二条：教育组织必须充分考虑每个学生具有的学习发展能力，即以学习者为中心的原则，教育组织必须鼓励学习者自然发展，充分发挥潜能。

第二十三条：三种教育组织必须强调知识、德育及学习过程的重要性，并在涉及以下相关内容的教育场合进行综合教育。

（1）有关个人和个人与社会关系的知识，即家庭、社区、国家及全球社会，包括泰国社会的历史及君主立宪的民主形式的知识。

（2）具有科学与技术的知识与技能，以及具有可持续发展思想、维护及利用自然资源和环境的认知和经验。

（3）具有宗教、艺术、文化、体育、泰国民族智慧及应用智慧的能力。

（4）具有数学和语言的知识与技能，注重泰语的正确使用。

（5）具有积极地工作及生活的知识与技能。

第二十七条：督促基础教育委员会规定突出泰国特色、成为国家好公民、积极生活及工作以及进一步教育的基础教育核心课程。

基础教育机构的责任是根据以上的相关社区与社会、地方民族精华、理想特性的问题状况来组织课程内容，努力培养泰国人民成为家庭、社区和国家的好成员。

第二十八条：各教育级别的课程，包括个人的教育课程，根据第10条的第2、3、4款（对身体，精神，智力，情感，社交，沟通和学习有障碍人士设立特殊教育形式，身体残疾、无法自理、无人照顾、处于弱势地位的人在教育上享有特殊权利。对于残障人士的教育组织，要从出生或发现有残疾之始，提供免费教育；此类人士有权接受施舍物、媒体、特殊服务和其他教育援助，均照教育部标准及办法执行。特殊人士的教育组织，应考虑本人实际能力，采用适当形式。）

各级机构设立形式多样的教育组织，努力提高有障碍人士的生活能力及质量。

课程的内容（包括学术方面和职业方面）必须在知识、思想、能力、从善以及社会责任等方面有均衡的发展。

关于高等教育的课程，除上述的内容，还要发展学术、高级专业及研究目标，服务于扩展知识范围和促进社会发展。

（四）教育组织与管理

第三十一条：教育部具有推动及监督各级各类教育的责和任权力，设置教育政策及标准，支持教育资源，促进及协调宗教、艺术、文化及体育以发展教育，以及跟踪、监测和评价教育组织的成果和检查其是否符合其他官方法律的规定是教育部或教育部下属机构的权威。

第三十三条：教育委员会的责任是：

（1）考虑提供融合教育、艺术、文化及体育的各级别的国家教育规划。

（2）考虑提供教育政策、规划及标准，根据第一条进行。

（3）考虑提供支持教育资源的政策及规划。

（4）提出关于法律及据该法颁布条例的意见或建议。

国家教育政策、规划及标准要向内阁提交。

该教育委员会包括：部长（出任会长），私营机构代表、地方政府代表、专业组织代表、和尚代表神职人员、泰国伊斯兰中央委员会代表、其他宗教代表，以及数量超过以上代表的总人数的资深委员。

教育委员会秘书处（Office of the Education Council）是实体，由秘书会担任董事和秘书。

董事数量、物业、标准、提名程序、推选委员会、任期及免职要按照法律的规定执行。

第三十四条：基础教育委员会负责提出符合“国家经济及社会发

展规划”和“国家教育规划”的政策、发展规划、标准及基础教育核心课程，包括支持资源、追踪、检查及评价基础教育的组织效果。

职业教育委员会负责提出符合“国家经济与社会发展规划”和“国家教育规划”的政策、发展规划、标准及各等级的职业教育课程，促进协调公立及私立职业教育的组织，支持资源、追踪检查及评价职业教育的组织效果，而考虑到专业质量和优秀化。

高等教育委员会负责提出发展政策及高等教育的标准，并符合“国家经济及社会发展规划”和“国家教育规划”的要求。支持资源、追踪、检查及评价高等教育的组织效果，在学位等级教育机构考虑到学术自由和人才高素质化，并建立各教育机构法律及相关法律。

附录二

《2002—2016 年国家教育计划》节选

泰文版

แผนการศึกษาแห่งชาติ (พ.ศ. ๒๕๔๕-๒๕๕๙)

ได้กำหนดวัตถุประสงค์และแนวนโยบายเพื่อดำเนินการไว้ในวัตถุประสงค์ ๓ ข้อ และ

แนวนโยบาย ๑๑ ประการดังนี้

วัตถุประสงค์ ๑ พัฒนาคนอย่างรอบด้านและสมดุล เพื่อเป็นฐานหลักของการพัฒนา นโยบาย

๑. พัฒนาทุกคนให้มีโอกาสเข้าถึงการเรียนรู้

๒. ปฏิรูปการเรียนรู้เพื่อผู้เรียน

๓. ปลูกฝังและเสริมสร้างศิลธรรม คุณธรรมจริยธรรมค่านิยมและคุณลักษณะที่พึงประสงค์

๔.พัฒนากำลังคนด้านวิทยาศาสตร์และเทคโนโลยีเพื่อการพึ่งพาตนเองและเพิ่มสมรรถนะ

ในการแข่งขัน

วัตถุประสงค์ ๒ สร้างสังคมไทยให้เป็นสังคมคุณธรรม ภูมิปัญญาและการเรียนรู้

นโยบาย

๕. พัฒนาสังคมแห่งการเรียนรู้ เพื่อสร้างความรู้ความคิดความประพฤติและคุณธรรมของคน

๖. ส่งเสริมการวิจัยและพัฒนา

๗. สร้างสรรค์ ประยุกต์ใช้ และเผยแพร่ความรู้และการเรียนรู้

วัตถุประสงค์ ๓ พัฒนาสภาพแวดล้อมของสังคมเพื่อเป็นฐานในการพัฒนาคนและสร้างสังคมคุณธรรม

ภูมิปัญญา และการเรียนรู้

นโยบาย

๘. ส่งเสริมและสร้างสรรค์ทุนทางสังคมและวัฒนธรรม

๙. จำกัด ลด ขจัดปัญหาทางโครงสร้าง เพื่อความเป็นธรรมในสังคม

๑๐. พัฒนาเทคโนโลยีเพื่อการศึกษา

๑๑. จัดระบบทรัพยากรและการลงทุนทางการศึกษา ศาสนา ศิลปะและวัฒนธรรม

《2002—2016年国家教育计划》节选

翻译版

《2002—2016年国家教育计划》的三项目标，以及为了实现这些教育目标所应采取的十一项措施：

目标1：将泰国人民全面平衡的发展作为国家政体发展的基础

策略1：为每一个人创造优越的学习机会。

策略2：为了学习者的学习而改革学习机制 。

策略3：培养及强化德育、品德、道德、价值观和理想行为。

策略4：发展科学和技术人才，提高其竞争力及自力更生的能力。

目标2：将泰国社会塑造为崇尚品德、智慧及学习型社会

策略5：创造学习社会，提高人民的知识、思想、行为及品德层次。

策略6：促进研究及发展。

策略7：创造、应用及传播知识和培养求知意识。

目标3：改善社会环境，作为发展人民及构建品德社会、智慧社会及学习社会的基础

策略8：创造社会和文化资本，促进其发展。

策略9：限制、降低和排除结构上的问题，建立平等社会。

策略10：发展教育技术。

策略11：组织和管理有关教育资源、教育投资、宗教、艺术及文化的系统。

附录三

《2007—2011 年第十份国家经济及社会发展规划》节选

泰文版

แผนพัฒนาเศษรฐกิจและสังคมแห่งชาติฉบับที่สิบ (๒๕๕๐-๒๕๕๔)

ยุทธศาสตร์

๑. ยุทธศาสตร์การพัฒนาคุณภาพคนและสังคมไทยสู่สังคมแห่งภูมิปัญญาและการเรียนรู้

๒. ยุทธศาสตร์การสร้างความเข้มแข็งของชุมชนและสังคมให้เป็นรากฐานที่มั่นคงของประเทศ

๓. ยุทธศาสตร์การปรับโครงสร้างเศรษฐกิจให้สมดุลและยั่งยืน

๔. ยุทธศาสตร์การพัฒนาบนฐานความหลากหลายทางชีวภาพและการสร้างความมั่นคงของฐาน

ทรัพยากรและสิ่งแวดล้อม

๕. ยุทธศาสตร์การเสริมสร้างธรรมาภิบาลในการบริหารจัดการประเทศ

《2007—2011 年第十份国家经济及社会发展规划》节选

翻译版

主要内容包括：

战略一：提高人民素质，建造泰国的智慧型社会和学习型社会；

战略二：加强社区及社会机制，作为国家稳定的基础；

战略三：调整经济结构的平衡性，促进可持续发展；

战略四：在保护生物多元化的基础上进行发展，以及建造资源及环境的稳定机制；

战略五：建立加强国家管理的治理委员会。

附录四

《促进汉语教学，提高国家竞争力战略规划（2006–2010 年）》节选

泰文版

แผนยุทธศาสตร์ส่งเสริมการเรียนการสอนภาษาจีน เพื่อเพิ่มขีดความสามารถในการแข่งขันของประเทศ (พ.ศ. 2549-2553) มีสาระสำคัญดังรายละเอียดต่อไปนี้

เป้าหมายการพัฒนา มีเป้าหมายการพัฒนาแต่ละปีดังนี้

1. นักเรียน/นักศึกษาในระบบโรงเรียนทุกคนได้เรียนภาษาจีนอย่างมีคุณภาพและผ่านเกณฑ์มาตรฐานตามสัดส่วน ดังนี้
   - ร้อยละ 20 ของนักเรียนที่จบช่วงชั้นที่ 4 (ระดับมัธยมศึกษาตอนปลาย)
   - ร้อยละ 20 ของนักศึกษาที่สำเร็จประกาศนียบัตรวิชาชีพ (ปวช.)
   - ร้อยละ 20 ของนักศึกษาที่สำเร็จการศึกษาระดับปริญญาตรี
2. นักเรียน/นักศึกษาที่มีความสามารถพิเศษทางภาษาจีน ประมาณ 4,000 คน ได้รับการพัฒนาให้มีความเชี่ยวชาญในวิชาชีพเฉพาะทาง
3. ประชากรวัยแรงงานได้เรียนภาษาจีน และใช้สื่อสารในการประกอบอาชีพ จำนวน 100,000 คน

[illegible] เป้าหมายและระยะเวลาที่กำหนด

กลุ่มเป้าหมาย	จน.ทั้งหมด (คน) (สถิติปี 2548)	ผู้เรียนภาษาจีน (คน)				
		2549	2550	2551	2552	2553
1. นร./นศ. ได้เรียนภาษาจีนและผ่านเกณฑ์มาตรฐานตามสัดส่วน						124,000
▪ นร.ม.ปลายจบช่วงชั้นที่ 4 (ม. 6)	507,903	100,000 (20%)	100,000 (20%)	100,000 (20%)	100,000 (20%)	100,000 (20%)
▪ นศ.จบ ปวช.	174,259	35,000 (20%)	35,000 (20%)	35,000 (20%)	35,000 (20%)	35,000 (20%)
▪ นศ.จบ ป.ตรี	414,014	83,000 (20%)	83,000 (20%)	83,000 (20%)	83,000 (20%)	83,000 (20%)
2. นร./นศ. ที่มีความสามารถพิเศษทางภาษาจีน	--	4,000	4,000	4,000	4,000	4,000
3. ปชก.วัยแรงงาน ได้เรียนภาษาจีน และสื่อสารในการประกอบอาชีพ	49,540,979	100,000	100,000	100,000	100,000	100,000

หมายเหตุ: สำหรับนักเรียนช่วงชั้นที่ 2 และ 3 (ประถมศึกษา และมัธยมศึกษาตอนต้น) ศธ.จะสนับสนุนให้หน่วยงานและสถานศึกษาเอกชนจัดสอนตามความต้องการของชุมชน

ยุทธศาสตร์การดำเนินงาน

จากสภาพและปัญหาของการจัดการเรียนการสอนภาษาจีนในปัจจุบัน กระทรวงศึกษาธิการเห็นควรกำหนดยุทธศาสตร์ส่งเสริมการเรียนการสอนภาษาจีน เพื่อเพิ่มขีดความสามารถในการแข่งขันของประเทศ (พ.ศ. 2549-2553) โดยวางยุทธศาสตร์การดำเนินงานไว้ดังนี้

ยุทธศาสตร์ที่ 1 การพัฒนาระบบการบริหารจัดการให้มีประสิทธิภาพ

ยุทธศาสตร์ที่ 2 การปรับปรุงและพัฒนาระบบการเรียนการสอนให้มีคุณภาพ

ยุทธศาสตร์ที่ 3 การจัดระบบสนับสนุนวิชาการให้ได้มาตรฐาน

ยุทธศาสตร์ที่ 4 การส่งเสริมระบบการศึกษาตามอัธยาศัย

ยุทธศาสตร์ที่ 5 การพัฒนาผู้เรียนที่มีความสามารถทางภาษาจีนให้เชี่ยวชาญในวิชาชีพเฉพาะ

ยุทธศาสตร์ที่ 1 การพัฒนาระบบบริหารจัดการให้มีประสิทธิภาพ

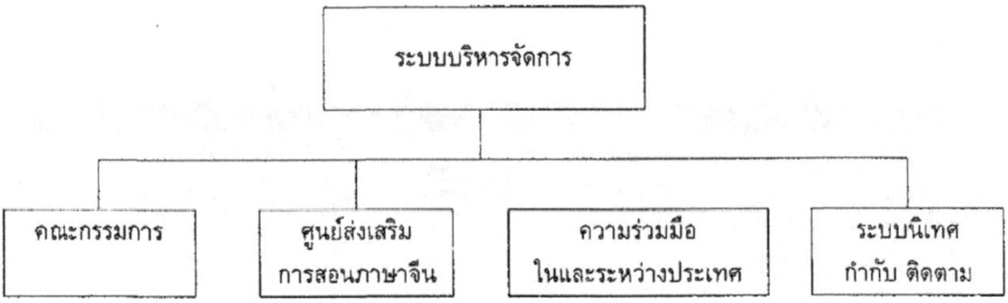

1.1 แต่งตั้งคณะกรรมการระดับชาติ และคณะอนุกรรมการเฉพาะเรื่อง เพื่อส่งเสริมการเรียนการสอนภาษาจีน ประกอบด้วยผู้แทนจากภาครัฐ ภาคเอกชน และผู้เชี่ยวชาญด้านภาษาจีนในสัดส่วนที่เหมาะสม เพื่อทำหน้าที่ส่งเสริม สนับสนุน และประสานงานการจัดการเรียนการสอนภาษาจีนในประเทศไทย

1.2 จัดตั้งศูนย์ส่งเสริมการเรียนการสอนภาษาจีนระดับชาติ และระดับภูมิภาค เพื่อทำหน้าที่เป็นศูนย์กลางส่งเสริมและประสานงานการเรียนการสอนภาษาจีน

1.3 พัฒนาความร่วมมือกับประเทศสาธารณรัฐประชาชนจีน และองค์กร มูลนิธิ ตลอดจนหน่วยงานภาคเอกชนในประเทศไทย เพื่อพัฒนาการเรียนการสอนภาษาจีนอย่างเป็นระบบ

1.4 จัดระบบการนิเทศ กำกับ และติดตามผลการดำเนินงานการจัดการเรียนการสอนภาษาจีนทั้งระบบอย่างต่อเนื่อง โดยเชื่อมโยงการพัฒนาการเรียนการสอนภาษาจีนในทุกระดับ

ยุทธศาสตร์ที่ 2 การปรับปรุงและพัฒนาระบบการเรียนการสอนให้มีคุณภาพ

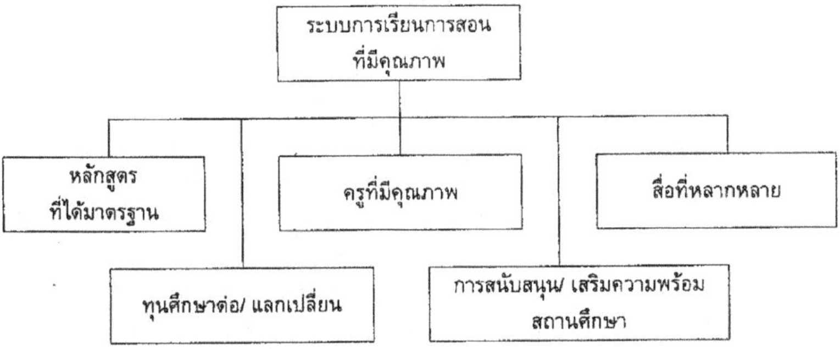

2.1 เร่งจัดทำหลักสูตรแต่ละระดับการศึกษาให้ได้มาตรฐานและเป็นแนวต่อเนื่องกัน ทั้งระดับการศึกษาขั้นพื้นฐาน อาชีวศึกษา อุดมศึกษา และหลักสูตรเฉพาะสำหรับการประกอบอาชีพ ตลอดจนกำหนดระบบการเทียบโอนผลการเรียนรู้ข้ามหลักสูตร

2.2 ส่งเสริมการวิจัย และพัฒนารูปแบบการเรียนการสอนภาษาจีนที่มีคุณภาพและเหมาะสมกับบริบทของประเทศไทย ตลอดจนส่งเสริมและเผยแพร่รูปแบบการเรียนการสอนที่ประสบผลดี (best practice)

2.3 ส่งเสริมและพัฒนาสื่อการเรียนการสอน ทั้งสื่อสิ่งพิมพ์ และสื่อเทคโนโลยีให้มีคุณภาพและทันสมัย เพื่อใช้ในการจัดการเรียนการสอนในชั้นเรียนและการเรียนรู้ด้วยตนเอง โดยร่วมมือกับสาธารณรัฐประชาชนจีนและหน่วยงานภาคเอกชน

2.4 ส่งเสริมการผลิตและจัดหาครูสอนภาษาจีน ทั้งครูไทยและครูชาวจีน ที่มีคุณภาพและปริมาณเพียงพอต่อความต้องการของสถานศึกษาทุกระดับ โดยการสนับสนุนทุนการศึกษาและทุนฝึกอบรมให้แก่ครูใหม่และครูประจำการ จากหน่วยงานทั้งในประเทศไทยและประเทศสาธารณรัฐประชาชนจีน

2.5 เสริมความพร้อมและสร้างความเข้มแข็งให้สถานศึกษาทุกระดับและทุกประเภท โดยเฉพาะสถานศึกษาระดับมัธยมศึกษาตอนปลาย อาชีวศึกษา อุดมศึกษา การศึกษานอกโรงเรียน และโรงเรียนเอกชนตามมาตรา 15 (2) เพื่อให้มีความพร้อมต่อการจัดการเรียนการสอนภาษาจีนอย่างมีคุณภาพ

ยุทธศาสตร์ที่ 3 การจัดระบบสนับสนุน วิชาการให้ได้มาตรฐาน

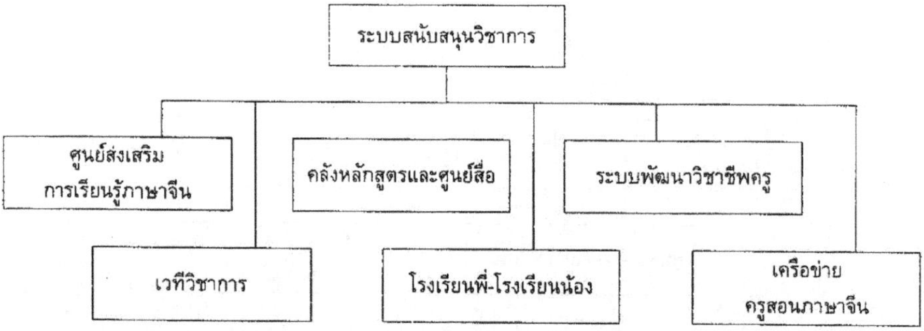

3.1 พัฒนาและส่งเสริมสถานศึกษาของรัฐหรือเอกชนที่มีความพร้อมให้เป็นศูนย์ส่งเสริมการเรียนการสอนภาษาจีนในพื้นที่ โดยเริ่มในระดับจังหวัดและขยายต่อไปในระดับเขตพื้นที่การศึกษา

3.2 สนับสนุนกิจกรรมและการดำเนินงานของเครือข่ายครูสอนภาษาจีน ให้มีส่วนร่วมในการพัฒนา การเรียนการสอนภาษาจีนในพื้นที่

3.3 จัดให้มีคลังหลักสูตร และศูนย์สื่อการเรียนรู้ภาษาจีนในลักษณะ on-line เพื่อให้บริการในเรื่องหลักสูตร สื่อ แบบเรียน คู่มือครู แนวทางจัดการเรียนการสอนภาษาจีน เครื่องมือวัดผลประเมินผล และบริการให้คำปรึกษาแนะนำ โดยเชื่อมโยงกับศูนย์ส่งเสริมการเรียนรู้ภาษาจีนและเครือข่ายครูสอนภาษาจีน

3.4 จัดเวทีวิชาการสำหรับการแลกเปลี่ยนเรียนรู้ การพัฒนาทักษะทางภาษา และการต่อยอดองค์ความรู้ด้านการเรียนการสอนภาษาจีน

3.5 สนับสนุนการจัดกิจกรรมพัฒนาความสัมพันธ์เพื่อการเรียนรู้ทางภาษาและวัฒนธรรมจีน ทั้งในระดับประเทศและระหว่างประเทศ ในลักษณะค่ายภาษา และโรงเรียนพี่-โรงเรียนน้อง (sister school)

3.6 จัดระบบการพัฒนาครูสอนภาษาจีน ทั้งครูไทยและครูชาวจีน เพื่อให้มีศักยภาพเพียงพอต่อการจัดการเรียนการสอนที่มีคุณภาพ โดยการกำหนดมาตรฐานครูสอนภาษาจีน ทั้งด้านภาษาและการเรียนการสอน ดำเนินการประเมินศักยภาพตามเกณฑ์ และเร่งพัฒนาต่อยอดเพื่อยกระดับครูตามเกณฑ์มาตรฐาน โดยใช้ HSK ไม่ต่ำกว่าระดับ 5 สำหรับครูที่สอนระดับประถมศึกษา และระดับ 6 สำหรับครูที่สอนระดับมัธยมศึกษา ด้วยความร่วมมือจากประเทศสาธารณรัฐประชาชนจีน สถาบันอุดมศึกษา กองทุนสิรินธรฯ สมาคม และมูลนิธิต่าง ๆ

ยุทธศาสตร์ที่ 4 การส่งเสริมระบบการศึกษาตามอัธยาศัย

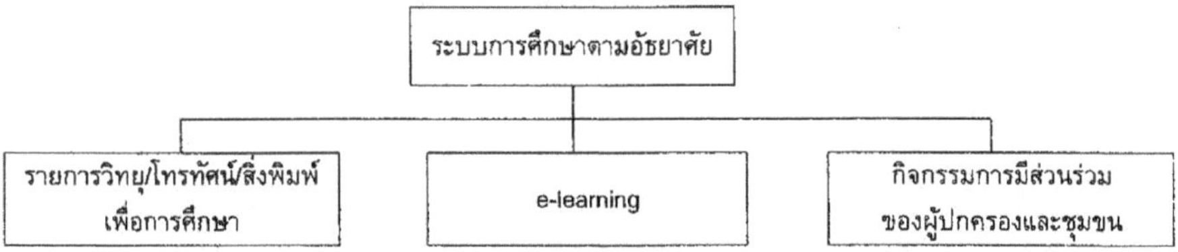

4.1 จัดให้มีรายการวิทยุ โทรทัศน์ และสิ่งพิมพ์สาธารณะ เพื่อส่งเสริมการเรียนรู้ภาษาจีน

4.2 พัฒนาการเรียนรู้ภาษาจีนในรูปแบบ e-learning ด้วยการสนับสนุนจากหน่วยงานภาคเอกชนและประเทศสาธารณรัฐประชาชนจีน

4.3 ส่งเสริมและพัฒนาการมีส่วนร่วมในการเรียนรู้ภาษาจีนของสื่อมวลชน ประชาชนกลุ่มอาชีพต่างๆ ภาคเอกชน ครอบครัว และชุมชน

ยุทธศาสตร์ที่ 5 การพัฒนาผู้เรียนที่มีความสามารถทางภาษาจีนให้เชี่ยวชาญในวิชาชีพเฉพาะ

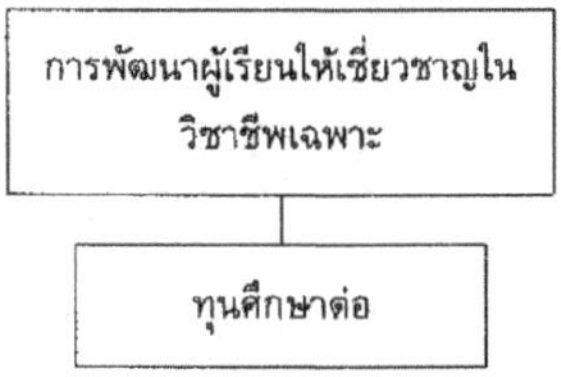

5.1 ประสานสำนักงาน ก.พ. ขอความร่วมมือจัดสรรทุนศึกษาเพื่อพัฒนาผู้เรียนที่มีความสามารถทางภาษาจีนให้มีความเชี่ยวชาญในวิชาชีพเฉพาะในสาขาต่าง ๆ เช่น รัฐศาสตร์การทูต แพทยศาสตร์ วิศวกรรมศาสตร์ สถาปัตยกรรมศาสตร์ เภสัชศาสตร์ ฯลฯ

《促进汉语教学，提高国家竞争力战略规划（2006–2010 年）》节选
翻译版

总目标

（一）正规教育学校的学生能够接受高质量的汉语教育，根据教育类型，接受汉语教育的学生数量分别为：

1. 基础教育学校的第四教育阶段（高中），占总毕业生的 20%；

2. 职业教育学校中专阶段中，占总毕业生的 20%；

3. 高等教育学校，占本科毕业生的 20%。

（二）具有汉语特长的学生 4000 人左右，有机会接受某专业领域专业化的知识培养。

（三）约 10 万泰国劳动年龄者学过汉语，并能用汉语进行工作。

根据总目标，该战略规划将 5 年的目标，按年份分为以下人数：

目标及时间段						
对象群体	2005 年总人数	学习汉语人数（人）				
		2006	2007	2008	2009	2010
1. 学过汉语并达到标准的学生						124000
● 高中 3 年级毕业生	507903	100000 (20%)	100000 (20%)	100000 (20%)	100000 (20%)	100000 (20%)
● 中专毕业生	174259	35000 (20%)	35000 (20%)	35000 (20%)	35000 (20%)	35000 (20%)
● 本科毕业生	414014	83000 (20%)	83000 (20%)	83000 (20%)	83000 (20%)	83000 (20%)
2. 具有汉语特长的学生	—	4000	4000	4000	4000	4000
3. 泰国劳动年龄者	49540979	100000	100000	100000	100000	100000

目标及时间段						
对象群体	2005 年总人数	学习汉语人数（人）				
		2006	2007	2008	2009	2010
注：对于基础教育第二和第三阶段（小学和初中），教育部将支持私立教育机构及单位根据社区的需求组织教育。						

主要战略

（一）战略 1：完善管理机制

1. 成立促进汉语教学的专门工作小组，促进、支持及协调泰国汉语教学事务，其成员包括政府机构人员和私人机构的代表和汉语专家，其人数均等。

2. 成立国家级别和地区级别的汉语教学促进中心，负责促进和协调汉语教学事务。

3. 与中国政府相关部门、泰国单位、基金会以及私人单位建立合作关系，以便系统地发展汉语教学。

4. 建立监督系统和管理系统，对每一个教育阶段的汉语教学的开展效果进行全面、系统、持续地跟踪。

（二）战略 2：改进及发展高质量教学系统

1. 加快制定达到标准和相互衔接的基础教育、职业教育、高等教育教学大纲，以及针对职业的特殊培训课程，建立学分转移制度。

2. 促进研究，发展适合泰国的行之有效的汉语教学模式，并支持和推行其中有效的教学模式。

3. 与中国政府相关机构及私人机构合作，促进和发展教学媒介，包括印刷品及技术资源，使其具有高质量和时代特色，推广用于课堂教学和自助学习。

4. 通过为新教师和在职教师提供来自泰国国内和赴中国的学习和

培训资金，促进汉语教师的培养和招聘，其中包括中国教师和泰国教师，使其质量和数量可以满足各教育阶段的需求。

5. 促进各级各类教育机构的发展，使其具备开展汉语教学的条件，尤其是中学教育、职业教育、高等教育、函授教育以及15（2）[①]类学校。

（三）战略3：支持教育系统化，学术规范化

1. 将条件齐全的私立或公立学校发展成为当地汉语教学促进中心，先在府一级实行，再扩展到地区级别。

2. 促进汉语教师关系网的工作及互动，积极参与地方的汉语教师发展活动。

3. 建立互联网上的教学大纲库和资源库，以提供教学大纲、教学媒介、教材、教师手册、教学方法、测频工具的服务，并与汉语教学促进中心和教师关系网进行联系，提供咨询服务。

4. 建立学术舞台，促进语言本体知识的交流和汉语教学技能的提高。

5. 促进国家级别和国际之间的汉语与中国文化活动，增进友谊，例如开办汉语夏令营、姐妹学校等。

6. 通过制定汉语教师标准来建立汉语教师（包括泰国教师和中国教师）发展系统，使汉语教师具备组织高水平的汉语教学的能力。汉语教师标准包括语言水平和教学能力，并根据标准进行评估，提高素质。其中规定小学汉语教师的（旧）汉语水平考试（HSK）不低于5级，中学不低于6级。该事项要与中国相关机构、高等教育机构、诗琳通基金会、各种协会各基金会合作。

---

①注：15（2）指《泰国教育条例》第15条第2款规定的学校，包括培训学校、宗教教育学校、艺术培训学校等。

（四）战略 4：促进自主学习体系

1. 开办公众出版物、电视节目或广播电台，以促进汉语教学。

2. 通过中国政府相关机构和私人机构的支持，发展汉语网络学习（Elearning）模式。

3. 促进和发展汉语学习的参与机制，鼓励包括媒体、家庭、社区、私人单位及从事各行各业的人员加入汉语教育事业。

（五）战略 5：重点培养具有汉语能力的学习者，使其有机会接受某专业领域的知识培养。

与泰国公务员委员会（The Civil Service Commission）协商，向具有汉语特长的人提供学习资金，使其能够进一步学习和掌握某专业的知识，例如政治学、外交学、医学、工程、建筑和药物学等。

附录五

《2008 年基础教育核心课程》节选

泰文版

หลักสูตรแกนกลางการศึกษาขั้นพื้นฐาน พุทธศักราช ๒๕๕๑

1. วิสัยทัศน์

หลักสูตรแกนกลางการศึกษาขั้นพื้นฐาน มุ่งพัฒนาผู้เรียนทุกคน ซึ่งเป ็นกำลังของชาติให้ เป็นมนุษย์ที่มีความสมดุลทั้งด้านร่างกาย ความรูคุณธรรม มีจิตสำ นึกในความเป็นพลเมืองไทย และเป็นพลโลก ยึดมั่นในการปกครองตามระบอบประชา ธิปไตยอันมีพระมหากษัตริย์ทรงเป็นประมุข มีความรู้และทักษะพื้นฐาน รวมทั้ง เจต คติ ที่จำเป็นต่อการศึกษาต่อ การประกอบอาชีพและ การศึกษาตลอดชีวิต โดยมุ่งเน้น ผู้เรียนเป็นสำคัญบนพื้นฐานความเชื่อว่า ทุกคนสามารถเรียนรู้และ พัฒนาตนเองได้เต ็มตามศักยภาพ

2. หลักการ

หลักสูตรแกนกลางการศึกษาขั้นพื้นฐาน มีหลักการที่สำคัญ ดังนี้

๑. เป็นหลักสูตรการศึกษาเพื่อความเป็นเอกภาพของชาติมีจุดหมายและม าตรฐานการเรียนรู้ เป็นเป้าหมายสำหรับพัฒนาเด็กและเยาวชนให้มีความรู้ ทักษะ เจตคติ และคุณธรรมบนพื้นฐาน ของความเป็นไทยควบคู่กับความเป็นสากล

๒. เป็นหลักสูตรการศึกษาเพื่อปวงชน ที่ประชาชนทุกคนมีโอกาสได้รับการ ศึกษาอย่าง เสมอภาค และมีคุณภาพ

๓. เป็นหลักสูตรการศึกษาที่สนองการกระจายอำนาจ ให้สังคมมีส่วนร่วมในกา รจัดการศึกษา ให้สอดคล้องกับสภาพและความต้องการของท้องถิ่น

๔. เป็นหลักสูตรการศึกษาที่มีโครงสร้างยืดหยุ่นทั้งด้านสาระการเรียนรู้ เวลา และการจัด การเรียนรู้

๕. เป็นหลักสูตรการศึกษาที่เน้นผู้เรียนเป็นสำคัญ

๖. เป็นหลักสูตรการศึกษาสำหรับการศึกษาในระบบ นอกระบบ และตามอัธยา

ศัยครอบคลุม ทุกกลุ่มเป้าหมาย สามารถเทียบโอนผลการเรียนรู้ และประสบการณ์

3. จุดหมาย

หลักสูตรแกนกลางการศึกษาขั้นพื้นฐาน มุ่งพัฒนาผู้เรียนให้เป็นคนดี มีปัญญ า มีความสุข มีศักยภาพในการศึกษาต่อ และประกอบอาชีพ จึงกำหนดเป็นจุดหมายเ พื่อให้เกิดกับผู้เรียน เมื่อจบ การศึกษาขั้นพื้นฐาน ดังนี้

๑. มีคุณธรรม จริยธรรม และค่านิยมที่พึงประสงค์ เห็นคุณค่าของตนเองมีวินั ยและปฏิบัติ ตนตามหลักธรรมขอ งพระพุทธศาสนา หรือศาสนาที่ตนนับถือยึดหลักป รัชญา ของเศรษฐกิจพอเพียง

๒. มีความรู้ ความสามารถในการสื่อสาร การคิด การแก้ปัญหา การใช้เทค โนโลยีและมี ทักษะชีวิต

๓. มีสุขภาพกายและสุขภาพจิตที่ดี มีสุขนิสัย และรักการออกกำลังกาย

๔. มีความรักชาติ มีจิตสำนึกในความเป็นพลเมืองไทยและพลโลก ยึดมั่นใ นวิถีชีวิตและ การปกครองตามระบอบประชาธิปไตยอันมีพระมหากษั ตริย์ทรงเป็นป ระมุข

๕. มีจิตสำนึกในการอนุรักษ์วัฒนธรรมและภูมิปัญญาไทย การอนุรักษ์ และพัฒนาสิ่ง แวดล้อม มีจิตสาธารณะที่มุ่งทำประโยชน์และสร้างสิ่งที่ดีงามในสังคมแ ละอยู่ร่วมกันในสังคมอย่าง มีความสุข

4. สมรรถนะสำคัญของผู้เรียน

หลักสูตรแกนกลางการศึกษาขั้นพื้นฐาน มุ่งให้ผู้เรียนเกิดสมรรถนะสำคัญ ๕ ปร ะการ ดังนี้

๑. ความสามารถในการสื่อสาร เป็นความสามารถในการรับและส่งสาร มีวัฒ นธรรมในการ ใช้ภาษาถ่ายทอดความคิด ความรู้ความเข้าใจ ความรู้สึก และทัศนะขอ งตนเองเพื่อแลกเปลี่ยนข้อมูล ข่าวสารและประสบการณ์อันจะเป็นประโยชน์ต่อการพัฒ นาตนเองและสังคม รวมทั้งการเจรจา ต่อรองเพื่อขจัดและลดปัญหาความขัดแย้งต่าง ๆ การเลือกรับหรือไม่รับข้อมูลข่าวสารด้วยหลัก เหตุผลและความถูกต้อง ตลอดจนการเลื อกใช้วิธีการสื่อสารที่มีประสิทธิภาพโดยคำนึงถึงผลกระทบ ที่มีต่อตนเองและสังคม

๒. ความสามารถในการคิด เป็นความสามารถในการคิดวิเคราะห์ การคิดสังเคราะห์ การคิด อย่างสร้างสรรค์ การคิดอย่างมีวิจารณญาณ และการคิดเป็นระบบ เพื่อนำไปสู่การสร้างองค์ความรู้ หรือสารสนเทศเพื่อการตัดสินใจเกี่ยวกับตนเองและสังคมได้อย่างเหมาะสม

๓. ความสามารถในการแก้ปัญหา เป็นความสามารถในการแก้ปัญหาและอุปสรรคต่าง ๆ ที่เผชิญได้อย่างถูกต้องเหมาะสมบนพื้นฐานของหลักเหตุผล คุณธรรมและข้อมูลส ารสนเทศ เข้าใจ

ความสัมพันธ์และการเปลี่ยนแปลงของเหตุการณ์ต่าง ๆ ในสังคม แสวงหาความรู้ ประยุกต์ความรู้ มาใช้ในการป้องกันและแก้ไขปัญหา และมีการตัดสินใจที่มีประสิทธิภาพโดยคำนึงถึงผ ลกระทบที่ เกิดขึ้นต่อตนเอง สังคมและสิ่งแวดล้อม

๔. ความสามารถในการใช้ทักษะชีวิต เป็นความสามารถในการนำกระบวนการต่าง ๆ ไปใช้ในการดำเนินชีวิตประจำวัน การเรียนรู้ด้วยตนเอง การเรียนรู้อย่างต่อเนื่อง การทำงานและ การอยู่ร่วมกันในสังคมด้วยการสร้างเสริมความสัมพันธ์อันดีระหว่างบุคคล การจัดการปัญหาและ ความขัดแย้งต่าง ๆ อย่างเหมาะสม การปรับตัวให้ทันกับการเปลี่ยนแปลงของสังคม และสภาพ แวดล้อม และการรู้จักหลีกเลี่ยงพฤติกรรมไม่พึงประสงค์ที่ส่งผลกระทบต่อตนเองและผู้อื่น

๕. ความสามารถในการใช้เทคโนโลยี เป็นความสามารถในการเลือก และใช้ เทคโนโลยีด้าน ต่าง ๆ และมีทักษะกระบวนการทางเทคโนโลยี เพื่อการพัฒนาตนเองและสังคม ในด้านการเรียนรู้ การสื่อสาร การทำงาน การแก้ปัญหาอย่างสร้างสรรค์ ถูกต้อง เหมาะสม และมีคุณธรรม

5. คุณลักษณะอันพึงประสงค์

หลักสูตรแกนกลางการศึกษาขั้นพื้นฐานมุ่งพัฒนาผู้เรียนให้มีคุณลักษณะอันพึงประสงค์เพื่อ ให้สามารถอยู่ร่วมกับผู้อื่นในสังคมได้อย่างมีความสุข ในฐานะเป็นพลเมืองไทยและพลโลก ดังนี้

๑. รักชาติ ศาสน์ กษัตริย์

๒. ซื่อสัตย์สุจริต

๓. มีวินัย

๔. ใฝ่เรียนรู้

๕. อยู่อย่างพอเพียง

๖. มุ่งมั่นในการทำงาน

๗. รักความเป็นไทย

๘. มีจิตสาธารณะ

นอกจากนี้ สถานศึกษาสามารถกำหนดคุณลักษณะอันพึงประสงค์เพิ่มเติมให้สอดคล้องตาม บริบทและจุดเน้นของตนเอง

6. มาตรฐานการเรียนรู้

การพัฒนาผู้เรียนให้เกิดความสมดุล ต้องคำนึงถึงหลักพัฒนาการทางสมองและพหุปัญญา หลักสูตรแกนกลางการศึกษาขั้นพื้นฐาน จึงกำหนดให้ผู้เรียนเรียนรู้ ๘ กลุ่มสาระการเรียนรู้ ดังนี้

ภาษาไทย

คณิตศาสตร์

วิทยาศาสตร์

สังคมศึกษา ศาสนา และวัฒนธรรม

สุขศึกษาและพลศึกษา

ศิลปะ

การงานอาชีพและเทคโนโลยี

ภาษาต่างประเทศ

ในแต่ละกลุ่มสาระการเรียนรู้ได้กำหนดมาตรฐานการเรียนรู้เป็นเป้าหมายสำคัญของการพัฒนาคุณภาพผู้เรียน มาตรฐานการเรียนรู้ระบุสิ่งที่ผู้เรียนพึงรู้ ปฏิบัติได้ มีคุณธรรมจริยธรรม และ ค่านิยมที่พึงประสงค์เมื่อจบการศึกษาขั้นพื้นฐาน นอกจากนั้นมาตรฐานการเรียนรู้ยังเป็นกลไก สำคัญ ในการขับเคลื่อนพัฒนาการศึกษาทั้งระบบ เพราะมาตรฐานการเรียนรู้จะสะท้อนให้ ทราบว่า ต้องการอะไร จะสอนอย่างไร และประเมินอย่างไร รวมทั้งเป็นเครื่องมือในการตรวจสอบ เพื่อการ ประกันคุณภ

าพการศึกษาโดยใช้ระบบการประเมินคุณภาพภายในและการประเมินคุณภาพภายนอกซึ่งรวมถึงการทดสอบระดับเขตพื้นที่การศึกษา และการทดสอบระดับชาติ ระบบ การตรวจสอบ เพื่อประกันคุณภาพดังกล่าวเป็นสิ่งสำคัญที่ช่วยสะท้อนภาพการจัดการศึกษาว่าสามารถพัฒนาผู้เรียนให้มีคุณภาพตามที่มาตรฐานการเรียนรู้กำหนดเพียงใด

7. ตัวชี้วัด

ตัวชี้วัดระบุสิ่งที่นักเรียนพึงรู้และปฏิบัติได้ รวมทั้งคุณลักษณะของผู้เรียนในแต่ละระดับชั้น ซึ่งสะท้อนถึงมาตรฐานก

ารเรียนรู้มีความเฉพาะเจาะจง และมีความเป็นรูปธรรม นำไปใช้ในการ กำหนดเนื้ อหาจัดทำหน่วยการเรียนรู้ จัดการเรียนการสอน และเป็นเกณฑ์สำคัญสำหรับการวัด ประเมินผลเพื่อตรวจสอบคุณภาพผู้เรียน

๑. ตัวชี้วัดชั้นปีเป็นเป้าหมายในการพัฒนาผู้เรียนแต่ละชั้นปีในระดับการศึกษาภาคบังคับ (ประถมศึกษาปีที่ ๑ - มัธยมศึกษาปีที่ ๓)

๒. ตัวชี้วัดช่วงชั้น เป็นเป้าหมายในการพัฒนาผู้เรียนในระดับมัธยมศึกษาตอนปลาย (มัธยมศึกษาปีที่ ๔- ๖)

8. สาระการเรียนรู้

สาระการเรียนรู้ ประกอบด้วย องค์ความรู้ ทักษะหรือกระบวนการเรียนรู้ และคุณลักษณะ อันพึงประสงค์ ซึ่งกำหนดให้ผู้เรียนทุกคนในระดับการศึกษาขั้นพื้นฐานจำเป็นต้องเรียนรู้ โดยแบ่ง เป็น ๘ กลุ่มสาระการเรียนรู้ ดังนี้ภาษาไทย : ความรู้ ทักษะ และวัฒนธรรมการใช้ภาษาเพื่อการสื่อสาร ความชื่นชม การเห็น คุณค่า ภูมิปัญญาไทย และภูมิใจในภาษาประจำชาติ

คณิตศาสตร์ : การนำความรู้ทักษะและกระบวนการทางคณิตศาสตร์ไปใช้ในการแก้ปัญหา การ ดำเนินชีวิตและศึกษาต่อ การมีเหตุผล มีเจตคติที่ดีต่อคณิตศาสตร์ พัฒนาการคิดอย่างเป็นระบบ และสร้างสรรค์

วิทยาศาสตร์ : การนำความรู้และกระบวนการทางวิทยาศาสตร์ไปใช้ในการศึกษา ค้นคว้าหา ความรู้และแก้ปัญหาอย่างเป็นเหตุเป็นผล คิดวิเคราะห์ คิดสร้างสรรค์ และจิตวิทยาศาสตร์

สังคมศึกษา ศาสนาและวัฒนธรรม : การอยู่ร่วมกันในสังคมไทยและสังคมโลกอย่างสันติ สุข การเป็นพลเมืองดี ศรัทธาในหลักธรรมของศาสนา การเห็นคุณค่าของทรัพยากร และ สิ่งแวดล้อม ความรักชาติ และภูมิใจในความเป็นไทย

สุขศึกษาและพลศึกษา : ความรู้ ทักษะและเจตคติในการสร้างเสริมสุขภาพพลานามัยของ ตนเองและผู้อื่น การป้องกันและปฏิบัติต่อสิ่งต่าง ๆ ที่มีผลต่อสุขภาพอย่างถูกวิธีและทักษะในการ ดำเนินชีวิต

ศิลปะ : ความรู้และทักษะในการคิดริเริ่ม จินตนาการ สร้างสรรค์งานศิลปะ สุนทรียภาพ และการเห็นคุณค่าทางศิลปะ

การงานอาชีพและเทคโนโลยี : ความรู้ ทักษะ และเจตคติในการทำงาน การจัดการการดำรง ชีวิตการประกอบอาชีพและการใช้เทคโนโลยี

ภาษาต่างประเทศ : ความรู้ ทักษะ เจคติและวัฒนธรรม การใช้ภาษาต่างประเทศในการ สื่อสารหาความรู้และประกอบอาชีพ

9. สาระและมาตรฐานการเรียนรู้

หลักสูตรแกนกลางการศึกษาขั้นพื้นฐานกำหนดมาตรฐานการเรียนรู้ใน ๘ กลุ่มสาระการ เรียนรู้ จำนวน ๖๗ มาตรฐาน ดังนี้

ภาษาไทย

สาระที่ ๑ การอ่าน

มาตรฐาน ท ๑.๑ ใช้กระบวนการอ่านสร้างความรู้และความคิดเพื่อนำไปใช้ตัดสินใจแก้ ปัญหาในการดำเนินชีวิตและมีนิสัยรักการอ่าน

สาระที่ ๒ การเขียน

มาตรฐาน ท ๒.๑ ใช้กระบวนการเขียน เขียนสื่อสาร เขียนเรียงความย่อความ และเขียน เรื่องราวในรูปแบบต่าง ๆ เขียนรายงานข้อมูลสารสนเทศและรายงานการ ศึกษาค้นคว้า อย่างมีประสิทธิภาพ

สาระที่ ๓ การฟัง การดู และการพูด

มาตรฐาน ท ๓.๑ สามารถเลือกฟังและดูอย่างมีวิจารณญาณ และพูดแสดงความรู้ ความคิด ความรู้สึกในโอกาสต่างๆ อย่างมีวิจารณญาณ และสร้างสรรค์

สาระที่ ๔ หลักการใช้ภาษาไทย

มาตรฐาน ท ๔.๑ เข้าใจธรรมชาติของภาษาและหลักภาษาไทย การเปลี่ยนแปลงของภาษา และพลังของภาษา ภูมิปัญญาทางภาษา และรักษาภาษาไทยไว้เป็นสมบัติ ของชาติ

สาระที่ ๕ วรรณคดีและวรรณกรรม

มาตรฐาน ท ๕.๑ เข้าใจและแสดงความคิดเห็น วิจารณ์วรรณคดี และวรรณกรรมไทยอย่าง

เห็นคุณค่าและนำมาประยุกต์ใช้ในชีวิตจริง

คณิตศาสตร์

สาระที่ ๑ จำนวนและการดำเนินการ

มาตรฐาน ค ๑.๑ เข้าใจถึงความหลากหลายของการแสดงจำนวนและการใช้จำนวนในชีวิต จริง

มาตรฐาน ค ๑.๒ เข้าใจถึงผลที่เกิดขึ้นจากการดำเนินการของจำนวนและความสัมพันธ์ ระหว่าง การดำเนินการต่าง ๆ และใช้การดำเนินการในการแก้ปัญหา

มาตรฐาน ค ๑.๓ ใช้การประมาณค่าในการคำนวณและแก้ปัญหา

มาตรฐาน ค ๑.๔ เข้าใจระบบจำนวนและนำสมบัติเกี่ยวกับจำนวนไปใช้

สาระที่ ๒ การวัด

มาตรฐาน ค ๒.๑ เข้าใจพื้นฐานเกี่ยวกับการวัด วัดและคาดคะเนขนาดของสิ่งที่ต้องการวัด

มาตรฐาน ค ๒.๒ แก้ปัญหาเกี่ยวกับการวัด

สาระที่ ๓ เรขาคณิต

มาตรฐาน ค ๓.๑ อธิบายและวิเคราะห์รูปเรขาคณิตสองมิติและสามมิติ

มาตรฐาน ค ๓.๒ ใช้การนึกภาพ (visualization) ใช้เหตุผลเกี่ยวกับปริภูมิ (spatial reasoning) และใช้แบบจำลองทางเรขาคณิต (geometric model) ในการแก้ปัญหา

สาระที่ ๔ พีชคณิต

มาตรฐาน ค ๔.๑ เข้าใจและวิเคราะห์แบบรูป (pattern) ความสัมพันธ์และฟังก์ชัน

มาตรฐาน ค ๔.๒ ใช้นิพจน์ สมการ อสมการ กราฟ และตัวแบบเชิงคณิตศาสตร์ (mathematical model) อื่น ๆ แทนสถานการณ์ต่าง ๆ ตลอดจนแปลความหมาย และนำไปใช้แก้ปัญหา

สาระที่ ๕ การวิเคราะห์ข้อมูลและความน่าจะเป็น

มาตรฐาน ค ๕.๑ เข้าใจและใช้วิธีการทางสถิติในการวิเคราะห์ข้อมูล

มาตรฐาน ค ๕.๒ ใช้วิธีการทางสถิติและความรู้เกี่ยวกับความน่าจะเป็นในการคาดการณ์ได้ อย่างสมเหตุสมผล

มาตรฐาน ค ๕.๓ ใช้ความรู้เกี่ยวกับสถิติและความน่าจะเป็นช่วยในการตัดสินใจและแก้ปัญหา

สาระที่ ๖ ทักษะและกระบวนการทางคณิตศาสตร์

มาตรฐาน ค ๖.๑ มีความสามารถในการแก้ปัญหา การให้เหตุผล การสื่อสาร การสื่อ ความหมายทางคณิตศาสตร์ และการนำเสนอ การเชื่อมโยงความรู้ต่าง ๆ ทางคณิตศาสตร์และเชื่อมโยงคณิตศาสตร์กับศาสตร์อื่น ๆ และมี ความคิด ริเริ่มสร้างสรรค์

วิทยาศาสตร์

สาระที่ ๑ สิ่งมีชีวิตกับกระบวนการดำรงชีวิต

มาตรฐาน ว ๑.๑ เข้าใจหน่วยพื้นฐานของสิ่งมีชีวิต ความสัมพันธ์ของโครงสร้าง และ หน้าที่ ของระบบต่างๆ ของสิ่งมีชีวิตที่ทำงานสัมพันธ์กัน
มีกระบวนการ สืบเสาะ หาความรู้ สื่อสารสิ่งที่เรียนรู้และนำความรู้ไปใช้ในการดำรงชีวิตของ ตนเองและดูแล

สิ่งมีชีวิต

มาตรฐาน ว ๑.๒ เข้าใจกระบวนการและความสำคัญของการถ่ายทอดลักษณะทางพันธุกรรม วิวัฒนาการของสิ่งมีชีวิต ความหลากหลายทางชีวภาพ

การใช้เทคโนโลยี ชีวภาพที่มีผลกระทบต่อมนุษย์และสิ่งแวดล้อม มีกระบวนการสืบเสาะหา ความรู้และจิตวิทยาศาสตร์ สื่อสารสิ่งที่เรียนรู้ และนำความรู้ไปใช้ประโยชน์

สาระที่ ๒ ชีวิตกับสิ่งแวดล้อม

มาตรฐาน ว ๒.๑ เข้าใจสิ่งแวดล้อมในท้องถิ่น ความสัมพันธ์ระหว่างสิ่งแวดล้อมกับสิ่งมีชีวิต ความสัมพันธ์ระหว่างสิ่งมีชีวิตต่าง ๆ ในระบบนิเวศมีกระบวนการสืบเสาะ หาความรู้และจิตวิทยาศาสตร์ สื่อสารสิ่งที่เรียนรู้ และนำความรู้ไปใช้ ประโยชน์

มาตรฐาน ว ๒.๒ เข้าใจความสำคัญของทรัพยากรธรรมชาติการใช้ทรัพยากรธรรมชาติใน ระดับท้องถิ่น ประเทศ และโลกนำความรู้ไปใช้ในในการจัดการทรัพยากร ธรรมชาติและสิ่งแวดล้อมในท้องถิ่นอย่างยั่งยืน

สาระที่ ๓ สารและสมบัติของสาร

มาตรฐาน ว ๓.๑ เข้าใจสมบัติของสาร ความสัมพันธ์ระหว่างสมบัติของสารกับโครงสร้าง และแรงยึดเหนี่ยว ระหว่างอนุภาค มีกระบวนการสืบเสาะหาความรู้และ จิตวิทยาศาสตร์ สื่อสารสิ่งที่เรียนรู้ นำความรู้ไปใช้ประโยชน์

มาตรฐาน ว ๓.๒ เข้าใจหลักการและธรรมชาติของการเปลี่ยนแปลงสถานะของสาร การเกิด สารละลาย การเกิดปฏิกิริยา มีกระบวนการสืบเสาะหาความรู้และจิตวิทยาศาสตร์ สื่อสารสิ่งที่เรียนรู้ และนำความรู้ไปใช้ประโยชน์

สาระที่ ๔ แรงและการเคลื่อนที่

มาตรฐาน ว ๔.๑ เข้าใจธรรมชาติของแรงแม่เหล็กไฟฟ้า แรงโน้มถ่วง และแรงนิวเคลียร์ มีกระบวนการสืบเสาะหาความรู้ สื่อสารสิ่งที่เรียนรู้และนำความรู้ไปใช้ ประโยชน์อย่างถูกต้องและมีคุณธรรม

มาตรฐาน ว ๔.๒ เข้าใจลักษณะการเคลื่อนที่แบบต่าง ๆ ของวัตถุในธรรมชาติมีกระบวนการ สืบเสาะหาความรู้และจิตวิทยาศาสตร์ สื่อสารสิ่งที่เรียนรู้และนำความรู้ ไปใช้ประโยชน์

สาระที่ ๕ พลังงาน

มาตรฐาน ว ๕.๑ เข้าใจความสัมพันธ์ระหว่างพลังงานกับการดำรงชีวิต การเปลี่ยนรูปพลังงาน ปฏิสัมพันธ์ระหว่างสารและพลังงาน ผลของการใช้พลังงาน ต่อชีวิตและ สิ่งแวดล้อม มีกระบวน การสืบเสาะหาความรู้ สื่อสาร สิ่งที่เรียนรู้และ นำความรู้ไปใช้ประโยชน์

สาระที่ ๖ : กระบวนการเปลี่ยนแปลงของโลก

มาตรฐาน ว ๖.๑ เข้าใจกระบวนการต่าง ๆ ที่เกิดขึ้นบนผิวโลกและภายในโลก ความสัมพันธ์ ของกระบวนการต่าง ๆ ที่มีผลต่อการเปลี่ยนแปลงภูมิอากาศ ภูมิประเทศ และสัณฐานของโลก มีกระบวนการสืบเสาะหาความรู้และจิตวิทยาศาสตร์ สื่อสารสิ่งที่เรียนรู้และนำความรู้ไปใช้ประโยชน์

สาระที่ ๗ ดาราศาสตร์และอวกาศ

มาตรฐาน ว ๗.๑ เข้าใจวิวัฒนาการของระบบสุริยะ กาแล็กซีและเอกภพการปฏิสัมพันธ์ภายใน ระบบสุริยะและผลต่อสิ่งมีชีวิตบนโลก มีกระบวนการสืบเสาะ หาความรู้ และจิตวิทยาศาสตร์ การสื่อสารสิ่งที่เรียนรู้และนำความรู้ไปใช้ ประโยชน์

มาตรฐาน ว ๗.๒ เข้าใจความสำคัญของเทคโนโลยีอวกาศที่นำมาใช้ในการสำรวจอวกาศและ ทรัพยากรธรรมชาติ ด้านการเกษตรและการสื่อสาร มีกระบวนการสืบเสาะ หาความรู้และจิตวิทยาศาสตร์สื่อสารสิ่งที่เรียนรู้และนำความรู้ไปใช้ประโยชน์ อย่างมีคุณธรรมต่อชีวิตและสิ่งแวดล้อม

สาระที่ ๘ ธรรมชาติของวิทยาศาสตร์และเทคโนโลยี

มาตรฐาน ว ๘.๑ ใช้กระบวนการทางวิทยาศาสตร์และจิตวิทยาศาสตร์ในการสืบเสาะหา ความรู้ การแก้ปัญหา รู้ว่าปรากฏการณ์ทางธรรมชาติที่เกิดขึ้นส่วนใหญ่มี รูปแบบ ที่แน่นอน สามารถอธิบายและตรวจสอบได้ ภายใต้ข้อมูลและ เครื่องมือที่มีอยู่ในช่วงเวลานั้นๆ เข้าใจว่า วิทยาศาสตร์ เทคโนโลยี สังคม และสิ่งแวดล้อม มีความเกี่ยวข้องสัมพันธ์กัน

สังคมศึกษา ศาสนาและวัฒนธรรม

สาระที่ ๑ ศาสนา ศีลธรรม จริยธรรม

มาตรฐาน ส ๑.๑ รู้และเข้าใจประวัติ ความสำคัญ ศาสดา หลักธรรมของพระพุทธศาสนา หรือศาสนาที่ตนนับถือและศาสนาอื่น มีศรัทธาที่ถูกต้อง ยึดมั่น และ ปฏิบัติตามหลักธรรม เพื่ออยู่ร่วมกันอย่างสันติสุข

มาตรฐาน ส ๑.๒ เข้าใจตระหนักและปฏิบัติตนเป็นศาสนิกชนที่ดี และธำรงรักษาพระพุทธ ศาสนาหรือศาสนาที่ตนนับถือ

สาระที่ ๒ หน้าที่พลเมือง วัฒนธรรม และการดำเนินชีวิตในสังคม¬

มาตรฐาน ส ๒.๑ เข้าใจและปฏิบัติตนตามหน้าที่ของการเป็นพลเมืองดี มีค่านิยมที่ดีงามและ ธำรงรักษาประเพณีและวัฒนธรรมไทย ดำรงชีวิตอยู่ร่วมกันในสังคม ไทย และสังคมโลกอย่างสันติสุข

มาตรฐาน ส ๒.๒ เข้าใจระบบการเมืองการปกครองในสังคมปัจจุบัน ยึดมั่น ศรัทธา และ ธำรงรักษาไว้ซึ่งการปกครองระบอบประชาธิปไตยอันมีพระมหากษัตริย์ ทรงเป็นประมุข

สาระที่ ๓ เศรษฐศาสตร์

มาตรฐาน ส ๓.๑ เข้าใจและสามารถบริหารจัดการทรัพยากรในการผลิตและการบริโภค การใช้ทรัพยากรที่มีอยู่จำกัดได้อย่างมีประสิทธิภาพและคุ้มค่า รวมทั้ง เข้าใจหลักการของเศรษฐกิจพอเพียง เพื่อการดำรงชีวิตอย่างมีดุลยภาพ

มาตรฐาน ส ๓.๒ เข้าใจระบบ และสถาบันทางเศรษฐกิจต่าง ๆ ความสัมพันธ์ทางเศรษฐกิจ และความจำเป็นของการร่วมมือกันทางเศรษฐกิจในสังคมโลก

สาระที่ ๔ ประวัติศาสตร์

มาตรฐาน ส ๔.๑ เข้าใจความหมาย ความสำคัญของเวลาและยุคสมัยทางประวัติศาสตร์ สามารถใช้วิธีการทางประวัติศาสตร์มาวิเคราะห์เหตุการณ์ต่าง ๆ อย่างเป็น ระบบ

มาตรฐาน ส ๔.๒ เข้าใจพัฒนาการของมนุษยชาติจากอดีตจนถึงปัจจุบันในด้านความสัมพันธ์ และการเปลี่ยนแปลงของเหตุการณ์อย่างต่อเนื่อง

ตระหนักถึง ความสำคัญ และสามารถวิเคราะห์ผลกระทบที่เกิดขึ้น

มาตรฐาน ส ๔.๓ เข้าใจความเป็นมาของชาติไทย วัฒนธรรม

ภูมิปัญญาไทย มีความรัก ความภูมิใจและธำรงความเป็นไทย

สาระที่ ๕ ภูมิศาสตร์

มาตรฐาน ส ๕.๑ เข้าใจลักษณะของโลกทางกายภาพ และความสัมพันธ ์ของสรรพสิ่งซึ่งมีผล ต่อกันและกันในระบบของธรรมชาติ ใช้แผนที่และเค รื่องมือทางภูมิศาสตร์ ในการค้นหา วิเคราะห์ สรุป และใช้ข้อมูลภูมิสารสนเทศอย่างมี ประสิทธิภาพ

มาตรฐาน ส ๕.๒ เข้าใจปฏิสัมพันธ์ระหว่างมนุษย์กับสภาพแวดล้อมทางก ายภาพที่ก่อให้เกิด

การสร้างสรรค์วัฒนธรรม มีจิตสำนึก และมีส่วนร่วมในการอนุรักษ์ ทรัพยากรแ ละสิ่งแวดล้อม เพื่อการพัฒนาที่ยั่งยืน

สุขศึกษาและพลศึกษา

สาระที่ ๑ การเจริญเติบโตและพัฒนาการของมนุษย์

มาตรฐาน พ ๑.๑ เข้าใจธรรมชาติของการเจริญเติบโตและพัฒนาการของ มนุษย์

สาระที่ ๒ ชีวิตและครอบครัว

มาตรฐาน พ ๒.๑ เข้าใจและเห็นคุณค่าตนเอง ครอบครัว เพศศึกษา และมีทักษะในการ ดำเนินชีวิต

สาระที่ ๓ การเคลื่อนไหว การออกกำลังกาย การเล่นเกม กีฬาไทย และกีฬาส ากล

มาตรฐาน พ ๓.๑ เข้าใจ มีทักษะในการเคลื่อนไหว กิจกรรมทางกาย การเล่นเกม และกีฬา

มาตรฐาน พ ๓.๒ รักการออกกำลังกาย การเล่นเกม และการเล่นกีฬา ปฏิบัติเป็นประจำ อย่างสม่ำเสมอ มีวินัย เคารพสิทธิ กฎ กติกา มีน้ำใจนักกีฬา มีจิตวิญญาณ ในการแข่งขัน และชื่นชมในสุนทรียภาพของการกีฬา

สาระที่ ๔ การสร้างเสริมสุขภาพ สมรรถภาพและการป้องกันโรค

มาตรฐาน พ ๔.๑ เห็นคุณค่าและมีทักษะในการสร้างเสริมสุขภาพ การดำรงสุขภาพ การป้องกัน โรคและการสร้างเสริมสมรรถภาพเพื่อสุขภาพ

สาระที่ ๕ ความปลอดภัยในชีวิต

มาตรฐาน พ ๕.๑ ป้องกันและหลีกเลี่ยงปัจจัยเสี่ยง พฤติกรรมเสี่ยงต่อสุขภาพ อุบัติเหตุ การใช้ยาสารเสพติด และความรุนแรง

ศิลปะ

สาระที่ ๑ ทัศนศิลป์

มาตรฐาน ศ ๑.๑ สร้างสรรค์งานทัศนศิลป์ตามจินตนาการ และความคิดสร้างสรรค์ วิเคราะห์ วิพากษ์ วิจารณ์คุณค่างานทัศนศิลป์ ถ่ายทอดความรู้สึก ความคิดต่องาน ศิลปะอย่างอิสระ ชื่นชม และประยุกต์ใช้ในชีวิต ประจำวัน

มาตรฐาน ศ ๑.๒ เข้าใจความสัมพันธ์ระหว่างทัศนศิลป์ ประวัติศาสตร์ และวัฒนธรรม เห็นคุณค่างานทัศนศิลป์ที่เป็นมรดกทางวัฒนธรรม ภูมิปัญญาท้องถิ่น ภูมิปัญญาไทยและสากล

สาระที่ ๒ ดนตรี

มาตรฐาน ศ ๒.๑ เข้าใจและแสดงออกทางดนตรีอย่างสร้างสรรค์

วิเคราะห์ วิพากษ์วิจารณ์ คุณค่าดนตรี ถ่ายทอดความรู้สึก ความคิดต่อดนตรีอย่างอิสระ ชื่นชม และประยุกต์ ใช้ในชีวิตประจำวัน

มาตรฐาน ศ ๒.๒ เข้าใจความสัมพันธ์ระหว่างดนตรี ประวัติศาสตร์ และวัฒนธรรม เห็น คุณค่าของดนตรีที่เป็นมรดกทางวัฒนธรรม ภูมิปัญญาท้องถิ่น ภูมิปัญญา ไทยและสากล

สาระที่ ๓ นาฏศิลป์

มาตรฐาน ศ ๓.๑ เข้าใจ และแสดงออกทางนาฏศิลป์อย่างสร้างสรรค์ วิเคราะห์ วิพากษ์ วิจารณ์คุณค่านาฏศิลป์ ถ่ายทอดความรู้สึก ความคิดอย่างอิสระ ชื่นชม และประยุกต์ใช้ในชีวิตประจำวัน

มาตรฐาน ศ ๓.๒ เข้าใจความสัมพันธ์ระหว่างนาฏศิลป์

ประวัติศาสตร์และวัฒนธรรม เห็น คุณค่าของนาฏศิลป์ที่เป็นมรดกทางวัฒนธรรม ภูมิปัญญาท้องถิ่น ภูมิปัญญาไทยและสากล

การงานอาชีพและเทคโนโลยี

สาระที่ ๑ การดำรงชีวิตและครอบครัว

มาตรฐาน ง ๑.๑ เข้าใจการทำงาน มีความคิดสร้างสรรค์ มีทักษะกระบวนการทำงานทักษะ การจัดการ ทักษะกระบวนการแก้ปัญหา ทักษะการทำงาน ร่วมกันและ ทักษะ การแสวงหาความรู้ มีคุณธรรม และลักษณะนิสัย ในการทำงาน มีจิตสำนึก ในการใช้พลังงาน ทรัพยากร และสิ่งแวดล้อมเพื่อการดำรง ชีวิตและครอบครัว

สาระที่ ๒ การออกแบบและเทคโนโลยี

มาตรฐาน ง ๒.๑ เข้าใจเทคโนโลยีและกระบวนการเทคโนโลยี ออกแบบแ ละสร้างสิ่งของ เครื่องใช้หรือวิธีการตามกระบวนการเทคโนโลยีอย่างมีความคิดสร ้างสรรค์ เลือกใช้เทคโนโลยีในทางสร้างสรรค์ต่อชีวิต สังคม สิ่งแวดล้อม และมี ส่วนร่วมในการจัดการเทคโนโลยีที่ยั่งยืน

สาระที่ ๓ เทคโนโลยีสารสนเทศและการสื่อสาร

มาตรฐาน ง ๓.๑ เข้าใจ เห็นคุณค่าและใช้กระบวนการเทคโนโลยีสาร สนเทศในการสืบค้น ข้อมูล การเรียนรู้ การสื่อสาร การแก้ปัญหา การทำงาน และอาชีพอย่าง มีประสิทธิภาพ ประสิทธิผล และมีคุณธรรม

สาระที่ ๔ การอาชีพ

มาตรฐาน ง ๔.๑ เข้าใจ มีทักษะที่จำเป็น มีประสบการณ์ เห็น แนวทางในงานอาชีพ

ใช้เทคโนโลยีเพื่อพัฒนาอาชีพ มีคุณธรรม และมีเจตคติที่ดีต่ออาชีพ

ภาษาต่างประเทศ

สาระที่ ๑ ภาษาเพื่อการสื่อสาร

มาตรฐาน ต ๑.๑ เข้าใจและตีความเรื่องที่ฟังและอ่านจากสื่อประเภทต่าง ๆ และแสดงความ คิดเห็นอย่างมีเหตุผล

มาตรฐาน ต ๑.๒ มีทักษะการสื่อสารทางภาษาในการแลกเปลี่ยนข้อมูลข่าวสาร แสดง ความ รู้สึกและความคิดเห็นอย่างมีประสิทธิภาพ

มาตรฐาน ต ๑.๓ นำเสนอข้อมูลข่าวสาร ความคิดรวบยอด และความคิดเห็นในเรื่องต่าง ๆ โดยการพูดและการเขียน

สาระที่ ๒ ภาษาและวัฒนธรรม

มาตรฐาน ต ๒.๑ เข้าใจความสัมพันธ์ระหว่างภาษากับวัฒนธรรมของเจ้าของภาษา และนำ ไปใช้ได้อย่างเหมาะสมกับกาลเทศะ

มาตรฐาน ต ๒.๒ เข้าใจความเหมือนและความแตกต่างระหว่างภาษาและวัฒนธรรมของ เจ้าของภาษากับภาษาและวัฒนธรรมไทย และนำมาใช้อย่างถูกต้องและ เหมาะสม

สาระที่ ๓ ภาษากับความสัมพันธ์กับกลุ่มสาระการเรียนรู้อื่น

มาตรฐาน ต ๓.๑ ใช้ภาษาต่างประเทศในการเชื่อมโยงความรู้กับกลุ่มสาระการเรียนรู้อื่น และเป็นพื้นฐานในการพัฒนา แสวงหาความรู้ และเปิดโลกทัศน์ของตน

สาระที่ ๔ ภาษากับความสัมพันธ์กับชุมชนและโลก

มาตรฐาน ต ๔.๑ ใช้ภาษาต่างประเทศในสถานการณ์ต่าง ๆ ทั้งในสถานศึกษา ชุมชน และ สังคม

มาตรฐาน ต ๔.๒ ใช้ภาษาต่างประเทศเป็นเครื่องมือพื้นฐานในการศึกษาต่อการประกอบ อาชีพ และการแลกเปลี่ยนเรียนรู้กับสังคมโลก

10. กิจกรรมพัฒนาผู้เรียน

กิจกรรมพัฒนาผู้เรียน มุ่งให้ผู้เรียนได้พัฒนาตนเองตามศักยภาพ พัฒนาอย่างรอบด้าน เพื่อความเป็นมนุษย์ที่สมบูรณ์ ทั้งร่างกาย สติปัญญา อารมณ์ และสังคม เสริมสร้างให้เป็นผู้มี ศีลธรรม จริยธรรม มีระเบียบวินัย ปลูกฝังและสร้างจิตสำนึกของการทำประโยชน์เพื่อสังคม สามารถจัดการตนเองได้ และอยู่ร่วมกับผู้อื่นอย่างมีความสุข

กิจกรรมพัฒนาผู้เรียน แบ่งเป็น ๓ ลักษณะ ดังนี้

๑. กิจกรรมแนะแนว

เป็นกิจกรรมที่ส่งเสริมและพัฒนาผู้เรียนให้รู้จักตนเอง รู้รักษ์สิ่งแวดล้อม สามารถคิด ตัดสินใจ คิดแก้ปัญหา กำหนดเป้าหมาย วางแผนชีวิตทั้งด้านการเรียนและอาชีพ สามารถปรับตน ได้อย่างเหมาะสม นอกจากนี้ยังช่วยให้ครูรู้จักและเข้าใจผู้เรียน ทั้งยังเป็นกิจกรรมที่ช่วยเหลือและ ให้คำปรึกษาแก่ผู้ปกครองในการมีส่วนร่วมพัฒนาผู้เรียน

๒. กิจกรรมนักเรียน

เป็นกิจกรรมที่มุ่งพัฒนาความมีระเบียบวินัย ความเป็นผู้นำผู้ตามที่ดี ความรับผิดชอบ การทำงานร่วมกัน การรู้จักแก้ปัญหา การตัดสินใจที่เหมาะสม ความมีเหตุผล การช่วยเหลือแบ่งปัน กัน เอื้ออาทร และสมานฉันท์ โดยจัดให้สอดคล้องกับความสามารถ ความถนัด และความสนใจ ของผู้เรียน ให้ได้ปฏิบัติด้วยตนเองในทุกขั้นตอน ได้แก่ การศึกษาวิเคราะห์วางแผน ปฏิบัติตามแผน ประเมินและปรับปรุงการทำงาน เน้นการทำงานร่วมกันเป็นกลุ่ม ตามความเหมาะสม และสอด คล้อง กับวุฒิภาวะของผู้เรียน บริบทของสถานศึกษาและท้องถิ่น

กิจกรรมนักเรียนประกอบด้วย

๒.๑ กิจกรรมลูกเสือ เนตรนารี ยุวกาชาด ผู้บำเพ็ญประโยชน์ และนักศึกษาวิชาทหาร

๒.๒ กิจกรรมชุมนุม ชมรม

๓. กิจกรรมเพื่อสังคมและสาธารณประโยชน์

เป็นกิจกรรมที่ส่งเสริมให้ผู้เรียนบำเพ็ญตนให้เป็นประโยชน์ต่อสังคม ชุมชนและท้องถิ่น ตามความสนใจในลักษณะอาสาสมัคร เพื่อแสดงถึงความรับผิดชอบ ความดีงาม ความเสียสละ ต่อสังคม มีจิตสาธารณะ เช่น กิจกรรมอาสาพัฒนาต่าง ๆ กิจกรรมสร้างสรรค์สังคม

11. ระดับการศึกษา

หลักสูตรแกนกลางการศึกษาขั้นพื้นฐาน จัดระดับการศึกษาเป็น ๓ ระดับ ดังนี้

๑. ระดับประถมศึกษา (ชั้นประถมศึกษาปีที่ ๑ - ๖)

การศึกษาระดับนี้เป็นช่วงแรกของการศึกษา
ภาคบังคับ มุ่งเน้นทักษะพื้นฐานด้านการอ่าน การเขียน การคิดคำนวณ
ทักษะการคิดพื้นฐาน การติดต่อสื่อสาร กระบวนกา
รเรียนรู้ทางสังคม และ พื้นฐานความเป็นมนุษย์ การพัฒนาคุณภาพชีวิตอย่างสมบูรณ
์ และสมดุลทั้งในด้านร่างกาย สติปัญญา อารมณ์ สังคม และวัฒนธรรม โดยเน้นจัดกา
รเรียนรู้แบบบูรณาการ

๒. ระดับมัธยมศึกษาตอนต้น (ชั้นมัธยมศึกษาปีที่ ๑ - ๓)

เป็นช่วงสุดท้ายของการศึกษาภาคบังคับ มุ่งเน้นให้ผู้เรียนได้สำรวจค
วามถนัดและความ สนใจของตนเอง ส่งเสริมการพัฒนาบุคลิกภาพส
่วนตน มีทักษะในการคิดวิจารณญาณ คิดสร้างสรรค์ และคิดแก้ปัญหา
มีทักษะในการดำเนินชีวิต มีทักษะการใช้เทคโนโลยีเพื่อเป็นเครื่
องมือในการเรียนรู้ มีความรับผิดชอบต่อสังคม มีความสมดุลทั้งด้านความรู้ ความคิด
ความดีงาม และมีความภูมิใจ ในความเป็นไทย ตลอดจนใช้เป็นพื้นฐานในการประก
อบอาชีพหรือการศึกษาต่อ

๓. ระดับมัธยมศึกษาตอนปลาย (ชั้นมัธยมศึกษาปีที่ ๔ - ๖)
การศึกษาระดับนี้เน้นการเพิ่มพูนความรู้และทักษะเฉพาะด้าน สนองต
อบความสามารถ ความถนัด และความสนใจของผู้เรียนแต่ละคนทั้งด้านว
ิชาการและวิชาชีพ มีทักษะในการใช้ วิทยาการแล ะเทคโนโลยี ทักษะกระบวนการคิด
ขั้นสูง สามารถนำความรู้ไปประยุกต์ใช้ให้เกิด ประโยชน์ในการศึกษาต่อ
และการประกอบอาชีพ มุ่งพัฒนาตนและประเทศตามบทบาทของตน สามารถเป็นผู้นำ
และผู้ให้บริการชุมชนในด้านต่าง ๆ

12. การจัดเวลาเรียน

หลักสูตรแกนกลางการศึกษาขั้นพื้นฐาน ได้กำหนดกรอบโครงสร้างเ
วลาเรียนขั้นต่ำสำหรับ กลุ่มสาระการเรียนรู้ ๘ กลุ่ม และกิจกรรมพัฒนาผู้เรี
ยน ซึ่งสถานศึกษาสามารถเพิ่มเติมได้ตาม ความพร้อมและจุดเน้น โดยสามาร
ถปรับให้เหมาะสมตามบริบทของสถานศึกษา และสภาพของ ผู้เรียน ดังนี้

๑. ระดับชั้นประถมศึกษา (ชั้นประถมศึกษาปีที่ ๑ - ๖) ให้จัดเวลาเรียนเป็นรายปี
โดยมี เวลาเรียนวันละ ไม่เกิน ๕ ชั่วโมง

๒. ระดับชั้นมัธยมศึกษาตอนต้น (ชั้นมัธยมศึกษาปีที่ ๑ - ๓) ให้จัดเ
วลาเรียนเป็นรายภาค มีเวลาเรียนวันละไม่เกิน ๖ ชั่วโมง คิดน้ำหนักของรายวิชาที่เรีย
นเป็นหน่วยกิต ใช้เกณฑ์ ๔๐ ชั่วโมง ต่อภาคเรียน มีค่าน้ำหนักวิชา เท่ากับ ๑ หน่วยก
ิต (นก.)

๓. ระดับมัธยมศึกษาตอนปลาย (ชั้นมัธยมศึกษาปีที่ ๔ - ๖) ให้จัดเวลาเ
รียนเป็นรายภาค มีเวลาเรียน วันละไม่น้อยกว่า ๖ ชั่วโมง คิดน้ำหนักของรายวิชาที่เรี
ยนเป็นหน่วยกิต ใช้เกณฑ์ ๔๐ ชั่วโมงต่อภาคเรียน มีค่าน้ำหนักวิชา เท่ากับ ๑ หน่วยก
ิต (นก.)

13. โครงสร้างเวลาเรียน

หลักสูตรแกนกลางการศึกษาขั้นพื้นฐาน กำหนดกรอบโครงสร้างเวลาเรียน ดังนี้

ที่สถานศึกษาจัดเพิ่ม เติมตามความพร้อม และรจุดเน้น ปีละไม่เกิน ๘๐ ชั่วโมง

กลุ่มสาระการเรียนรู้/กิจกรรม	เวลาเรียน									
	ระดับประถมศึกษา						ระดับมัธยมศึกษาตอนต้น			ระดับมัธยมศึกษาตอนปลาย
	ป. ๑	ป. ๒	ป. ๓	ป. ๔	ป. ๕	ป. ๖	ม. ๑	ม. ๒	ม. ๓	ม. ๔ - ๖
– กลุ่มสาระการเรียนรู้										
ภาษาไทย	๒๐๐	๒๐๐	๒๐๐	๑๖๐	๑๖๐	๑๖๐	๑๒๐ (๓ นก.)	๑๒๐ (๓ นก.)	๑๒๐ (๓ นก.)	๒๔๐ (๖ นก.)
คณิตศาสตร์	๒๐๐	๒๐๐	๒๐๐	๑๖๐	๑๖๐	๑๖๐	๑๒๐ (๓ นก.)	๑๒๐ (๓ นก.)	๑๒๐ (๓ นก.)	๒๔๐ (๖ นก.)
วิทยาศาสตร์	๘๐	๘๐	๘๐	๘๐	๘๐	๘๐	๑๒๐ (๓ นก.)	๑๒๐ (๓ นก.)	๑๒๐ (๓ นก.)	๒๔๐ (๖ นก.)
สังคมศึกษา ศาสนา และวัฒนธรรม	๘๐	๘๐	๘๐	๘๐	๘๐	๘๐	๑๒๐ (๓ นก.)	๑๒๐ (๓ นก.)	๑๒๐ (๓ นก.)	๒๔๐ (๖ นก.)
สุขศึกษาและพลศึกษา	๘๐	๘๐	๘๐	๘๐	๘๐	๘๐	๘๐ (๒นก.)	๘๐ (๒ นก.)	๘๐ (๒ นก.)	๑๒๐ (๓นก.)
ศิลปะ	๘๐	๘๐	๘๐	๘๐	๘๐	๘๐	๘๐ (๒นก.)	๘๐ (๒ นก.)	๘๐ (๒ นก.)	๑๒๐ (๓ นก.)
การงานอาชีพและเทคโนโลยี	๔๐	๔๐	๔๐	๘๐	๘๐	๘๐	๘๐ (๒นก.)	๘๐ (๒ นก.)	๘๐ (๒ นก.)	๑๒๐ (๓ นก.)
ภาษาต่างประเทศ	๔๐	๔๐	๔๐	๘๐	๘๐	๘๐	๑๒๐ (๓ นก.)	๑๒๐ (๓ นก.)	๑๒๐ (๓ นก.)	๒๔๐ (๖ นก.)
รวมเวลาเรียน (พื้นฐาน)	๘๐๐	๘๐๐	๘๐๐	๘๐๐	๘๐๐	๘๐๐	๘๔๐ (๒๑ นก.)	๘๔๐ (๒๑ นก.)	๘๔๐ (๒๑ นก.)	๑,๕๖๐ (๓๙ นก.)
– กิจกรรมพัฒนาผู้เรียน	๑๒๐	๑๒๐	๑๒๐	๑๒๐	๑๒๐	๑๒๐	๑๒๐	๑๒๐	๑๒๐	๓๖๐

กลุ่มสาระการเรียนรู้/กิจกรรม	เวลาเรียน									
	ระดับประถมศึกษา						ระดับมัธยมศึกษาตอนต้น			ระดับมัธยมศึกษาตอนปลาย
	ป. ๑	ป. ๒	ป. ๓	ป. ๔	ป. ๕	ป. ๖	ม. ๑	ม. ๒	ม. ๓	ม. ๔ - ๖
–รายวิชา / กิจกรรมที่สถานศึกษาจัดเพิ่มเติมตามความพร้อมและรจุดเน้น	ปีละไม่เกิน ๘๐ ชั่วโมง						ปีละไม่เกิน ๒๔๐ ชั่วโมง			ไม่น้อยกว่า ๑,๕๖๐ชั่วโมง
รวมเวลาเรียนทั้งหมด	ไม่เกิน ๑,๐๐๐ ชั่วโมง/ปี						ไม่เกิน ๑,๒๐๐ ชั่วโมง/ปี			รวม ๓ ปี ไม่น้อยกว่า ๓,๖๐๐ ชั่วโมง

ปีละไม่เกิน ๒๔๐ ชั่วโมง ไม่น้อยกว่า ๑,๕๖๐ชั่วโมง

รวมเวลาเรียนทั้งหมด ไม่เกิน ๑,๐๐๐ ชั่วโมง/ปี ไม่เกิน ๑,๒๐๐ ชั่วโมง/ปี รวม ๓ ปี

ไม่น้อยกว่า

๓,๖๐๐ ชั่วโมงการกำหนดโครงสร้างเวลาเรียนพื้นฐาน และเพิ่มเติม สถานศึกษาสามารถดำเนิน การ ดังนี้

ระดับประถมศึกษา สามารถปรับเวลาเรียนพื้นฐานของแต่ละกลุ่มสาระการเรียนรู้ได้ตาม ความเหมาะสม ทั้งนี้ต้องมีเวลาเรียนรวมตามที่กำหนดไว้ในโครงสร้างเวลาเรียนพื้นฐาน และผู้เรียน ต้องมีคุณภาพตามมาตรฐานการเรียนรู้และตัวชี้วัดที่กำหนด

ระดับมัธยมศึกษาต้องจัดโครงสร้างเวลาเรียนพื้นฐานให้เป็นไปตามที่กำหนดและสอดคล้องกับเกณฑ์การจบหลักสูตร

สำหรับเวลาเรียนเพิ่มเติมทั้งในระดับประถมศึกษาและมัธยมศึกษา ให้จัดเป็นรายวิชาเพิ่มเติม หรือกิจกรรมพัฒนาผู้เรียน โดยพิจารณาให้สอดคล้องกับความพร้อม จุดเน้นของสถานศึกษาและ เกณฑ์การจบหลักสูตร เฉพาะระดับชั้นประถมศึกษาปีที่ ๑-๓ สถานศึกษาอาจจัดให้เป็นเวลาสำหรับ สาระการเรียนรู้พื้นฐานในกลุ่มสาระการเรียนรู้ภาษาไทยและกลุ่มสาระการเรียนรู้คณิตศาสตร์

กิจกรรมพัฒนาผู้เรียนที่กำหนดไว้ในชั้นประถมศึกษาปีที่ ๑ ถึงชั้นมัธยมศึกษาปีที่ ๓ ปีละ ๑๒๐ ชั่วโมง และชั้นมัธยมศึกษาปีที่
๔-๖ จำนวน ๓๖๐ ชั่วโมงนั้น เป็นเวลาสำหรับปฏิบัติกิจกรรม แนะแนวกิจกรรมนักเรียน และกิจกรรมเพื่อสังคมและสาธารณประโยชน์
ในส่วนกิจกรรมเพื่อสังคม และสาธารณประโยชน์ให้สถานศึกษาจัดสรรเวลาให้ผู้เรียนได้ปฏิบัติกิจกรรม ดังนี้

ระดับประถมศึกษา (ป.๑-๖)	รวม ๖ ปี	จำนวน ๖๐ ชั่วโมง
ระดับมัธยมศึกษาตอนต้น (ม.๑-๓)	รวม ๓ ปี	จำนวน ๔๕ ชั่วโมง
ระดับมัธยมศึกษาตอนปลาย (ม.๔-๖)	รวม ๓ ปี	จำนวน ๖๐ ชั่วโมง

14. มาตราฐานการเรียนรู้และตัวชี้วัด

กลุ่มสาระการเรียนรู้ภาษาต่างประเทศ

1. ทำไมต้องเรียนภาษาต่างประเทศ

ในสังคมโลกปัจจุบัน การเรียนรู้ภาษาต่างประเทศมีความสำคัญและจำเป็นอย่างยิ่งในชีวิต ประจำวัน เนื่องจากเป็นเครื่องมือสำคัญในการติดต่อสื่ อสาร การศึกษา การแสวงหาความรู้การประกอบอาชีพ การสร้างความเข้าใจเกี่ยวกับวัฒนธรรมและวิสัยทัศน์ของชุมชนโลก และตระหนัก ถึงความหลากหลายทางวัฒนธรรมและมุมมองของสังคมโลก นำมาซึ่งมิตรไมตรีและความร่วมมือ กับประเทศต่าง ๆ ช่วยพัฒนาผู้เรียนให้มีความเข้าใจตนเองและผู้อื่นดีขึ้นเรียนรู้และเข้าใจความแตกต่างของภาษาและวัฒนธรรม ขนบธรรมเนียมประเพณี การคิด สังคม เศรษฐกิจ การเมือง การปกครอง มีเจตคติที่ดีต่อการใช้ภาษาต่างประเทศ และใช้ภาษาต่างประเทศเพื่อการสื่อสารได้รวมทั้งเข้าถึงองค์ ความรู้ต่าง ๆ ได้ง่ายและกว้างขึ้น และมีวิสัยทัศน์ในการดำเนินชีวิต ภาษาต่างประเทศที่เป็นสาระการเรียนรู้พื้นฐาน ซึ่งกำหนดให้เรียนตลอดหลักสูตรการศึกษา

ขั้นพื้นฐานคือ ภาษาอังกฤษ ส่วนภาษาต่างประเทศอื่น เช่น ภาษาฝรั่

งเศส เยอรมัน จีน ญี่ปุ่น อาหรับ บาลี และภาษากลุ่มประเทศเพื่อนบ้าน หรือภาษาอื่น ๆ ให้อยู่ในดุลยพินิจของสถานศึกษาที่จะจัดทำ รายวิชาและจัดการเรียนรู้ตามความเหมาะสม

2. เรียนรู้อะไรในภาษาต่างประเทศ

กลุ่มสาระการเรียนรู้ภาษาต่างประเทศ มุ่งหวังให้ผู้เรียนมีเจตคติที่ดีต่อภาษาต่างประเทศ สามารถใช้ภาษาต่างประเทศ สื่อสารในสถานการณ์ต่าง ๆ แสวงหาความรู้ ประกอบอาชีพ และ ศึกษาต่อในระดับที่สูงขึ้น รวมทั้งมีความรู้ความเข้าใจในเรื่องราวและวัฒนธรรมอันหลากหลายของ ประชาคมโลก และสาม ารถถ่ายทอดความคิดและวัฒนธรรมไทยไปยังสังคมโลกได้อย่างสร้างสรรค์ ประกอบด้วยสาระสำคัญ ดังนี้

- ภาษาเพื่อการสื่อสาร การใช้ภาษาต่างประเทศในการฟัง-พูด-อ่าน-เขียน แลกเปลี่ยน ข้อมูล ข่าวสาร แสดงความรู้สึกและความคิดเห็น ตีความ นำเสนอข้อมูล ความคิดรวบยอดและ ความคิดเห็นในเรื่องต่างๆ และสร้างความสัมพันธ์ระหว่างบุคคลอย่างเหมาะสม

- ภาษาและวัฒนธรรม การใช้ภาษาต่างประเทศตามวัฒนธรรมของเจ้าของภาษาความ สัมพันธ์ ความเหมือนและความแตกต่างระหว่างภาษากับวัฒนธรรมของเจ้าของภาษา ภาษาและ วัฒนธรรมของเจ้าของภาษากับวัฒนธรรมไทย และนำไปใช้อย่างเหมาะสม

- ภาษากับความสัมพันธ์กับกลุ่มสาระการเรียนรู้อื่น การใช้ภาษาต่างประเทศในการ เชื่อมโยงความรู้กับกลุ่มสาระการเรียนรู้อื่น เป็นพื้นฐานในการพัฒนา แสวงหาความรู้ และเปิด โลกทัศน์ของตน

- ภาษากับความสัมพันธ์กับชุมชนและโลก การใช้ภาษาต่างประเทศในสถานการณ์ ต่าง ๆ ทั้งในห้องเรียนและนอกห้องเรียน ชุมชน และสังคมโลกเป็นเครื่องมือพื้นฐานในการศึกษาต่อ ประกอบอาชีพ และแลกเปลี่ยนเรียนรู้กับสังคมโลก

คุณภาพผู้เรียน

จบชั้นประถมศึกษาปีที่ ๓

• ปฏิบัติตามคำสั่ง คำขอร้องที่ฟัง อ่านออกเสียงตัวอักษร คำ กลุ่มคำ ประโยคง่าย ๆ และ บทพูดเข้าจังหวะง่าย ๆ ถูกต้องตามหลักการอ่าน บอกความหมายของคำและกลุ่ มคำที่ฟังตรงตาม ความหมาย ตอบคำถามจากการฟังหรืออ่านประโยค บทสนทนาหรือนิทานง่าย ๆ

• พูดโต้ตอบด้วยคำสั้นๆ ง่าย ๆ ในการสื่อสารระหว่างบุคคลตามแบบที่ฟัง ใช้คำสั่งและ คำขอร้องง่ายๆ บอกความต้องการง่าย ๆ ของตนเอง พูดขอและให้ข้อมูลเกี่ยวกับตนเองและเพื่อน บอกความรู้สึกของตนเองเกี่ยวกับสิ่งต่าง ๆ ใกล้ตัวหรือกิจกรรมต่างๆ ตามแบบที่ฟัง

• พูดให้ข้อมูลเกี่ยวกับตนเองและเรื่องใกล้ตัว จัดหมวดหมู่คำตามประเภทของบุคคล สัตว์ และสิ่งของตามที่ฟังหรืออ่าน

• พูดและทำท่าประกอบ ตามมารยาทสังคม/วัฒนธรรมของเจ้าของภาษา บอกชื่อและคำศัพท์ ง่ายๆ เกี่ยวกับเทศกาล/วันสำคัญ/งาน ฉลองและชีวิตความเป็น อยู่ของเจ้าของภาษา เข้าร่วมกิจกรรม ทางภาษาและวัฒนธรรมที่เหมาะกับวัย

• บอกความแตกต่างของเสียงตัวอักษร คำ กลุ่มคำ และประโยคง่าย ๆ ของภาษาต่างประเทศ และภาษาไทย

• บอกคำศัพท์ที่เกี่ยวข้องกับกลุ่มสาระการเรียนรู้อื่น

• ฟัง/พูดในสถานการณ์ง่ายๆ ที่เกิดขึ้นในห้องเรียน

• ใช้ภาษาต่างประเทศ เพื่อรวบรวมคำศัพท์ที่เกี่ยวข้องใกล้ตัว

• มีทักษะการใช้ภาษาต่างประเทศ (เน้นการฟัง-พูด) สื่อสารตามหัวเรื่องเกี่ยวกับตนเอง ครอบครัว โรงเรียน สิ่งแวดล้อมใกล้ตัว อาหาร เครื่องดื่ม และเวลาว่างและนันทนาการ ภายใน วงคำศัพท์ประมาณ ๓๐๐-๔๕๐ คำ (คำศัพท์ที่เป ็นรูปธรรม)

• ใช้ประโยคคำเดียว (Onc Word Sentence) ประโยคเดี่ยว (Simple Sentence) ในการ สนทนาโต้ตอบตามสถานการณ์ในชีวิตประจำวัน

จบชั้นประถมศึกษาปีที่ ๖

•ปฏิบัติตามคำสั่ง คำขอร้อง และคำแนะนำที่ฟังและอ่าน อ่านออกเสียงประโยค ข้อความ นิทาน และบทกลอนสั้น ๆ ถูกต้องตามหลักการอ่าน เลือก/ระบุประโยคและข้อความตรงตาม ความหมายของสัญลักษณ์หรือเครื่องหมายที่อ่าน บอกใจความสำคัญ และตอบคำถามจากการฟัง และอ่าน บทสนทนา นิทานง่ายๆ และเรื่องเล่า

• พูด/เขียนโต้ตอบในการสื่อสารระหว่างบุคคล ใช้คำสั่ง คำขอร้อง และให้คำแนะนำ พูด/เขียนแสดงความต้องการ ขอความช่วยเหลือ ตอบรับและปฏิเสธการให้ความช่วยเหลือใน สถานการณ์ง่าย ๆ พูดและเขียนเพื่อขอและให้ข้อมูลเกี่ยวกับตนเอง เพื่อน ครอบครัว และ เรื่องใกล้ตัว พูด/เขียนแสดงความรู้สึกเกี่ยวกับเรื่องต่าง ๆ ใกล้ตัว กิจกรรมต่าง ๆ พร้อมทั้งให้เหตุผลสั้น ๆ ประกอบ

• พูด/เขียนให้ข้อมูลเกี่ยวกับตนเอง เพื่อน และสิ่งแวดล้อมใกล้ตัว เขียนภาพ แผนผัง แผนภูมิ และตารางแสดงข้อมูลต่างๆ ที่ฟังและอ่าน พูด/เขียนแสดงความคิดเห็นเกี่ยวกับเรื่องต่าง ๆ ใกล้ตัว

• ใช้ถ้อยคำ น้ำเสียง และกิริยาท่าทางอย่างสุภาพ เหมาะสม ตามมารยาทสังคมและ วัฒนธรรมของเจ้าของภาษา ให้ข้อมูลเกี่ยวกับเทศกาล/วันสำคัญ/งานฉลอง/ชีวิตความเป็นอยู่ของ เจ้าของภาษา เข้าร่วมกิจกรรมทางภาษาและวัฒนธรรมตามความสนใจ

• บอกความเหมือน/ความแตกต่างระหว่างการออกเสียงประโยคชนิดต่าง ๆ การใช้เครื่องหมาย วรรคตอน และการลำดับคำ ตามโครงสร้างประโยคของภาษาต่างประเทศและภาษาไทย เปรียบเทียบ ความเหมือน/ความแตกต่างระหว่างเทศกาล งานฉลองและประเพณีของเจ้าของภาษา กับของไทย

• ค้นคว้า รวบรวมคำศัพท์ที่เกี่ยวข้องกับกลุ่มสาระการเรียนรู้อ
ื่นจากแหล่งการเรียนรู้ และ นำเสนอด้วยการพูด/การเขียน

• ใช้ภาษาสื่อสารในสถานการณ์ต่างๆ ที่เกิดขึ้นในห้องเรียนและสถานศึกษา

• ใช้ภาษาต่างประเทศในการสืบค้นและรวบรวมข้อมูลต่างๆ

• มีทักษะการใช้ภาษาต่างประเทศ) เน้นการฟัง-พูด-อ่าน-เขียน) สื่อสารตามหัวเรื่อง เกี่ยวกับตนเอง ครอบครัว โรงเรียน สิ่งแวดล้อม อาหาร เครื่องดื่ม เวลาว่าง และนันทนาการ สุขภาพและสวัสดิการ การซื้อ-ขาย และลมฟ้าอากาศ ภายในวงคำศัพท์ประมาณ ๑,๐๕๐-๑,๒๐๐ คำ (คำศัพท์ที่เป็นรูปธรรมและนามธรรม)

• ใช้ประโยคเดี่ยวและประโยคผสม (Compound Sentences) สื่อความหมายตาม บริบท ต่าง ๆ

จบชั้นมัธยมศึกษาปีที่ ๓

• ปฏิบัติตามคำขอร้อง คำแนะนำ คำชี้แจง และคำอธิบายที่ฟังและอ่าน อ่านออกเสียง ข้อความ ข่าว โฆษณา นิทาน และบทร้อยกรองสั้นๆ ถูกต้องตามหลักการอ่าน ระบุ/เขียนสื่อที่ไม่ใช่ ความเรียงรูปแบบต่าง ๆ สัมพันธ์กับประโยคและข้อความที่ฟังหรืออ่าน เลือก/ระบุหัวข้อเรื่อง ใจความสำคัญ รายละเอียดสนับสนุนและแสดงความคิดเห็นเกี่ยวกับเรื่องที่ฟัง และอ่านจากสื่อประเภทต่าง ๆ พร้อมทั้งให้เหตุผลและยกตัวอย่างประกอบ

• สนทนาและเขียนโต้ตอบข้อมูลเกี่ยวกับตนเองและเรื่องต่างๆ ใกล้ตัว สถานการณ์ ข่าว

เรื่องที่อยู่ในความสนใจของสังคมและสื่อสารอย่างต่อเนื่องและเหมาะสม ใช้คำขอร้อง คำชี้แจงและ คำอธิบาย ให้คำแนะนำอย่างเหมาะสม พูดและเขียนแสดงความต้องการ เสนอและให้ความช่วยเหลือ ตอบรับและปฏิเสธการให้ความช่วยเหลือ พูดและเขียนเพื่อขอและให้ข้อมูล บรรยาย อธิบาย เปรียบเทียบ และแสดงความคิดเห็นเกี่ยวกับเรื่องที่ฟังหรืออ่

านอย่างเหมาะสม พูดและเขียนบรรยาย ความรู้สึกและความคิดเห็นของตนเอง เกี่ยวกับเรื่องต่างๆ กิจกรรม ประสบการณ์ และข่าว/ เหต

ุการณ์ พร้อมทั้งให้เหตุผลประกอบอย่างเหมาะสม

• พูดและเขียนบรรยายเกี่ยวกับตนเอง ประสบการณ์ ข่าว/เหตุการณ์/เรื่อง/ป ระเด็นต่างๆ ที่อยู่ในความสนใจของสังคม พูดและเขียนสรุปใจความสำ

คัญ/แก่นสาระ หัวข้อเรื่องที่ได้จากการ วิเคราะห์เรื่อง/ข่าว/เหตุการณ์/สถานการณ์

ที่อยู่ในความสนใจ พูดและเขียนแสดงความคิดเห็นเกี่ยวกับ กิจกรรม ประสบกา รณ์ และเหตุการณ์ พร้อมให้เหตุผลประกอบ

- เลือกใช้ภาษา น้ำเสียง และกิริยาท่าทางเหมาะกับบุคคลและโอกาส ตามมารยาทสังคม และวัฒนธรรมของเจ้าของภาษา อธิบายเกี่ยวกับชีวิตค วามเป็นอยู่ ขนบธรรมเนียมและประเพณีของ เจ้าของภาษา เข้าร่วม/จัดกิจกรรมทางภาษาและวัฒ นธรรมตามความสนใจ
- เปรียบเทียบ และอธิบายความเหมือนและความแตกต่างระหว่างการออกเสียงประโยค ชนิดต่าง ๆ และการลำดับคำตามโครงสร้างประโย คของภาษาต่างประเทศและภาษาไทยเปรียบเทียบ และอธิบายความเหมือนและความแ ตกต่างระหว่างชีวิตความเป็นอยู่และวัฒนธรรมของเจ้าของภาษา กับของไทย และนำไปใช้อย่างเหมาะสม
- ค้นคว้า รวบรวม และสรุปข้อมูล/ข้อเท็จจริงที่เกี่ยวข้องกับกลุ่มสาระการเร ียนรู้อื่นจาก แหล่งการเรียนรู้ และนำเสนอด้วยการพูดและการเขียน
- ใช้ภาษาสื่อสารในสถานการณ์จริง/สถานการณ์จำลองที่เกิดขึ้นในห้อ งเรียน สถานศึกษา ชุมชน และสังคม
- ใช้ภาษาต่างประเทศในการสืบค้น/ค้นคว้า รวบรวม และสรุปความรู้/ข้อมูลต ่าง ๆ จากสื่อและแหล่งการเรียนรู้ต่าง ๆ ในการศึกษาต่อและประกอบอาชีพ เผยแพร่/ประชาสัมพันธ์ข้อมูล ข่าวสารของโรงเรียน ชุมชน และท้องถิ่น เป็นภาษาต่างประเทศ
- มีทักษะการใช้ภาษาต่างประเทศ) เน้นการฟัง-พูด-อ่าน -เขียน) สื่อสารตามหัวเรื่องเกี่ยวกับ ตนเอง ครอบครัว โรงเรียน สิ่งแวดล้อม อาหาร เครื่องดื่ม เวลาว่างและนันทนาการ สุขภาพและส วัสดิการ การซื้อ-ขาย ลมฟ้าอากาศ การศึกษาและอาชีพ การเดินทางท่องเที่ยว การบริการ สถานที่ ภาษา และวิทยาศาสตร์และเทคโนโลยี ภายในวงคำศัพท์ประมาณ ๒,๑๐๐-๒,๒๕๐ คำ (คำศัพท์ที่เป็นนามธรรมมากขึ้น)
- ใช้ประโยคผสมและประโยคซับซ้อน (Complex Sentences) สื่อค วามหมายตาม บริบท ต่างๆ ในการสนทนาทั้งที่เป็นทางการและไม่เป็นทางการ

จบชั้นมัธยมศึกษาปีที่ ๖

• ปฏิบัติตามคำแนะนำในคู่มือการใช้งานต่าง ๆ คำชี้แจง คำอธิบาย และคำบรรยายที่ฟัง และอ่าน อ่านออกเสียงข้อความ ข่าว ประกาศ โฆษณา บทร้อยกรองและบทละครสั้น ถูกต้อง ตามหลักการอ่าน อธิบายและเขียนประโยคและข้อความสัมพันธ์กับสื่อที่ไม่ใช่ความเรียง รูปแบบ ต่าง ๆ ที่อ่าน รวมทั้งระบุและเขียนสื่อที่ไม่ใช่ความเรียงรูปแบบต่าง ๆ สัมพันธ์กับประโยค และ ข้อความที่ฟังหรืออ่าน จับใจความสำคัญ วิเคราะห์ความ สรุปความ ตีความ และแสดงความคิดเห็น จากการฟังและอ่านเรื่องที่เป็นสารคดีและบันเทิงคดี พร้อมทั้งให้เหตุผลและยก ตัวอย่างประกอบ

• สนทนาและเขียนโต้ตอบข้อมูลเกี่ยวกับตนเองและเรื่องต่าง ๆ ใกล้ตัว ประสบการณ์ สถานการณ์ ข่าว/เหตุการณ์ ประเด็นที่อยู่ในความสนใจและสื่อสารอย่างต่อเนื่องและเหมาะสม เลือกและใช้คำขอร้อง คำชี้แจง คำอธิบาย และให้คำแนะนำ พูดและเขียนแสดงความต้องการ เสนอและให้ความช่วยเหลือ ตอบรับและปฏิเสธการให้ความช่วยเหลือในสถานการณ์จำลองหรือสถานการณ์จริงอย่างเหมาะสม พูดและเขียนเพื่อขอและให้ข้อมูล บรรยาย อธิบาย เปรียบเทียบ และแสดงความคิดเห็นเกี่ยวกับเรื่อง/ประเด็น/ข่าว/เหตุการณ์ที่ฟังและอ่านอย่างเหมาะสม พูดและเขียนบรรยายความรู้สึกและแสดงความคิดเห็นของตนเองเกี่ยวกับเรื่องต่างๆ กิจกรรม ประสบการณ์ และข่าว/เหตุการณ์อย่างมีเหตุผล

• พูดและเขียนนำเสนอข้อมูลเกี่ยวกับตนเอง/ประสบการณ์ ข่าว /เหตุการณ์ เรื่องและ ประเด็นต่าง ๆ ตามความสนใจ พูดและเขียนสรุปใจความสำคัญ แก่นสาระที่ได้จากการวิเคราะห์ เรื่อง กิจกรรม ข่าว เหตุการณ์ และสถาเการณ์ตามความสนใจ พูดและเขียนแสดงความคิดเห็นเกี่ยวกับกิจกรรม ประสบการณ์ และเหตุการณ์ ทั้งในท้องถิ่น สังคม และโลก พร้อมทั้งให้เหตุผล และยกตัวอย่างประกอบ

•

เลือกใช้ภาษา น้ำเสียง และกิริยาท่าทางเหมาะกับระดับของบุคคล เวลา โอกาสและสถานที่ตามมารยาทสังคมและวัฒนธรรมของเจ้าของภาษา อธิบาย/อภิปรายวิถีชีวิต ความคิด ความเชื่อ และที่มาของขนบธรรมเนียมและประเพณีของเจ้าของภาษา เข้าร่วม แนะนำ และจัดกิจกรรม ทางภาษาและวัฒนธรรมอย่างเหมาะสม

• อธิบาย/เปรียบเทียบความแตกต่างระหว่างโครงสร้างประโยค ข้อความ สำนวน คำพังเพย สุภาษิต และบทกลอนของภาษาต่างประเทศและภาษาไทย วิเคราะห์/อภิปราย ความเหมือน และความแตกต่างระหว่างวิถีชีวิต ความเชื่อ และวัฒนธรรมของเจ้าของภาษา กับของไทย และนำไปใช้อย่างมีเหตุผล

• ค้นคว้า/สืบค้น บันทึก สรุป และแสดงความคิดเห็นเกี่ยวกับข้อมูลที่เกี่ยวข้องกับ กลุ่มสา ระการเรียนรู้อื่น จากแหล่งเรียนรู้ต่าง ๆ และนำเสนอด้วยการพูดและการเขียน

• ใช้ภาษาสื่อสารในสถานการณ์จริง/สถานการณ์จำลองที่เกิดขึ้นในห้องเรียน สถานศึกษา ชุมชน และสังคม

• ใช้ภาษาต่างประเทศในการสืบค้น/ค้นคว้า รวบรวม วิเคราะห์ และสรุปความรู้/ ข้อมูล ต่าง ๆ จากสื่อและแหล่งการเรียนรู้ต่าง ๆ ในการศึกษาต่อและประกอบอาชีพ เผยแพร่ /ประชาสัมพันธ์ ข้อมูล ข่าวสารของโรงเรียน ชุมชน และท้องถิ่น/ประเทศชาติ เป็นภาษา ต่างประเทศ

• มีทักษะการใช้ภาษาต่างประเทศ) เน้นการฟัง-พูด-อ่าน-เขียน) สื่อสารตามหัวเรื่อง เกี่ยวกับตนเอง ครอบครัว โรงเรียน สิ่งแวดล้อม อาหาร เครื่องดื่ม ความสัมพันธ์ระหว่างบุคคล

ชั้นปี/ช่วงชั้น	ตัวชี้วัด
ป.๑	๑. ปฏิบัติตามคำสั่งง่ายๆ ที่ฟัง
	๒. ระบุตัวอักษรและเสียงอ่านออกเสียงและสะกดคำง่ายๆถูกต้องตามหลักการอ่าน
	๓. เลือกภาพตรงตามความหมายของคำ และกลุ่มคำที่ฟัง
	๔. ตอบคำถามจากการฟังเรื่องใกล้ตัว
ป.๒	๑. ปฏิบัติตามคำสั่ง และคำขอร้องง่าย ๆ ที่ฟัง
	๒.ระบุตัวอักษรและเสียง อ่านออกเสียงคำ สะกดคำ และอ่านประโยคง่าย ๆ ถูกต้องตามหลักการอ่าน
	๓. เลือกภาพ ตรงตามความหมายของคำ กลุ่มคำ และประโยคที่ฟัง
	๔. ตอบคำถามจากการฟังประโยค บทสนทนา หรือนิทานง่ายๆที่มีภาพประกอบ
ป.๓	๑. ปฏิบัติตามคำสั่ง และคำขอร้องที่ฟังหรืออ่าน
	๒. อ่านออกเสียง คำ สะกดคำ อ่านกลุ่มคำ ประโยค และบทพูดเข้าจังหวะ (chant) ง่าย ๆ ถูกต้องตาม หลักการอ่าน
	๓. เลือก/ระบุภาพหรือสัญลักษณ์ตรงตามความหมายของ กลุ่มคำและประโยค ที่ฟัง
	๔. ตอบคำถามจากการฟังหรืออ่านประโยคบทสนทนา หรือนิทานง่าย ๆ
ป.๔	๑. ปฏิบัติตามคำสั่ง คำขอร้อง และคำแนะนำ(instructions) ง่ายๆ ที่ฟังหรืออ่าน
	๒. อ่านออกเสียงคำ สะกดคำ อ่านกลุ่มคำประโยค ข้อความง่าย ๆ และบทพูดเข้าจังหวะ ถูกต้องตาม หลักการอ่าน
	๓. เลือก/ระบุภาพ หรือ สัญลักษณ์ หรือเครื่องหมาย ตรงตามความหมายของ ประโยคและข้อความสั้น ๆ ที่ฟังหรืออ่าน
	๔. ตอบคำถามจากการฟังและอ่านประโยคบทสนทนา และนิทานง่าย ๆ
ป.๕	๑. ปฏิบัติตามคำสั่ง คำขอร้อง และคำแนะนำง่าย ๆ ที่ฟังและอ่าน
	๒. อ่านออกเสียงประโยค ข้อความ และบทกลอนสั้นๆ ถูกต้องตาม หลักการอ่าน
	๓.ระบุ/วาดภาพสัญลักษณ์หรือเครื่องหมายตรงตามความหมายของประโยคและข้อความสั้น ๆ ที่ฟังหรืออ่าน
	๔. บอกใจความสำคัญและตอบคำถามจากการฟังและอ่านบทสนทนาและนิทานง่าย ๆ หรือเรื่องสั้น ๆ
ป.๖	๑. ปฏิบัติตามคำสั่ง คำขอร้อง และคำแนะนำ ที่ฟังและอ่าน
	๒. อ่านออกเสียงข้อความ นิทานและบทกลอนสั้นๆ ถูกต้องตาม หลักการอ่าน
	๓.เลือก/ระบุประโยคหรือข้อความสั้น ๆ ตรงตามภาพสัญลักษณ์หรือเครื่องหมายที่อ่าน
	๔. บอกใจความสำคัญ และตอบคำถามจากการฟังและอ่าน บทสนทนา นิทานง่าย ๆ และเรื่องเล่า

ชั้นปี/ช่วงชั้น	ตัวชี้วัด
ม.๑	๑. ปฏิบัติตามคำสั่ง คำขอร้อง คำแนะนำ และคำชี้แจงง่ายๆ ที่ฟังและอ่าน
	๒. อ่านออกเสียงข้อความ นิทาน และบทร้อยกรอง (poem) สั้น ๆ ถูกต้องตามหลักการอ่าน
ม.๑	๓. เลือก/ระบุ ประโยคและ ข้อความ ให้สัมพันธ์กับสื่อที่ไม่ใช่ความเรียง (non-text information)ที่อ่าน
	๔. ระบุหัวข้อเรื่อง (topic) ใจความสำคัญ(main idea)และตอบคำถามจากการฟังและอ่านบทสนทนา นิทาน และเรื่องสั้น
ม.๒	๑. ปฏิบัติตาม คำขอร้อง คำแนะนำคำชี้แจง และคำอธิบายง่ายๆ ที่ฟังและอ่าน
	๒. อ่านออกเสียงข้อความ ข่าว ประกาศ และบทร้อย-กรองสั้น ๆ ถูกต้องตาม หลักการอ่าน
	๓. ระบุ/เขียนประโยค และข้อความ ให้สัมพันธ์กับสื่อที่ไม่ใช่ความเรียง รูปแบบต่าง ๆ ที่อ่าน
	๔. เลือกหัวข้อเรื่อง ใจความสำคัญบอกรายละเอียดสนับสนุน (supporting detail) และแสดงความคิดเห็นเกี่ยวกับเรื่องที่ฟังและอ่าน พร้อมทั้งให้เหตุผลและยกตัวอย่างง่าย ๆ ประกอบ
ม.๓	๑. ปฏิบัติตามคำขอร้อง คำแนะนำ คำชี้แจง และคำอธิบายที่ฟังและอ่าน
	๒. อ่านออกเสียง ข้อความ ข่าว โฆษณา และบทร้อย-กรองสั้น ๆ ถูกต้องตามหลักการอ่าน
	๓. ระบุและเขียนสื่อที่ไม่ใช่ความเรียงรูปแบบต่าง ๆ ให้สัมพันธ์กับประโยคและข้อความที่ฟังหรืออ่าน
	๔. เลือก/ระบุหัวข้อเรื่อง ใจความสำคัญ รายละเอียดสนับสนุน และแสดงความคิดเห็นเกี่ยวกับเรื่องที่ฟังและอ่านจากสื่อประเภทต่าง ๆ พร้อมทั้งให้เหตุผลและยกตัวอย่าง ประกอบ
ม.๔-๖	๑. ปฏิบัติตามคำแนะนำในคู่มือการใช้งานต่าง ๆ คำชี้แจง คำอธิบายและคำบรรยายที่ฟังและอ่าน
	๒. อ่านออกเสียง ข้อความ ข่าว ประกาศ โฆษณา บทร้อยกรอง และบทละครสั้น (skit) ถูกต้องตามหลักการอ่าน
	๓. อธิบายและเขียนประโยคและข้อความให้สัมพันธ์กับสื่อที่ไม่ใช่ความเรียงรูปแบบต่าง ๆ ที่อ่าน รวมทั้งระบุและเขียนสื่อที่ไม่ใช่ความเรียงรูปแบบต่าง ๆ ให้สัมพันธ์กับประโยค และข้อความที่ฟังหรืออ่าน
	๔. จับใจความสำคัญ วิเคราะห์ความ สรุปความตีความ และแสดงความคิดเห็นจากการฟังและอ่านเรื่องที่เป็นสารคดีและบันเทิงคดี พร้อมทั้งให้เหตุผลและยกตัวอย่างประกอบ

สาระที่ ๑ ภาษาเพื่อการสื่อสาร

มาตรฐาน ต ๑.๒ มีทักษะการสื่อสารทางภาษาในการแลกเปลี่ยนข้อมูลข่าวสารแสดงความรู้สึก และความคิดเห็นอย่างมีประสิทธิภาพ

ชั้นปี/ช่วงชั้น	ตัวชี้วัด
ป.๑	๑. พูดโต้ตอบด้วยคำสั้นๆ ง่ายๆ ในการสื่อสารระหว่างบุคคลตามแบบที่ฟัง
	๒. ใช้คำสั่งง่าย ๆ ตามแบบที่ฟัง
	๓. บอกความต้องการง่าย ๆ ของตนเอง ตามแบบที่ฟัง
	๔. พูดขอและให้ข้อมูลง่าย ๆ เกี่ยวกับตนเองตามแบบที่ฟัง
ป.๒	๑. พูดโต้ตอบด้วยคำสั้น ๆ ง่าย ๆ ในการสื่อสารระหว่างบุคคลตามแบบที่ฟัง
	๒.ใช้คำสั่งและคำขอร้องง่าย ๆ ตามแบบที่ฟัง
	๓. บอกความต้องการง่าย ๆ ของตนเอง ตามแบบที่ฟัง
	๔. พูดขอและให้ข้อมูลง่าย ๆ เกี่ยวกับตนเองตามแบบที่ฟัง
ป.๓	๑. พูดโต้ตอบด้วยคำสั้น ๆ ง่าย ๆ ในการสื่อสารระหว่างบุคคลตามแบบที่ฟัง
	๒. ใช้คำสั่งและคำขอร้องง่าย ๆ ตามแบบที่ฟัง
	๓. บอกความต้องการง่าย ๆ ของตนเอง ตามแบบที่ฟัง
	๔. พูดขอและให้ข้อมูลง่าย ๆ เกี่ยวกับตนเอง และเพื่อนตามแบบที่ฟัง
	๕. บอกความ รู้สึกของตนเองเกี่ยวกับสิ่งต่าง ๆ ใกล้ตัว หรือกิจกรรมต่าง ๆ ตามแบบที่ฟัง
ป.๔	๑. พูด/เขียนโต้ตอบในการสื่อสารระหว่างบุคคล
	๒. ใช้คำสั่ง คำขอร้อง และคำขออนุญาตง่าย ๆ
	๓. พูด/เขียนแสดงความต้องการของตนเองและขอความช่วยเหลือในสถานการณ์ง่าย ๆ
	๔. พูด/เขียนเพื่อขอและให้ข้อมูลเกี่ยวกับตนเองเพื่อนและครอบครัว
	๕. พูดแสดงความรู้สึกของตนเองเกี่ยวกับ เรื่องต่าง ๆ ใกล้ตัว และกิจกรรมต่าง ๆ ตามแบบที่ฟัง
ป.๕	๑. พูด/เขียนโต้ตอบในการสื่อสารระหว่างบุคคล
	๒. ใช้คำสั่ง คำขอร้อง คำขออนุญาต และให้คำแนะนำง่าย ๆ
	๓. พูด/เขียนแสดงความต้องการ ขอความช่วยเหลือตอบรับและปฏิเสธการให้ความช่วยเหลือในสถานการณ์ง่าย ๆ
	๔. พูด/เขียนเพื่อ ขอและให้ข้อมูลเกี่ยวกับตนเอง เพื่อน ครอบครัวและเรื่องใกล้ตัว
	๕. พูด/เขียนแสดงความรู้สึก ของตนเองเกี่ยวกับเรื่องต่าง ๆ ใกล้ตัวและกิจกรรมต่าง ๆ พร้อมทั้งให้เหตุผลสั้น ๆ ประกอบ

ชั้นปี/ช่วงชั้น	ตัวชี้วัด
ป.๖	๑. พูด/เขียนโต้ตอบในการสื่อสารระหว่างบุคคล
	๒. ใช้คำสั่ง คำขอร้อง และให้คำแนะนำ
	๓. พูด/เขียนแสดงความต้องการ ขอความช่วยเหลือ ตอบรับและปฏิเสธการให้ความช่วยเหลือ ในสถานการณ์ง่าย ๆ
	๔. พูดและเขียนเพื่อขอและให้ข้อมูลเกี่ยวกับตนเอง เพื่อน ครอบครัวและเรื่องใกล้ตัว
	๕. พูด/เขียนแสดงความรู้สึกของตนเอง เกี่ยวกับเรื่องต่าง ๆ ใกล้ตัว กิจกรรมต่าง ๆ พร้อมทั้งให้เหตุผลสั้น ๆ ประกอบ
ม.๑	๑. สนทนา แลกเปลี่ยนข้อมูลเกี่ยวกับตนเอง กิจกรรม และสถานการณ์ต่าง ๆ ในชีวิตประจำวัน
	๒. ใช้คำขอร้อง ให้คำแนะนำ และคำชี้แจง ตามสถานการณ์
	๓. พูดและเขียนแสดงความต้องการ ขอความช่วยเหลือ ตอบรับและปฏิเสธการให้ความช่วยเหลือในสถานการณ์ต่าง ๆ อย่างเหมาะสม
	๔. พูดและเขียนเพื่อขอและให้ข้อมูลและแสดงความคิดเห็นเกี่ยวกับเรื่องที่ฟังหรืออ่าน อย่างเหมาะสม
	๕. พูดและเขียนแสดงความรู้สึก และความคิดเห็นของตนเองเกี่ยวกับเรื่องต่าง ๆ ใกล้ตัว กิจกรรมต่าง ๆ พร้อมทั้งให้เหตุผลสั้นๆประกอบอย่างเหมาะสม
ม.๒	๑. สนทนา แลกเปลี่ยน ข้อมูลเกี่ยวกับตนเอง เรื่องต่าง ๆ ใกล้ตัวและสถานการณ์ต่าง ๆ ในชีวิตประจำวันอย่างเหมาะสม
	๒. ใช้คำขอร้อง ให้คำแนะนำ คำชี้แจงและ คำอธิบายตามสถานการณ์
	๓. พูดและเขียนแสดงความต้องการ เสนอและให้ความ ช่วยเหลือ ตอบรับ และปฏิเสธการให้ ความช่วยเหลือในสถานการณ์ต่าง ๆ อย่างเหมาะสม
	๔. พูดและเขียนเพื่อขอและให้ข้อมูล บรรยาย และแสดงความคิดเห็นเกี่ยวกับเรื่องที่ฟังหรืออ่าน อย่างเหมาะสม
	๕. พูดและเขียนแสดงความรู้สึกและความคิดเห็นของตนเองเกี่ยวกับเรื่องต่าง ๆ กิจกรรม และประสบการณ์ พร้อมทั้ง ให้เหตุผลประกอบอย่างเหมาะสม
ม.๓	๑. สนทนาและเขียนโต้ตอบข้อมูลเกี่ยวกับตนเอง เรื่องต่าง ๆ ใกล้ตัวสถานการณ์ ข่าว เรื่องที่อยู่ในความสนใจของสังคม และสื่อสารอย่างต่อเนื่องและเหมาะสม
	๒. ใช้คำขอร้อง ให้คำแนะนำ คำชี้แจง และคำอธิบายอย่างเหมาะสม
	๓. พูดและเขียนแสดงความต้องการเสนอและให้ความช่วยเหลือตอบรับ และ ปฏิเสธการให้ความช่วยเหลือในสถานการณ์ต่าง ๆ อย่างเหมาะสม

ชั้นปี/ช่วงชั้น	ตัวชี้วัด
ม.๓	๔. พูดและเขียนเพื่อขอและให้ข้อมูล อธิบาย เปรียบเทียบและแสดงความคิดเห็นเกี่ยวกับเรื่องที่ฟังหรืออ่าน อย่างเหมาะสม
	๕. พูดและเขียนบรรยายความรู้สึกและความคิดเห็นของตนเองเกี่ยวกับเรื่องต่าง ๆ กิจกรรม ประสบการณ์ และข่าว/เหตุการณ์ พร้อมทั้งให้เหตุผลประกอบ อย่างเหมาะสม
ม.๔-๖	๑. สนทนาและเขียนโต้ตอบข้อมูลเกี่ยวกับตนเองและเรื่องต่าง ๆ ใกล้ตัว ประสบการณ์สถานการณ์ ข่าว/เหตุการณ์ประเด็นที่อยู่ในความสนใจของสังคม และสื่อสารอย่างต่อเนื่องและเหมาะสม
	๒. เลือกและใช้คำขอร้อง ให้คำแนะนำ คำชี้แจง คำอธิบายอย่างคล่องแคล่ว
	๓. พูดและเขียนแสดงความต้องการ เสนอ ตอบรับและปฏิเสธการให้ความช่วยเหลือในสถานการณ์จำลองหรือสถานการณ์จริงอย่างเหมาะสม
	๔. พูดและเขียนเพื่อขอและให้ข้อมูล บรรยาย อธิบาย เปรียบเทียบ และแสดงความคิดเห็นเกี่ยวกับเรื่อง/ประเด็น/ข่าว/เหตุการณ์ที่ฟังและอ่านอย่างเหมาะสม
	๕. พูดและเขียนบรรยายความรู้สึกและแสดงความคิดเห็นของตนเองเกี่ยวกับเรื่องต่าง ๆ กิจกรรม ประสบการณ์ และข่าว/เหตุการณ์อย่างมีเหตุผล

สาระที่ ๒ ภาษาและวัฒนธรรม

มาตรฐาน ต ๒.๑ เข้าใจความสัมพันธ์ระหว่างภาษากับวัฒนธรรมของเจ้าของภาษาแล ะนำไปใช้ ได้อย่างเหมาะสมกับกาลเทศะ

ชั้นปี/ช่วงชั้น	ตัวชี้วัด
ป.๑	๑. พูดและทำท่าประกอบ ตามวัฒนธรรมของเจ้าของภาษา
	๒. บอกชื่อและคำศัพท์เกี่ยวกับเทศกาลสำคัญของเจ้าของภาษา
	๓. เข้าร่วม กิจกรรมทางภาษาและวัฒนธรรมที่เหมาะกับวัย
ป.๒	๑. พูดและทำท่าประกอบ ตามวัฒนธรรมของเจ้าของภาษา
	๒. บอกชื่อและคำศัพท์เกี่ยวกับเทศกาลสำคัญ ของเจ้าของภาษา
	๓. เข้าร่วมกิจกรรมทางภาษาและวัฒนธรรมที่เหมาะกับวัย
ป.๓	๑. พูดและทำท่าประกอบ ตามมารยาทสังคม/ วัฒนธรรมของเจ้าของภาษา
	๒. บอกชื่อและคำศัพท์ง่าย ๆ เกี่ยวกับเทศกาล/วันสำคัญ/งานฉลองและชีวิตความเป็นอยู่ของเจ้าของภาษา
	๓. เข้าร่วมกิจกรรมทางภาษาและวัฒนธรรมที่เหมาะกับวัย

ชั้นปี/ช่วงชั้น	ตัวชี้วัด
ป.๔	๑. พูดและทำท่า ประกอบ อย่างสุภาพ ตามมารยาทสังคมและวัฒนธรรมของเจ้าของภาษา
	๒. ตอบคำถามเกี่ยวกับเทศกาล/วันสำคัญ/งานฉลองและชีวิตความเป็นอยู่ ง่าย ๆ ของเจ้าของภาษา
	๓. เข้าร่วมกิจกรรมทางภาษาและวัฒนธรรมที่เหมาะกับวัย
ป.๕	๑.ใช้ถ้อยคำน้ำเสียงและกิริยาท่าทางอย่างสุภาพตามมารยาทสังคมและวัฒนธรรมของเจ้าของภาษา
	๒. ตอบคำถาม/บอกความสำคัญของเทศกาล/วันสำคัญ/งานฉลองและชีวิตความเป็นอยู่ง่าย ๆ ของเจ้าของภาษา
	๓. เข้าร่วมกิจกรรมทางภาษาและวัฒนธรรมตามความสนใจ
ป.๖	๑. ใช้ถ้อยคำ น้ำเสียง และกิริยาท่าทางอย่างสุภาพ เหมาะสม ตามมารยาทสังคมและวัฒนธรรมของเจ้าของภาษา
	๒. ให้ข้อมูลเกี่ยวกับเทศกาล/วันสำคัญ/งานฉลอง/ชีวิตความเป็นอยู่ของเจ้าของภาษา
	๓. เข้าร่วมกิจกรรมทางภาษาและวัฒนธรรมตามความสนใจ
ม.๑	๑.ใช้ภาษา น้ำเสียง และกิริยาท่าทาง สุภาพ เหมาะสม ตามมารยาทสังคม และวัฒนธรรมของเจ้าของภาษา
	๒. บรรยาย เกี่ยวกับเทศกาล วันสำคัญ ชีวิตความเป็นอยู่ และประเพณี ของเจ้าของภาษา
	๓. เข้าร่วม/จัดกิจกรรมทางภาษาและวัฒนธรรมตามความสนใจ
ม.๒	๑. ใช้ภาษา น้ำเสียง และกิริยาท่าทาง เหมาะกับบุคคลและโอกาสตามมารยาทสังคม และวัฒนธรรมของเจ้าของภาษา
	๒. อธิบายเกี่ยวกับเทศกาล วันสำคัญ ชีวิตความเป็นอยู่ และประเพณีของ เจ้าของภาษา
	๓. เข้าร่วม/จัดกิจกรรมทางภาษาและวัฒนธรรมตามความสนใจ
ม.๓	๑.เลือกใช้ภาษา น้ำเสียง และกิริยาท่าทาง เหมาะกับบุคคลและโอกาส ตามมารยาทสังคม และวัฒนธรรมของเจ้าของภาษา
	๒. อธิบาย เกี่ยวกับชีวิต ความเป็นอยู่ ขนบธรรมเนียม และประเพณี ของเจ้าของภาษา
	๓. เข้าร่วม/จัดกิจกรรมทางภาษาและวัฒนธรรมตามความสนใจ

ชั้นปี/ช่วงชั้น	ตัวชี้วัด
ม.๔-๖	๑. เลือกใช้ภาษา น้ำเสียง และกิริยาท่าทางเหมาะกับระดับของบุคคล โอกาส และสถานที่ ตามมารยาทสังคมและวัฒนธรรมของเจ้าของภาษา
	๒. อธิบาย/อภิปรายวิถีชีวิต ความคิด ความเชื่อ และที่มาของขนบธรรมเนียมและประเพณีของเจ้าของภาษา
	๓. เข้าร่วม แนะนำ และจัดกิจกรรมทางภาษาและวัฒนธรรมอย่างเหมาะสม

สาระที่ ๒ ภาษาและวัฒนธรรม

มาตรฐานต ๒.๒ เข้าใจความเหมือนและความแตกต่างระหว่างภาษาและวัฒนธรรมของเจ้าของ ภาษากับภาษาและ วัฒนธรรมไทย และนำมาใช้อย่างถูกต้องและเหมาะสม

ชั้นปี/ช่วงชั้น	ตัวชี้วัด
ป.๑	๑. ระบุตัวอักษรและเสียงตัวอักษรของภาษาต่างประเทศ และภาษาไทย
ป.๒	๑. ระบุตัวอักษรและเสียงตัวอักษรของภาษาต่างประเทศและภาษาไทย
ป.๓	๑. บอกความแตกต่างของเสียงตัวอักษร คำ กลุ่มคำ และประโยคง่าย ๆ ของภาษาต่างประเทศและภาษาไทย
ป.๔	๑. บอกความแตกต่างของของเสียงตัวอักษร คำ กลุ่มคำ ประโยค และข้อความของภาษา ต่างประเทศและภาษาไทย
	๒. บอกความเหมือน/ความแตกต่างระหว่างเทศกาลและงานฉลองตามวัฒนธรรมของเจ้าของภาษากับของไทย
ป.๕	๑. บอกความเหมือน/ความแตกต่างระหว่างการออกเสียงประโยคชนิดต่าง ๆ การใช้เครื่องหมายวรรคตอน และการลำดับคำ (order) ตามโครงสร้างประโยคของภาษาต่างประเทศและภาษาไทย
	๒. บอกความเหมือน/ความแตกต่างระหว่างเทศกาลและงานฉลองของเจ้าของภาษากับของไทย
ป.๖	๑. บอกความเหมือน/ความแตกต่างระหว่างการออกเสียงประโยคชนิดต่าง ๆ การใช้เครื่องหมายวรรคตอน และการลำดับคำ ตามโครงสร้างประโยค ของภาษาต่างประเทศและภาษาไทย
	๒. เปรียบเทียบความเหมือน/ความแตกต่างระหว่างเทศกาลงานฉลองและประเพณีของเจ้าของภาษากับของไทย

ชั้นปี/ช่วงชั้น	ตัวชี้วัด
ม.๑	๑. บอกความเหมือนและความแตกต่างระหว่างการออกเสียงประโยคชนิดต่าง ๆ การใช้เครื่องหมายวรรคตอน และการลำดับคำ ตามโครงสร้างประโยค ของภาษาต่างประเทศและภาษาไทย
	๒ เปรียบเทียบความเหมือนและ ความแตกต่างระหว่างเทศกาลงานฉลอง วันสำคัญ และชีวิตความเป็นอยู่ของเจ้าของภาษา กับของไทย
ม.๒	๑. เปรียบเทียบและอธิบายความเหมือนและความแตกต่างระหว่างการออกเสียงประโยคชนิดต่าง ๆ และการลำดับคำ ตามโครงสร้างประโยค ของภาษาต่างประเทศและภาษาไทย
	๒ เปรียบเทียบและอธิบายความเหมือนและความแตกต่างระหว่างชีวิตความเป็นอยู่และวัฒนธรรมของเจ้าของภาษา กับของไทย
ม.๓	๑. เปรียบเทียบและอธิบายความเหมือนและความแตกต่างระหว่างการออกเสียงประโยคชนิดต่าง ๆ และการลำดับคำ ตามโครงสร้างประโยคของภาษาต่างประเทศและภาษาไทย
	๒. เปรียบเทียบและอธิบายความเหมือนและความแตกต่างระหว่างชีวิตความเป็นอยู่และวัฒนธรรมของเจ้าของภาษา กับของไทย และนำไปใช้อย่างเหมาะสม
ม.๔-๖	๑. อธิบาย/เปรียบเทียบความแตกต่างระหว่างโครงสร้างประโยค ข้อความ สำนวนคำพังเพย สุภาษิตและบทกลอนของภาษา ต่างประเทศและภาษาไทย
	๒. วิเคราะห์/อภิปรายความเหมือนและความแตกต่างระหว่างวิถีชีวิต ความเชื่อและวัฒนธรรมของเจ้าของภาษากับของไทย และนำไปใช้อย่างมีเหตุผล

สาระที่ ๓ ภาษากับความสัมพันธ์กับกลุ่มสาระการเรียนรู้อื่น

มาตรฐาน ต ๓.๑ ใช้ภาษาต่างประเทศในการเชื่อมโยงความรู้กับกลุ่มสาระการเรียนรู้อื่น และเป็นพื้นฐานในการพัฒนา แสวงหาความรู้ และเปิดโลกทัศน์ของตน

ชั้นปี/ช่วงชั้น	ตัวชี้วัด
ป.๑	๑. บอกคำศัพท์ที่เกี่ยวข้องกับกลุ่มสาระการเรียนรู้อื่น
ป.๒	๑. บอกคำศัพท์ที่เกี่ยวข้องกับกลุ่มสาระการเรียนรู้อื่น
ป.๓	๑. บอกคำศัพท์ที่เกี่ยวข้องกับกลุ่มสาระการเรียนรู้อื่น
ป.๔	๑. ค้นคว้ารวบรวมคำศัพท์ที่เกี่ยวข้องกับกลุ่มสาระการเรียนรู้อื่นและนำเสนอด้วยการพูด/การเขียน
ป.๕	๑. ค้นคว้ารวบรวมคำศัพท์ที่เกี่ยวข้องกับกลุ่มสาระการเรียนรู้อื่นและนำเสนอด้วยการพูด/การเขียน

ชั้นปี/ช่วงชั้น	ตัวชี้วัด
ป.๖	๑. ค้นคว้ารวบรวมคำศัพท์ที่เกี่ยวข้องกับกลุ่มสาระการเรียนรู้อื่นจากแหล่งเรียนรู้และนำเสนอด้วยการพูด/การเขียน
ม.๑	๑. ค้นคว้า รวบรวมและสรุปข้อมูล/ข้อเท็จจริงที่เกี่ยวข้องกับกลุ่มสาระการเรียนรู้อื่น จากแหล่งเรียนรู้และนำเสนอด้วยการพูด/การเขียน
ม.๒	๑. ค้นคว้า รวบรวมและสรุปข้อมูล/ข้อเท็จจริงที่เกี่ยวข้องกับกลุ่มสาระการเรียนรู้ อื่น จากแหล่งเรียนรู้และนำเสนอด้วยการพูด/การเขียน
ม.๓	๑. ค้นคว้า รวบรวมและสรุปข้อมูล/ข้อเท็จจริงที่เกี่ยวข้องกับกลุ่มสาระการเรียนรู้อื่น จากแหล่งเรียนรู้และนำเสนอด้วยการพูดและการเขียน
ม.๔-๖	๑. ค้นคว้า/สืบค้น บันทึกสรุปและแสดงความคิดเห็นเกี่ยวกับข้อมูลที่เกี่ยวข้องกับกลุ่มสาระการเรียนรู้อื่น จากแหล่งเรียนรู้ต่าง ๆ และนำเสนอด้วยการพูดและการเขียน

สาระที่ ๔ ภาษากับความสัมพันธ์กับชุมชนและโลก

มาตรฐาน ต ๔.๑ ใช้ภาษาต่างประเทศในสถานการณ์ต่าง ๆ ทั้งในสถานศึกษา ชุมชน และสังคม

ชั้นปี/ช่วงชั้น	ตัวชี้วัด
ป.๑	๑. ฟัง/พูดในสถานการณ์ง่าย ๆ ที่เกิดขึ้นในห้องเรียน
ป.๒	๑. ฟัง/พูดในสถานการณ์ง่าย ๆ ที่เกิดขึ้นในห้องเรียน
ป.๓	๑. ฟัง/พูดในสถานการณ์ง่าย ๆ ที่เกิดขึ้นในห้องเรียน
ป.๔	๑. ฟังและพูด/อ่าน ในสถานการณ์ที่เกิดขึ้นในห้องเรียนและสถานศึกษา
ป.๕	๑. ฟัง พูด และอ่าน/เขียนในสถานการณ์ต่าง ๆ ที่เกิดขึ้นในห้องเรียนและสถานศึกษา
ป.๖	๑. ใช้ภาษาสื่อสาร ในสถานการณ์ต่าง ๆ ที่เกิดขึ้นในห้องเรียนและสถานศึกษา
ม.๑	๑. ใช้ภาษาสื่อสาร ในสถานการณ์จริง/สถานการณ์จำลองที่เกิดขึ้นในห้องเรียนและสถานศึกษา
ม.๒	๑. ใช้ภาษาสื่อสารในสถานการณ์จริง/สถานการณ์จำลองที่เกิดขึ้นในห้องเรียน สถานศึกษา และชุมชน
ม.๓	๑. ใช้ภาษาสื่อสารในสถานการณ์จริง/สถานการณ์จำลองที่เกิดขึ้นในห้องเรียน สถานศึกษาชุมชน และสังคม
ม.๔-๖	๑. ใช้ภาษาสื่อสารในสถานการณ์จริง/สถานการณ์จำลอง ที่เกิดขึ้นในห้องเรียน สถานศึกษา ชุมชน และสังคม

มาตรฐาน ต ๔.๒ ใช้ภาษาต่างประเทศเป็นเครื่องมือพื้นฐานในการศึกษาต่อ การประกอบอาชีพ และการแลกเปลี่ยนเรียนรู้กับสังคมโลก

ชั้นปี/ช่วงชั้น	ตัวชี้วัด
ป.๑	๑. ใช้ภาษา ต่างประเทศ เพื่อรวบรวมคำศัพท์ที่เกี่ยวข้องใกล้ตัว
ป.๒	๑. ใช้ภาษา ต่างประเทศ เพื่อรวบรวมคำศัพท์ที่เกี่ยวข้องใกล้ตัว
ป.๓	๑. ใช้ภาษา ต่างประเทศ เพื่อรวบรวมคำศัพท์ที่เกี่ยวข้องใกล้ตัว
ป.๔	๑. ใช้ภาษา ต่างประเทศในการสืบค้นและรวบรวมข้อมูลต่าง ๆ
ป.๕	๑. ใช้ภาษา ต่างประเทศในการสืบค้นและรวบรวมข้อมูลต่าง ๆ
ป.๖	๑. ใช้ภาษา ต่างประเทศในการสืบค้น และรวบรวมข้อมูลต่าง ๆ
ม.๑	๑. ใช้ภาษาต่างประเทศในการสืบค้น/ค้นคว้า ความรู้/ข้อมูลต่าง ๆ จากสื่อและแหล่งการเรียนรู้ต่างๆในการศึกษาต่อ และ ประกอบอาชีพ
ม.๒	๑. ใช้ภาษาต่างประเทศในการสืบค้น/ค้นคว้า รวบรวมและสรุปความรู้/ข้อมูลต่าง ๆ จากสื่อและแหล่งการเรียนรู้ต่าง ๆ ในการศึกษาต่อและประกอบอาชีพ
	๒. เผยแพร่/ ประชาสัมพันธ์ข้อมูล ข่าวสารของโรงเรียนเป็นภาษาต่างประเทศ
ม.๓	๑. ใช้ภาษาต่างประเทศในการสืบค้น/ค้นคว้า รวบรวม และสรุปความรู้/ข้อมูลต่าง ๆ จากสื่อและแหล่งการเรียนรู้ต่าง ๆ ในการศึกษาต่อและประกอบอาชีพ
	๒. เผยแพร่/ ประชาสัมพันธ์ข้อมูล ข่าวสารของโรงเรียนชุมชน และท้องถิ่น เป็นภาษาต่างประเทศ
ม.๔-๖	๑. ใช้ภาษาต่างประเทศในการสืบค้น/ค้นคว้า รวบรวม วิเคราะห์ และสรุปความรู้/ข้อมูลต่าง ๆ จากสื่อและแหล่งการเรียนรู้ต่าง ๆ ในการศึกษาต่อและประกอบอาชีพ
	๒. เผยแพร่/ประชาสัมพันธ์ ข้อมูล ข่าวสารของโรงเรียน ชุมชน และท้องถิ่น/ประเทศชาติ เป็นภาษาต่างประเทศ

《2008年基础教育核心课程》节选

翻译版

1. 课程的教育目的

基础教育核心课程的目的在于提高泰国教育水平，使学习者在身体、知识、品德方面平衡发展。加强泰国人民作为泰国乃至世界公民的意识，并坚持君主立宪制政体。使学生具备基础知识及技能，对进一步学习、就业及终生学习有持续的渴求。坚信每个学生都能够根据自己的潜能，努力学习和提高自己。在教学中坚持以学习者为重心。

2. 课程原则

基础教育核心课程的基本原则如下：

（1）课程的最终目的是实现民族团结。课程的学习标准和目标是发展儿童和青少年获取知识、技能、态度和品德的能力，并以此作为泰国国民性和普遍价值观的基础。

（2）课程要为所有的人创造获得平等高质量教育的机会而服务。

（3）课程要有利于权力下放，鼓励社会参与教育活动，以符合实际的情况和当地的需求。

（4）课程的结果要达到灵活的学习内容、时间分配和学习管理的目标。

（5）大力提倡以学习者为中心的教学方法。

（6）课程的目的是要包括所有的教育类型（正规、非正规和自主学习），涵盖所有的目标群体，并能灵活便利的转移学习成果和经验。

3. 课程目标

泰国基础教育核心课程的目标是让学习者在各方面得到均衡和谐的发展，培养其成为有素质、有道德、有智慧的人，使他们具有进一步学习及就业的潜力。按照这一标准制定完成基础教育阶段学业的教育目标如下：

（1）具备品德、道德及理想价值观，看到自身的价值，具有秩序意识，遵循佛教或自己信仰的宗教所规定的行为标准，以“知足经济论”为生活哲理；

（2）具有国际化的知识，具有沟通、思维、解决问题、应用技术的能力，并具备生活技能；

（3）具有健康的生理、心里素质，养成锻炼身体及爱护环境卫生的好习惯；

（4）具有爱国精神，具有泰国公民意识及世界公民意识、坚持君主立宪制之下的政治及生活方式；

（5）具有泰国文化及民族智慧的保护意识，环境保护及改善意识。具有为社会做出贡献的大众精神，能够与人和睦相处。

4. 学习者的主要能力

基础教育核心课程旨在发展学习者具有以下五个关键的能力：

（1）交际能力

交际能力是能够接收和传递信息的能力。具体来讲，是指拥有使用语言及其文化传达自己的思想、知识、感情和见解、能交换信息和经验的能力。目的是促进个人和社会发展，消除和减少各种冲突，合理地判断是否接受信息，并最终考虑到影响自己和社会的因素，选择使用有效的交际法。

（2）思维能力

思维能力是分析性、综合性、创造性、批判性和系统性思考的能力。还包括创造性知识或信息，能够作出有利于自身发展或社会发展的适当决定。

（3）解决问题的能力

解决问题的能力是在合理、道德地掌握一定信息的基础上，解决各种问题和障碍的能力，了解社会事物的关系和变化，具有预防和解决问题的应用知识，能考虑自身、社会和环境因素的影响从而做出有效的决定。

（4）生存技能

在自己的日常生活、自主学习、连续学习和工作中建立良好的人际关系，或为和谐共存而使用各种策略的能力。能够适当的解决各种问题及冲突，能适应并跟上社会及环境的变化，避免给自身和他人造成不良影响的事端发生。

（5）技术应用的能力

技术应用的能力是能够选择使用各种技术的能力，拥有应用相关技术工具，在学习、交际、工作中有创造性地、准确地以道德为准则来解决问题的能力。以期自我发展并推动社会进步。

5. 课程的理想特性

基础教育核心课程的重点是发展学习者的理想，使学习者能够与别人和谐共处，成长为合格的泰国公民和全球公民。课程的理想特性包括：

（1）热爱国家、宗教和国王；

（2）诚实正直；

（3）遵守纪律；

（4）好学；

（5）以自足经济理念为原则；

（6）认真投入工作；

（7）具有泰国爱国主义（Cherishing Thai nationalism）；

（8）具有公共意识。

6. 课程的学习标准

为使学习者均衡地发展，必要考虑到大脑发展和多元职能的原则，因此《基础教育核心课程》规定了以下八类学习领域：

（1）泰语；

（2）数学；

（3）科学；

（4）社会、宗教和文化；

（5）卫生与体育；

（6）艺术；

（7）职业与技术；

（8）外语。

各类学习领域都规定了学习的主要目标是发展学习者素质，学习标准指出学习者应掌握知识，会实践，道德高尚并拥有理想的价值观，这些是学习者在基础教育阶段完成后应该获得的。此外，课程的学习标准还是推动整个教育系统的重要动机，因为学习标准反映的是学习的需求、教学的内容、教学的方法和评估的方法，同时也是检测教育保障的手段，包括内部和外部的检测，教育区检测和全国性检测。该检测系统可以反映出相关学习标准的实施情况及未来发展趋势，具有非常重要的作用。

7. 课程等级指标

该部分按照各年级学习者的特性，描述了学习者应该学习和掌握的知识，能够反映学习标准，学习内容形象而具体，应作为规定学习内容、确定学习单元、组织教学以及作为对学生进行评估的重要准则。

（1）年级指标：是为义务教育的发展各级学习者指定的目标。（1年级到初中3年级）

（2）阶段指标：是高中层次发展学习者指定的目标。（高中1年级到3年级统一的标准）

8. 课程的学习内容

《2008年基础教育核心课程》的学习内容包括知识、技能或学习的过程，可以分为以下8类别：

（1）泰语：掌握泰语知识、技能和语言交际所使用的文化；热爱和欣赏泰国智慧；具有泰国民族语言的自豪感；

（2）数学：应用知识、技能和数学的思维过程来解决工作和升学等方面的问题；具有合理性；对数学把有良好的态度；发展具有系统性和建设性的思维模式。

（3）科学：应用科学知识来学习、搜索并能系统化解决问题；具有逻辑性、分析性和建设性的思维及科学意识(scientific-mindedness)。

（4）社会、宗教和文化：在泰国社会和国际社会中和平共处；做优秀公民；有信仰；爱护资源和环境；拥有爱国主义精神和对泰国的民族主义自豪感。

（5）卫生与体育：掌握卫生与体育的知识和技能，拥有良好的态度，增强自己和他人的健康体质；预防影响他人健康的各种事物的出现，生病后接受适当的治疗；掌握生活技能。

（6）艺术：掌握艺术知识和技能，具有想象、创造艺术作品、欣赏美学和艺术的能力。

（7）职业与技术：掌握职业与技术知识、技能，对待工作有积极地态度；掌握管理，生活方式，民生和应用技术。

（8）外语：掌握外语知识、技能和外语所涉及的文化，能进行交流，能寻求知识并以其作为求职的手段。

9. 学习目标与标准

学习目标及标准是按照8类学习领域（泰语；数学；科学；社会、宗教与文化；卫生与体育；艺术；职业与艺术；外语）分开制定的各组目标及学习内容，各目标还分别列出若干个学习标准。泰国基础教育核心的8类学习领域共有40个目标，67个标准。

（1）泰语：泰语的学习内容共有5个目标，5个标准

目标1：阅读

标准1.1：通过阅读来增加知识和建立思想。在日常生活中，能够对出现的问题进行分析并提出对策，同时培养热爱阅读的习惯。

目标2：写作

标准2.1：使用各种写作形式如通信、作文、节录和记录等，有效地写出资讯报告和研究报告。

目标3：看、听和说

标准3.1：能够判断性地听和看，在不同的场合下用口语来表达具有判断性和创造性的知识、思想和感情。

目标4：泰语使用原则

标准4.1：了解语言的自然现象以及泰语原则（语法），明确语言

的发展、功能和智慧，保护泰语在泰国的财富地位。

目标 5：文学和文学作品

标准 5.1：了解文学和文学作品，并能表达自己的见解，有见地地评论泰国文学与文学作品，并应用于生活。

（2）数学：数学的学习内容共有 6 个目标，14 个标准

目标 1：计算及实施

标准 1.1：了解真实生活中数字运用的多样性。

标准 1.2：了解数字操作（加减乘除等）的结果以及其中的关系，并能够用其解决问题。

标准 1.3：使用估算的方式计算，并解决问题。

标准 1.4：了解数值系统（the numerical system），并能够应用数值。

目标 2：测量

标准 2.1：了解测量的基本知识，能够预测和测量对象的大小。

标准 2.2：解决测量问题。

目标 3：几何学

标准 3.1：能解释和分析二维和三维的几何图形。

标准 3.2：能使用可视化（visualization）以及空间推理（spatial reasoning）的原理，运用几何模型（geometric model）解决问题。

目标 4：代数

标准 4.1：了解和分析公式、关系和功能。

标准 4.2：能够解释和运用代数、方程、不等式、图表等数学模型（mathematical model），用其表示各种情况，并解释意义和解决问题。

目标 5：数据和概率分析

标准 5.1：了解并运用统计数据进行分析。

标准 5.2：运用统计和概率的知识进行有效的预测。

标准 5.3：运用统计和概率的知识提出问题、解决问题。

目标 6：数学技能及过程

标准 6.1：能够解决问题，推理、表述以及展示数学概念，理解数学知识之间的联系，以及与其他学科知识的联系，并具有创造性思维。

（3）科学：科学的学习内容共有 8 个目标，13 个标准

目标 1：生物和生命过程

标准 1.1：了解生物的基本单位；生物的各种系统功能及结构是相互关联的；有求知的沟通及活动，并能够运用在生活实践中，照顾生物。

标准 1.2：了解遗传的过程及其重要性；了解生物进化过程、生物多样性，对人类和环境有影响的生物技术运用；具有寻求知识和科学推理的活动，并有效运用这些知识。

目标 2：生命和环境

标准 2.1：了解社区环境；环境与生物的关系；生态系统中各种生物之间的关系；具有寻求知识和科学推理的活动，并有效运用这些知识。

标准 2.2：了解自然资源的重要性；在社区、国家和全球利用各级自然资源，将这些知识可持续地应用于自然资源和社区环境的管理上。

目标 3：物质和物质的属性

标准 3.1：了解物质的属性；了解物质结构及各种粒子之间结合力的关系；有寻求知识和科学推理的活动，并有效运用这些知识。

标准 3.2：了解物质的性质变化原则和本质，了解溶液（solution）的形成及化学反应；有寻求知识和科学推理的活动，并有效运用这些知识。

目标 4：力量与运动

标准 4.1：了解电磁、引力和核能的本质，有寻求知识和科学推理的活动，并合理、道德地运用这些知识。

标准 4.2：了解自然物质中的各种运动现象，有寻求知识和科学推理的活动，并有效运用这些知识。

目标 5：能量

标准 5.1：了解生活与能量的关系；了解能源改造，物质和能量之间的相互关系；了解能量使用对生活与环境的影响。有寻求知识和科学推理的活动，并有效运用这些知识。

目标 6：地球的变化进程

标准 6.1：了解造成地球表面和内部现象的活动；了解导致气温变化的原因，各种地理特征及其各种活动系统的关系。有寻求知识和科学推理的活动，并有效运用这些知识。

目标 7：天文与太空

标准 7.1：了解太阳系、星系和宇宙的演化，太阳系内部的相互关联对地球生物的影响。有寻求知识和科学推理的活动，并有效运用这些知识。

标准 7.2：了解用来探索空间及农业、通信自然资源技术的空间技术的重要性。有寻求知识和科学推理的活动，并合理及道德地运用这些知识。

标准 8：科技本质

标准 8.1：应用科学活动和科学推理去寻求知识，解决问题。了解自然现象大多都有一定的规律，能够使用所获信息或工具对其进行解释和核查；了解科学、技术、社会和环境是相互关联的。

（4）社会、宗教与文化：社会、宗教与文化的学习内容共有 5 个目标，11 个标准

目标 1：宗教，道德和伦理

标准 1.1：了解佛教或其他宗教的历史和重要性，先知和道德原则。对宗教有正确的信仰行为，坚持及遵守宗教道德，能够和平共处。

标准 1.2：了解、重视宗教并成为宗教的好信徒，传承和保留佛教或自己信仰的宗教。

目标 2：公民义务，文化和社会生活

标准 2.1：了解和遵循作为一名好公民的义务，具有正确的价值观，遵守和维护泰国传统文化，在泰国社会和国际社会能够和平共处。

标准 2.2：了解现代社会的政治系统，坚持、相信并遵循君主立宪制下的民主政体。

目标 3：经济学

标准 3.1：了解和能够管理生产和消费的资源，能够有效地、超值地利用有限的资源；了解知足经济论的原则，能够平衡地生活。

标准 3.2：了解各种经济制度、经济机构、经济关系以及国际社会中经济合作的必要性。

目标 4：历史

标准 4.1：了解历史的分期及各时期的重要性，能够用历史学方法对各种事件进行系统地分析。

标准 4.2：了解人类的历史与现状的演变关系及连续性变化，认识其重要性并分析其所产生的影响。

标准 4.3：了解泰国的历史，文化，智慧发展；热爱，并维护泰国历史文化且为泰国感到自豪。

目标 5：地理

标准 5.1：了解在自然系统中有相互影响的地球物理特征及万物关系，利用地图和地理仪器进行搜索、分析和总结，并有效地利用地理数据信息。

标准 5.2：了解影响文化的人类与物质环境的相互关系，认识并参与自然保护及环境保护。

（5）卫生与体育：卫生与体育的学习内容共有 5 个目标，6 个标准

目标 1：人体成长及发展

标准 1.1：了解人体成长及发展的本质。

目标 2：生活与家庭

标准 2.1：了解自己、家庭、性教育的价值，并掌握生活的技能。

目标 3：活动、体育锻炼、游戏，泰国传统体育及国际体育

标准 3.1：了解并具有活动、游戏和体育运动的技能。

标准 3.2：喜爱并经常锻炼身体、做游戏及进行体育运动。能够自律，尊重权利、法规和规章，具有体育精神、竞争精神，并赞赏体育美学。

目标 4：加强身体健康及疾病防范

标准 4.1：知道爱护卫生、疾病防范及维持身体健康的价值，具备各种技能。

目标 5：生命安全

标准 5.1：预防和避免具有风险的因素，包括对健康有风险的行为、意外事故、药用事故、成瘾物质。

（6）艺术：艺术的学习内容共有 3 个目标，6 个标准

目标 1：视觉美术

标准 1.1：根据想象力和创造力创作视觉美术作品；分析、评论视

觉美术的价值，对艺术品自由地表达感情和想法；能够赞赏并应用于日常生活中。

标准 1.2：了解视觉美术与历史和文化之间的关系；了解具有文化遗产价值、地方智慧、泰国智慧和世界智慧的视觉美术作品的价值。

目标 2：音乐

标准 2.1：了解并通过音乐进行有创造性地表达；分析、评论音乐的价值，自由地表达感情和想法；能够赞赏并应用于日常生活中。

标准 2.2：了解音乐与历史和文化之间的关系；了解具有文化遗产价值、地方智慧、泰国智慧和世界智慧的音乐的价值。

目标 3：戏剧艺术

标准 3.1：了解并通过戏剧艺术进行有创造性地表达；分析、评论音乐的价值，对戏剧艺术自由地表达感情和想法；能够赞赏并应用于日常生活中。

标准 3.2：了解戏剧艺术与历史和文化之间的关系；了解文化遗产价值、地方智慧、泰国智慧和世界智慧的戏剧艺术的价值。

（7）职业与技术：职业与技术的学习内容有 4 个目标，4 个标准：

目标 1：生活与家庭

标准 1.1：了解工作的概念，具有创新思维，系统的工作技能、管理技能、解决问题的技能、团队合作技能和寻求知识的技能；具备道德感和勤奋精神。为了家庭与生活，要具有使用能源、资源和环境的自觉意识。

目标 2：设计与技术

标准 2.1：了解技术和科技流程；根据技术的流程创新性地设计和制造工具，创造性地选择利用对生活、社会、环境有利的技术，并参与可持续性的技术管理。

目标 3：沟通和通信技术

标准 3.1：了解并能够有效地、道德地应用通信技术来工作、学习、沟通、探索信息和解决问题。

目标 4：职业

标准 4.1：了解并掌握从事职业的必要技能，具有一定的经验，对未来的职业有所体会。使用技术来发展职业，对职业具有良性认识。

（8）外语的学习内容共有 4 个目标，8 个标准：

目标 1：语言与交际

标准 1.1：能够了解及解释从不同媒体里听到和读到的语言，并合理地表达自己的想法。

标准 1.2：具有用语言沟通及交换信息的能力，并能够高效地表达自己的感受和意见。

标准 1.3：能够用口语和书面语来介绍各项事宜、概念及表达意见。

目标 2：语言与文化

标准 2.1：了解目的语语言与文化的关系，并能够在各种场合中适当应用。

标准 2.2：了解目的语和泰语的语言和文化的异同，并能准确和适当地使用语言。

目标 3：语言与其他学习领域的连贯

标准 3.1：通过外语链接其他学习领域的知识，并作为进一步的学习、提高和扩展视野的基础。

目标 4：语言与社区

标准 4.1：在各种场合下（包括在学校、社区及社会）使用外语。

标准 4.2：将外语作为进一步学习、工作及在国际社会学习交流的基本工具。

10.学习者能力拓展活动

学习者能力拓展活动的目的是让学习者根据潜在能力得到在身体、智力、情感和社会性上的全方位提高。培养他们的道德伦理和自律能力，培养其社会奉献心、自我管理能力以及与他人幸福共处的能力。学习者能力拓展活动分为三种形式，如下：

（1）心理指导活动：旨在鼓励与发展学习者，使其了解自己，懂得爱护周边环境，能够作出决定、解决问题、规定目标、学习计划和工作计划，具备较强的适应能力。此外，可以增进教师对学习者的理解，还可以给家长提供提高学习者的相关信息及帮助。

（2）学生活动：旨在培养学习者作为领导者及跟随者的自律心，根据学习者的能力、特长和兴趣，举办能够培养其责任心、团队精神、解决问题与作出适当的决定的能力、理性思维、乐于助人和懂得分享和关怀品质的活动，让学习者能够亲自动手参与到每一个环节。包括学习和分析、规划和实施、评价和改进。过程中，强调团队精神。学生活动包括：

（2.1）童子军活动、女童军活动、少年红十字会活动、社会服务等；

（2.2）各种俱乐部活动。

（3）社会公益活动：是根据学习者的兴趣，以志愿者的身份为社区及社会做公益活动。鼓励学习者的奉献精神，从中培养责任感，美德和公共意识，例如各种公益活动和社会建设活动。

11.教育阶段

基础教育核心课程把教育阶段分成以下三个层次：

（1）小学层次（小学 1 到 6 年级）。

该层次是义务教育的第一个阶段。侧重培养一些基本技能，包括阅读、写作、计算、思维、沟通、社会学习，重视整合性教学，使学习者的生活质量得到全面而平和地发展，包括身体，智力，情感，社会和文化等方面。

（2）初中层次（初中 1 到 3 年级）。

该层次是义务教育的最后一个阶段。侧重让学习者探索自己的特长及兴趣，促进个性的发展，培养创造性的思维技能、解决问题的能力、生活技能、使用技术进行学习的技能、社会责任感。在知识与美德之间得到平衡发展，巩固工作及学习的基础，并因泰国而感到自豪。

（3）高中层次（高中 1 到 3 年级）。

该层次的教育侧重于加强知识储备以及加强某个方面的技能发展，使每个学习者的能力、特长及兴趣得到加强，这包括学术方面和机制方面。运用学术知识及技术技能、思维技能将知识应用于学习和工作中。根据自己的角色积极地发扬自我奉献的精神，能够承担社区服务工作及领导责任。

12. 学习时间分配

基础教育核心课程对 8 类学习领域和学习者能力拓展活动规定了最少的课时框架结构。在此基础上，教育机构可以根据自己的侧重点及能力，同时考虑到学习者情况及学校本质，适当增加课时，如下：

（1）小学层次（小学 1 到 6 年级）：按学年分配课时，每天不超过 5 小时。

（2）初中层次（中学 1 到 3 年级）：按学期分配课时，每天不超过 6 小时。以学分为计量单位，规定每学期 40 小时为 1 学分。

（3）高中层次（高中 1 到 3 年级）：按学期分配课时，每天不低于 6 小时。以学分为计量单位，规定每学期 40 小时为 1 学分。

13.学习时间结构

基础教育核心课程规定的学习时间框架如下表：

《基础教育核心课程》学习时间表

学习内容 / 活动	学习课时									
	小学						初中			高中
	1	2	3	4	5	6	1	2	3	1—3
基本课程										
泰语	200	200	200	160	160	160	120 (3 学分)	120 (3 学分)	120 (3 学分)	240 (6 学分)
数学	200	200	200	160	160	160	120 (3 学分)	120 (3 学分)	120 (3 学分)	240 (6 学分)
科学	80	80	80	80	80	80	120 (3 学分)	120 (3 学分)	120 (3 学分)	240 (6 学分)
社会宗教与文化	80	80	80	80	80	80	120 (3 学分)	120 (3 学分)	120 (3 学分)	240 (6 学分)
卫生与体育	80	80	80	80	80	80	80 (2 学分)	80 (2 学分)	80 (2 学分)	120 (3 学分)
艺术	80	80	80	80	80	80	80 (2 学分)	80 (2 学分)	80 (2 学分)	120 (3 学分)
职业与技术	80	80	80	80	80	80	80 (2 学分)	80 (2 学分)	80 (2 学分)	120 (3 学分)
外语	40	40	40	80	80	80	120 (3 学分)	120 (3 学分)	120 (3 学分)	240 (6 学分)
总计（基本课时）	800	800	800	800	800	800	840 (21 学分)	840 (21 学分)	840 (21 学分)	1560 (39 学分)
活动课程	200	200	200	200	200	200	120	120	120	360
补充课程	一年不超过 80 小时						一年不超过 240 小时			不低于 1680 小时
总课时	不超过 1000 小时 / 年						不超过 80 小时 / 年			总共 3 年不低于 3600 小时

基本学习时间的规定及增加，教育机构可根据以下规定进行实施：

小学层次：可以适当调整各类学习领域的基本学习时间，但总课时要符合以上的规定，同时学习者必须达到学习标准和指标中的质量要求。

中学层次：要根据规定的基本时间框架来组织教学，并符合毕业的标准。

增加课时：小学和中学均应该根据教育机构的侧重点、能力及毕业标准来增加学习内容或学习者能力拓展活动。在小学一到三年级，可以增添泰语和数学类领域的课程。

学习者能力拓展活动，小学一年级到初中三年级规定每年120小时，高中一年级到三年级每年360小时，以上时间用来组织心理指导活动、学生活动和社会公益活动。至于社会公益活动，教育机构根据以下时间安排活动：

小学（1到6年级），共6年，60小时。

初中（1到3年级），共3年，45小时。

高中（1到3年级），共3年，60小时。

14.学习标准和分项指标

学习标准和分项指标是该核心课程的核心部分，分为8类学习领域。各领域用表格的形式呈现，按年级划分，每个年级分若干个标准，内容按年级来对学生的能力进行描述，在对各类学习领域的能力指标进行分级描述之前，先介绍该领域的学习目的和学习目标以及各等级学习者的能力描述。学习标准和分项指标中以表格的形式呈现，分别对各领域的学习目标给出了若干个标准，并根据各标准的指标进行分级描述，各等级又分为若干个能力描述。

在学习标准和分项指标的部分，本文仅对外语部分的学习标准和分项指标进行介绍，如下：

外语分项指标记核心学习内容

1. 外语学习目的

经济发展的全球化，使学习外语成为生活中一件非常重要和必要的事。外语在人们的交际、教育、求知、工作等方面起到重要的作用，是人们增加对世界文化的理解，培养跨文化意识和国际视野的重要工具。学习外语有利于增进各国友谊，加强各方面的合作。同时，能帮助学习者更好的了解自己和他人。学习者能够通过学习外语掌握语言文化、礼仪、习俗、思维、社会、经济、政治和政治方面的差异。能用外语进行交际，能更容易和更广泛地获得知识，开阔日常生活的视野。

泰国 2008 年基础教育（12 年）核心课程里规定整个课程里都要学习的外语是英语，而其他外语如法语、德语、汉语、日语、阿拉伯语、巴利文和其他邻国语言，其教学内容和教学科目则由各教育机构根据实际情况做出合理安排。

2. 外语学习目标

学习外语的目标是让学习者对外语学习产生良好的欲望，能用外语进行各种场合的交际、求知、工作和升学任务。同时，了解世界多元文化和知识，并将泰国文化及思维传播到世界各地，主要内容包括：

（1）语言与交际：用外语听、说、读、写技能交流信息，表达情感及个人意见；能解释含义，展示信息，总结思想以及表达对客观事物的见解等，并以此建立适当的人际关系。

（2）语言与文化：能够合理地根据外语文化进行外语交际，处理好外语和国外文化与泰语和泰国文化之间的异同和关系，并能合理应用。

（3）语言和跨学科的连贯：将外语与多学科知识进行连贯，是发展自我、求知和开阔视野的基础。

（4）语言与社区和世界的关系：在各种场合下使用外语，包括课内外、社区与全球社会，将外语作为升学、工作和学习交流的基本工具。

3. 学习目标及标准

目标 1：语言与交际

标准 1.1 了解及解释在各种媒体里听到和看到的信息，并合理地表达意见。

标准 1.2 具有用语言进行沟通和交换信息的技能，并高效地表达感受和意见。

标准 1.3 用口语和书面语展示信息、总体概念及意见。

目标 2：语言与文化

标准 2.1 了解目的语语言与文化的关系，并能够在各种场合中适当运用。

标准 2.2 了解目的语和泰语的语言和文化的异同，并能准确和适当运用。

目标 3：语言与其他学习领域的连贯

标准 3.1 用外语连接其他学科的知识，并作为进一步的学习、提高和扩展视野的基础。

目标 4：语言与社区和世界的关系

标准 4.1 在学校里、社区里及社会里的各种场合下使用外语。

标准 4.2 用目的语作为进一步学习、工作及与世界交流学习的基本工具。

4. 学习者能力（分级目标）

（1）小学三年级毕业生能力

① 根据听到的指令、请求做出相应的动作；正确地读出字母、词、

词组、简单句子及简单的歌谣说唱（chant）的发音；准确说出所听到的词及词组的意义；根据听到或看到的句子、对话或简单的故事回答问题。

② 根据听到的信息模式，用简短的话语进行对话；用简单的指令和请求表达自己的简单需求；用口语提供或索取有关自己和朋友的个人信息；根据听到的信息模式，表达自己对各种周边事物或各种活动的感受。

③ 用口语表达有关自己和周边事情的信息；根据听到或看到的信息，对有关人物、动物和物件的词汇进行分类。

④ 根据目的语文化 / 社会礼仪进行口语及肢体表达；说出目的语文化中的节日 / 重要日子 / 庆祝活动和生活方式的名称及简单词语；并根据自己的年龄，适当参与语言和文化活动

⑤ 说出目的语与泰语之间的字母、词、词组及简单句子的发音的区别。

⑥ 说出与其他学科相关的词语。

⑦ 就课堂上的简单场景进行听说训练。

⑧ 能使用目的语收集关于身边事物的词语。

⑨ 使用 300–450 个词汇就个人、家庭、学校、周边环境、食物、饮料及休闲娱乐的话题进行外语沟通（重视听说）。

⑩ 使用单词句（One word sentence）和简单句（Simple sentence）进行日常对话。

（2）小学六年级毕业生能力

① 根据听到和看到的指令、请求及介绍做出相应的动作；正确地朗读句子、语篇、故事及短诗；根据所看到的符号或标志，选择 / 识别正确的句子或语篇；说出听到和看到的对话、简单故事及传说的主要内容并回答问题。

② 用口语 / 书面语进行人际沟通的对话；使用有关命令、请求、允许及介绍的词语；在简单情况下，用口语 / 书面语表达需求、寻求帮助、同意和拒绝帮助；用口语 / 书面语提供及索要关于自己、朋友、家庭和周边事情的信息；用口语 / 书面语表达有关各种身边事情、各种活动，并给出简短理由。

③ 用口语 / 书面语提供有关自己、朋友和周边环境的信息；根据听到和看到的信息，绘制图片、蓝图、图表和表格；用口语 / 书面语表达对各种身边事情的看法。

④ 根据目的语文化和社会礼仪，有礼貌和适当地使用话语、语气和肢体搭配；提供有关目的语国家的节日 / 重要日子 / 庆祝活动 / 生活方式的信息；根据自己的兴趣参与语言和文化活动。

⑤ 说出各种句子发音的异 / 同点；使用标点符号，根据目的语和泰语的句子结构对词语排序；比较目的语国家与泰国的节日、庆祝活动和传统习俗的异同点。

⑥ 在学习资源里搜索和收集有关其他学科的词汇，并用口语 / 书面语进行展示。

⑦ 用外语就课堂上和学校里的各种场合进行沟通。

⑧ 用目的语搜索及收集各种信息。

⑨ 使用 1050—1200 个词汇，就个人、家庭、学校、环境、食物、饮料、休闲娱乐、健康与福利、买卖和气候的话题进行外语沟通（重听、说、读、写）。

⑩ 在各种情景下，使用单句和复句（Compound sentence）表达意思。

（3）初中三年级毕业生能力

① 根据听到和看到的请求、介绍、说明及解释做出相应的动作；正确地朗读语篇、新闻、广告、故事及简短诗词；根据听到或看到的句子和语篇，识别 / 编写各种非文本信息；根据听到和看到的各种媒体，

选择 / 识别话题、主要内容、支撑细节和表达意见，并提供理由和举例。

② 用口语和书面语就自己、身边事情各种、情况、新闻、社会关注的事情的话题进行适当和持续地对话和交流；用有关请求、说明及解释的词语给出适当的建议；用口语和书面语表达需求、提出和给予帮助、同意及拒绝给予帮助；根据听到或看到的信息，用口语和书面语索要及提供信息、描述、解释、比较和恰当地表达意见；用口语和书面语表达自己对各种事情、活动、经验及新闻 / 事件的感想和意见，并给出恰当的理由。

③ 用口语和书面语描述有关自己、经验及社会关注的新闻 / 事件 / 事项 / 各种焦点；能用口语和书面语对所分析的事项 / 新闻 / 事件 / 情况等感兴趣的话题的主要内容 / 主题进行总结；用口语和书面语表达对活动、经验及事件的意见，并给出理由。

④ 根据目的语文化和社会礼仪，选择使用适合于具体场合或人物的语言、语气和肢体搭配；解释目的语国家的生活方式、风俗习惯和传统习俗；根据自己的兴趣参与 / 组织语言和文化活动。

⑤ 比较和解释各类句子的发音的异同点，并根据目的语和泰语的句子结构对词语排序；比较和解释目的语国家与泰国之间的生活方式和文化的异同点，并能够适当应用。

⑥ 在学习资源里搜索、收集和总结有关其他学科的信息 / 真实情况，并通过口语和书面语进行展示。

⑦ 用目的语就课堂上、学校里、社区里和社会里发生的各种真实情况 / 模拟场景进行沟通。

⑧ 在升学和工作中，用目的语在媒体和各种学习资源里查找、研究、收集和总结知识 / 各种信息；用目的语传达 / 宣传学校、社区和地方的信息。

⑨ 使用 2100—2250 个词汇，就个人、家庭、学校、环境、食物、

饮料、休闲和娱乐、健康和福利、买卖、气候、教育和职业、旅行、服务、处所、语言和科技的话题进行外语沟通（重听、说、读、写）。

⑩ 在各种情景下使用较难的复合句进行正式和非正式的表达。

（4）高中三年级毕业生能力

① 根据听到和看到的各种手册的介绍、说明 、解释和陈述做出相应的动作；正确地朗读语篇、新闻、公告、广告、诗词及简短戏剧；根据所读的各种非文本信息来解释和编写句子和语篇，以及根据听到或看到的句子和语篇来写出各种非文本信息；根据听到和看到的专题文章及娱乐文章，抓住其中的主要内容，以及分析、总结、解释含义和表达自己的意见，并给出理由和举例。

② 用口语和书面语就自己、各种身边事情、经验、情况、新闻/事件、社会关注的焦点的话题进行适当和持续地对话和交流；选择和使用有关请求、说明、解释及介绍的词语；用口语和书面语在真实情况里和模拟情况里恰当地表达需求、提出和给予帮助、同意及拒绝给予帮助；用口语和书面语索要及提供信息，就听到或看到的信息进行描述、解释、比较和恰当地表达对事项/焦点/新闻/事件的意见；用口语和书面合理地表达自己对各种事项、活动、经验及新闻/事件的感想和提出建议。

③ 根据自己的兴趣，用口语和书面语展示有关自己/经验、新闻/事件、事项及各种焦点的信息；根据自己的兴趣，用口语和书面语对所分析的事项、活动、新闻、事件及情况的主题进行总结；用口语和书面语表达地区、社会和世界的活动、经验及事件，并给出理由和举例。

④ 根据目的语文化和社会礼仪，选择使用适合于人物的身份级别、时间、地点和场合的语言、语气和肢体搭配；解释或讨论有关目的语国家的生活方式、思想、信仰及传统习俗和节日的起源；恰当地参与、介绍和组织语言和文化活动。

⑤ 解释/比较目的语和泰语之间的句子结构，语篇、成语、俗语、

谚语和诗词的区别；分析 / 讨论目的语国家和泰国之间的生活方式、信仰和文化的异同点，并合理地应用。

⑥ 在各种学习资源里，使用目的语对其他学科的知识进行研究 / 搜索、记录、总结和表达建议，并通过口语和书面语展示。

⑦ 用目的语就课堂上、学校里、社区里和社会里发生的真实情况 / 模拟场景进行沟通。

⑧ 在升学和工作中，用目的语在各种媒体和学习资源里查找、研究、收集、分析及总结知识 / 各种信息；用目的语传达 / 宣传有关学校、社区和地方 / 国家的信息。

⑨ 能使用 3600—3750 个词汇，就个人、家庭、学校、环境、食物、饮料、人际关系、休闲和娱乐、健康和福利、买卖、气候、教育和职业、旅行、服务、处所、语言和科技等的话题进行外语沟通（重听、说、读、写）。

⑩ 在各种情景下使用较难的复合句进行正式和非正式的对话。

目标 1：语言与交际

标准 1.1 了解及解释在各种媒体里听到和看到的信息，并合理地表达意见。

年级	分项指标
小学 1 年级	1. 根据听到的简单指令做出相应的动作。
	2. 识别字母及读音，并正确地拼读和朗读简单词语。
	3. 根据听到的词和词组，选择正确的图片。
	4. 根据听到的身边事情回答问题。
小学 2 年级	1. 根据听到的简单指令和请求做出相应的动作。
	2. 识别字母及读音，并正确地拼读和朗读简单词语和句子。
	3. 根据听到的词、词组及句子，选择正确的图片。
	4. 根据听到的句子、对话或附有图片的简单故事回答问题。
小学 3 年级	1. 根据听到或看到的指令做出相应的动作。
	2. 正确地朗读、拼读词、词组、句子及简单的绕口令。

续表

年级	分项指标
小学3年级	3. 根据听到的词组及句子，选择 / 识别正确的图片或符号。
	4. 根据听到或看到的句子、对话或简单的故事回答问题。
小学4年级	1. 根据听到或看到的指令、请求和简单的建议做出相应的动作。
	2. 正确地朗读及拼读词、词组、句子、简单的语篇及绕口令。
	3. 根据听到或看到的句子及短文的意义，正确地选择 / 识别图片或符号或标志。
	4. 根据听到和看到的句子、对话及简单的故事回答问题。
小学5年级	1. 根据听到和看到的指令、请求和简单的建议做出相应的动作。
	2. 能正确地朗读句子、语篇及短诗。
	3. 根据听到或看到的句子及短文的意义，正确地识别 / 画出符号或标志。
	4. 根据听到和看到的对话和简单的故事或短文说出其主要内容及回答问题。
小学6年级	1. 根据听到和看到的指令、请求和建议做出相应的动作。
	2. 正确地朗读语篇、故事及短诗。
	3. 根据所看的图片、符号或标志，选择 / 识别正确的句子或短文。
	4. 根据听到和看到的对话、简单的故事及传说指出主要内容及回答问题。
初中1年级	1. 根据听到和看到的指令、请求、建议和简单的说明做出相应的动作。
	2. 正确地朗读语篇、故事及短诗。
	3. 根据所看到的非文本信息，选择 / 识别相应的句子和语篇。
	4. 根据听到和看到的对话、故事及短文，识别话题、主要内容和回答问题。
初中2年级	1. 根据听到和看到的请求、建议、说明和简短解释做出相对应的动作。
	2. 正确地朗读语篇、新闻、公告及简短的诗词。
	3. 根据所看到的各种非文本信息，选择 / 识别相应的句子和语篇。
	4. 选择话题、主要内容，根据听到和看到的信息指出支撑细节，表达意见，并给出理由及简单举例。
初中3年级	1. 根据听到和看到的请求、建议、说明做出相应的动作。
	2. 正确地朗读语篇、新闻、广告及短诗词。
	3. 根据所看到的句子和语篇，识别和编写相应的各种非文本信息。
	4. 根据在各种媒体里听到和看到的信息，选择 / 识别话题、主要内容、支撑细节，提出意见并给出理由及举例。
高中 1—3年级	1. 根据听到和看到的使用手册的建议、说明、解释和陈述做出相应的动作。
	2. 正确地朗读语篇、新闻、公告、广告、诗词和简短戏剧。
	3. 根据所读到的各种非文本信息，解释和编写相应的句子和语篇。以及根据听到或看到的句子和语篇，识别和编写相应的各种非文本信息。
	4. 根据听到和看到的专题文章和娱乐文章，能抓住其主要内容，分析、总结、解释及提出意见，并给出理由及举例。

标准 1.2 具有用语言进行沟通和交换信息的技能，并高效地表达感受和意见。

年级	分项指标
小学 1 年级	1. 根据听到的信息模式，用简短的词语进行交际。
	2. 根据所听到的信息模式，使用简单的指令。
	3. 根据听到的信息模式，表达自己的简单需求。
	4. 根据听到的信息模式，能使用口语索要和提供有关自己的简单信息。
小学 2 年级	1. 根据听到的信息模式，用简短的词语进行交际。
	2. 根据所听到的信息模式，使用指令和简单的请求。
	3. 根据听到的信息模式，表达自己的简单需求。
	4. 根据听到的信息模式，能使用口语索要和提供有关自己的简单信息。
小学 3 年级	1. 根据听到的信息模式，用简短的词语进行交际。
	2. 根据听到的信息模式，使用指令和简单的请求。
	3. 根据听到的信息模式，表达自己的简单需求。
	4. 根据听到的信息模式，能使用口语索要和提供有关自己和朋友的简单信息。
	5. 根据所听的信息模式，表达自己对身边的各种事项或各种活动的感受。
小学 4 年级	1. 用口语 / 书面语进行交际。
	2. 使用指令、请求和简单的允许。
	3. 用口语 / 书面语表达自己的需求，以及在简单的情况下寻求帮助。
	4. 用口语 / 书面语索要和提供有关自己、朋友和家庭的信息。
	5. 根据所听的信息模式，用口语表达自己对身边的各种事项和各种活动的感受。
小学 5 年级	1. 用口语 / 书面语进行交际。
	2. 使用指令、请求、允许，并给予简单的建议。
	3. 用口语 / 书面语表达自己的需求，寻求帮助，在简单的情况下同意和拒绝给予帮助。
	4. 用口语 / 书面语索要和提供有关自己、朋友、家庭和身边事项的信息。
	5. 用口语 / 书面语表达自己对身边的各种事项和各种活动的感受，并给出简短的理由。
小学 6 年级	1. 用口语 / 书面语进行交际。
	2. 使用指令、请求、允许，并给予建议。

续表

年级	分项指标
小学6年级	3. 用口语/书面语表达自己的需求，寻求帮助，在简单的情况下同意和拒绝给予帮助。
	4. 用口语和书面语索要和提供有关自己、朋友、家庭和身边事项的信息。
	5. 用口语/书面语表达自己对身边的各种事项、各种活动的感受，并给出简短的理由。
初中1年级	1. 在日常生活中，就关于自己、各种活动和各种情况进行对话、交流信息。
	2. 使用请求、给予建议和根据情况进行说明。
	3. 用口语/书面语表达自己的需求，寻求帮助，恰当地同意和拒绝给予帮助。
	4. 用口语和书面语索要和提供听到或看到的信息，并恰当地提出意见。
	5. 用口语/书面语表达自己对身边的各种事项、各种活动的感受和意见，并恰当地给出简短的理由。
初中2年级	1. 在日常生活中，就关于自己、身边事情和各种情况进行恰当地对话、交流信息。
	2. 使用请求、给予建议，根据情况进行解释和说明。
	3. 用口语/书面语表达自己的需求，寻求帮助，恰当地同意和拒绝给予帮助。
	4. 用口语和书面语索要和提供听到或看到的信息，并恰当地提出意见。
	5. 用口语/书面语表达自己对各种事项、活动和经验的感受和意见，并恰当地给出理由。
初中3年级	1. 就有关自己、身边各种事情、情况、新闻，社会感兴趣的事项进行恰当和连续地对话和编写交流信息。
	2. 恰当地使用请求、给予建议，说明和解释 。
	3. 用口语/书面语表达自己的需求，寻求帮助，恰当地同意和拒绝给予帮助。
	4. 用口语和书面语索要和提供听到或看到的信息，并恰当地解释、比较和提出意见。

续表

年级	分项指标
初中 3 年级	5. 用口语 / 书面语描述自己对各种事项、活动、经验和新闻 / 事件的感受和意见，并给出恰当的理由。
高中 1—3 年级	1. 就有关自己、各种身边事情、经验、情况、新闻 / 事件、社会关注的焦点进行恰当和连续地对话和编写交流信息。
	2. 选择和流利地使用请求，给予建议、说明、解释。
	3. 用口语 / 书面语表达自己的需求，在模拟和真实的情况下，恰当地提供、接受及拒绝帮助。
	4. 用口语 / 书面语索要和提供听到或看到的信息，并对有关事项 / 焦点 / 新闻 / 事件进行恰当地描述、解释、比较并提出意见。
	5. 用口语 / 书面语合理地描述自己对各种事项、活动、经验和新闻 / 事件的感受和意见。

标准 1.3 用口语和书面语展示信息、总体概念及意见。

年级	分项指标
小学 1 年级	1. 用口语提供有关自己和身边事项的信息。
小学 2 年级	1. 用口语提供有关自己和身边事项的信息。
小学 3 年级	1. 用口语提供有关自己和身边事项的信息。
	2. 根据听到或看到的词，对人物、动物和东西进行分类。
小学 4 年级	1. 用口语 / 书面语提供有关自己和身边事项的信息。
	2. 根据听到或看到的信息，用口语或图画来表达身边各种事物的关系。
	3. 用口语表达对身边各种事项的简单意见。
小学 5 年级	1. 用口语 / 书面语提供有关自己和身边事项的信息。
	2. 根据听到或看到的信息，画出各种图片、蓝图和图表。
	3. 用口语表达对身边各种事项的意见。
小学 6 年级	1. 用口语 / 书面语提供有关自己、朋友和身边环境的信息。
	2. 用图画、蓝图、图表和表格来展示听到或看到的各种信息。
	3. 用口语 / 书面语表达对身边各种事项的意见。
初中 1 年级	1. 用口语和书面语描述有关自己、日常事务、经验和周边环境。

续表

年级	分项指标
	2. 用口语 / 书面语对所分析的社会关注的事项 / 事件的主要内容 / 主题进行总结。
	3. 用口语 / 书面语表达对活动或各种身边事项的意见，并给出简短的理由。
初中 2 年级	1. 用口语和书面语描述有关自己、日常事务、经验和社会关注的新闻 / 事件 。
	2. 用口语和书面语对所分析的社会关注的事项 / 新闻 / 事件的主要内容 / 主题 / 话题进行总结。
	3. 用口语和书面语表达对活动、各种身边事项和经验的意见，并给出简短的理由。
初中 3 年级	1. 用口语和书面语描述有关自己、经验和社会关注的新闻/事件/事项/各种焦点。
	2. 用口语 / 书面语对所分析的社会关注的事项 / 新闻 / 事件的主要内容 / 主题、话题进行总结。
	3. 用口语和书面语表达对活动、经验和事件的意见，并给出理由。
高中 1—3 年级	1. 用口语和书面语展示有关自己、经验和社会关注的新闻 / 事件 / 事项 / 各种焦点。
	2. 用口语和书面语对所分析的事项、活动、新闻、事件和感兴趣的情况的主要内容、主题进行总结。
	3. 用口语和书面语表达对地区、社会和世界的活动、经验和事件的意见，并给出理由和举例。

目标 2：语言与文化

标准 2.1 了解目的语言与文化的关系，并能够在各种场合中适当运用。

年级	分项指标
小学 1 年级	1. 按照目的语文化进行说话和肢体动作。
	2. 说出目的语国家重要节日的名称和相关词语。
	3. 参加适合于自己年龄的语言和文化活动。
小学 2 年级	1. 按照目的语文化进行说话和肢体动作。
	2. 说出目的语国家重要节日的名称和相关词语。
	3. 参加适合于自己年龄的语言和文化活动。
小学 3 年级	1. 按照目的语的社会礼貌 / 文化进行说话和肢体动作。
	2. 说出有关目的语国家的节日 / 重要日子 / 庆祝活动和生活方式的名称和简单词语。
	3. 参加适合于自己年龄的语言和文化活动。

续表

年级	分项指标
小学 4 年级	1. 按照目的语的社会礼貌和文化有礼貌地说话和肢体动作。
	2. 根据有关目的语国家的节日 / 重要日子 / 庆祝活动和生活方式回答简单的问题。
	3. 参加适合于自己年龄的语言和文化活动。
小学 5 年级	1. 按照目的语的社会礼貌和文化，使用礼貌的言语、语气和肢体动作。
	2. 说出目的语国家的节日 / 重要日子 / 庆祝活动和生活方式的重要性 / 回答简单的问题。
	3. 根据自己的兴趣参加语言和文化活动。
小学 6 年级	1.按照目的语的社会礼貌和文化，使用礼貌和恰当的言语、语气和肢体动作。
	2. 提供有关目的语国家的节日 / 重要日子 / 庆祝活动 / 生活方式的信息。
	3. 根据自己的兴趣参加语言和文化活动。
初中 1 年级	1.按照目的语的社会礼貌和文化，使用礼貌而恰当的语言、语气和肢体动作。
	2. 描述有关目的语国家的节日、重要日子、生活方式和传统习俗的信息。
	3. 根据自己的兴趣参加 / 举办语言和文化活动。
初中 2 年级	1. 按照目的语的社会礼貌和文化，使用适合于人物和场合的语言、语气和肢体动作。
	2. 解释有关目的语国家的节日、重要日子、生活方式和传统习俗的信息。
	3. 根据自己的兴趣参加 / 举办语言和文化活动。
初中 3 年级	1. 按照目的语的社会礼貌和文化，选择使用适合于人物和场合的语言、语气和肢体动作。
	2. 解释有关目的语国家的生活方式、风俗习惯和传统习俗的信息。
	3. 根据自己的兴趣参加 / 举办语言和文化活动。
高中 1—3 年级	1. 按照目的语的社会礼貌和文化，选择使用适合于人物级别、场合和地点的语言、语气和肢体动作。
	2. 解释 / 讨论有关目的语国家的生活方式、思想、信仰及传统习俗和节日的起源。
	3. 恰当地参加、介绍和举办语言和文化活动。

标准 2.2 了解目的语和泰语的语言和文化的异同，并能准确和适当运用。

年级	分项指标
小学 1 年级	1. 识别目的语和泰语的字母和读音。
小学 2 年级	1. 识别目的语和泰语的字母和读音。
小学 3 年级	1. 说出目的语和泰语的字母的读音、词、词组和简单句子的区别。
小学 4 年级	1. 说出目的语和泰语的字母的读音、词、词组、句子、语篇的区别。
	2. 说出目的语国家文化与泰国文化下的节日和庆祝活动的异 / 同点。
小学 5 年级	1. 说出目的语和泰语的各种句子的读音、标点符号和语序的异 / 同点。
	2. 说出目的语国家与泰国的节日和庆祝活动的异 / 同点。
小学 6 年级	1. 说出目的语和泰语的各种句子的读音、标点符号和语序的异 / 同点。
	2. 比较目的语国家与泰国的节日、庆祝活动和传统习俗的异 / 同点。
初中 1 年级	1. 说出目的语和泰语的各种句子的读音、标点符号和语序的异同点。
	2. 比较目的语国家与泰国的节日、庆祝活动、重要节日和生活方式的异同点。
初中 2 年级	1. 比较和解释目的语和泰语的各种句子的读音和语序的异同点。
	2. 比较和解释目的语国家与泰国的日常生活和文化的异同点。
初中 3 年级	1. 比较和解释目的语和泰语的各种句子的读音和语序的异同点。
	2. 比较和解释目的语国家与泰国的生活方式和文化的异同点，并恰当地应用。
高中 1～3 年级	1. 解释 / 比较目的语和泰语句子结构、语篇、成语、俗语和诗词的区别。
	2. 分析 / 讨论目的语国家与泰国的生活方式、信仰和文化的异同点，并合理地应用。

目标 3：语言与其他学习领域的连贯

标准 3.1 用外语连接其他学科的知识，并作为进一步的学习、提高和扩展视野的基础。

年级	分项指标
小学 1 年级	1. 说出有关其他学科的词语。
小学 2 年级	1. 说出有关其他学科的词语。
小学 3 年级	1. 说出有关其他学科的词语。
小学 4 年级	1. 探索、收集有关其他学科的词语，并用口语 / 书面语展示。
小学 5 年级	1. 探索、收集有关其他学科的词语，并用口语 / 书面语展示。
小学 6 年级	1. 在学习资源里探索、收集有关其他学科的词语，并用口语 / 书面语展示。

续表

年级	分项指标
初中 1 年级	1. 在学习资源里探索、收集和总结有关其他学科的信息 / 真实情况，并用口语 / 书面语展示。
初中 2 年级	1. 在学习资源里探索、收集和总结有关其他学科的信息 / 真实情况，并用口语 / 书面语展示。
初中 3 年级	1. 在学习资源里探索、收集和总结有关其他学科的信息 / 真实情况，并用口语 / 书面语展示。
高中 1—3 年级	1. 在各种学习资源里，探索、研究、记录、总结有关其他学科的信息和表达意见，并用口语 / 书面语展示。

目标 4：语言与社区和世界的关系

标准 4.1 在学校、社区及社会的各种场合里使用外语。

年级	分项指标
小学 1 年级	1. 就教室里出现的简单情况进行听 / 说。
小学 2 年级	1. 就教室里出现的简单情况进行听 / 说。
小学 3 年级	1. 就教室里出现的简单情况进行听 / 说。
小学 4 年级	1. 就教室里和学校里出现的情况进行听和说 / 读。
小学 5 年级	1. 就教室里和学校里出现的各种情况进行听、说、读、写。
小学 6 年级	1. 就教室里和学校里出现的各种情况进行沟通。
初中 1 年级	1. 就教室里和学校里出现的真实情况 / 模拟情况进行沟通。
初中 2 年级	1. 就教室里、学校里和社区里出现的真实情况 / 模拟情况进行沟通。
初中 3 年级	1. 就教室里、学校里、社区里和社会里出现的真实情况 / 模拟情况进行沟通。
高中 1 ～ 3 年级	1. 就教室里、学校里、社区里和社会里出现的真实情况 / 摸拟情况进行沟通。

标准 4.2 用目的语作为进一步学习、工作及与世界交流学习的基本工具。

年级	分项指标
小学 1 年级	1. 用目的语收集有关身边事物的生词。
小学 2 年级	1. 用目的语收集有关身边事物的生词。

续表

年级	分项指标
小学 3 年级	1. 用目的语收集有关身边事物的生词。
小学 4 年级	1. 用目的语搜索和收集各种信息。
小学 5 年级	1. 用目的语搜索和收集各种信息。
小学 6 年级	1. 用目的语搜索和收集各种信息。
初中 1 年级	1. 借助媒体和各种学习资源，使用目的语搜索 / 研究知识 / 各种信息，以便进一步学习和工作。
初中 2 年级	1. 借助媒体和各种学习资源，使用目的语搜索 / 研究，收集和总结知识 / 各种信息，以便进一步学习和工作。
	2. 使用目的语传达 / 宣传学校的信息。
初中 3 年级	1. 借助媒体和各种学习资源，使用目的语搜索 / 研究，收集和总结知识 / 各种信息，以便进一步学习和工作。
	2. 使用目的语传达 / 宣传学校、社区和地方的信息。
高中 1—3 年级	1. 在媒体和各种学习资源里，使用目的语搜索 / 研究，收集，分析和总结知识 / 各种信息，以便进一步学习和工作。
	2. 使用目的语传达 / 宣传学校、社区、地方、国家的信息。

攻读学位期间发表的学术论文目录

1. 吴应辉、龙伟华、冯忠芳、潘素英．泰国促进汉语教学，提高国家竞争力战略规划．国际汉语教育，2009年，第1辑，第39—47页．

2. 潘素英．泰国南邦府中小学汉语教学情况调查．第九届国际汉语教学研讨会论文选，2010年5月．高等教育出版社，第101—104页．

3. 潘素英．泰国学生汉语语法学习难点探讨——以《国际汉语教学通用课程大纲》为参照．汉语国际传播研究．商务印书馆，2011年，第1辑，第58—68页．

中央民族大学研究生学位论文
作者声明

本人声明：本人呈交的学位论文是本人在导师指导下取得的研究成果。对前人及其他人员对本文的启发和贡献已在论文中作出了明确的声明，并表达了谢意。论文中除了特别加以标注和致谢的地方外，不包含其他人和其他机构已经发表或者撰写过的研究成果。

本人同意学校根据《中华人民共和国学位条例暂行实施办法》等有关规定将本人学位论文向国家有关部门或资料库送交论文或电子版，允许论文被查阅和借阅；本人授权中央民族大学将本人学位论文的全部或者部分内容编入有关数据库进行检索，可以采用影印、缩印或者其他复印手段汇编学位论文(保密论文在解密后遵守此规定)。

作者签名：　　　　　　日期：　　年　月　日

致 谢

时光荏苒，转眼间在中央民族大学国际教育学院的三年博士生活就要结束了。在这三年间，我不仅收获了许多汉语知识，还获得了很多生活经验，这为我未来的生活和工作奠定了坚实的基础。能有今天，首先要感谢的是我的导师吴应辉教授，老师的耐心教导，使我学到了很多知识，更开拓了我的视野，提高了汉语水平，增强了我分析问题的能力。在吴应辉老师的指导下，我在短短的三年里发表了数篇文章，参加了数场学术会议。此外，吴应辉老师还让我参与了很多与自己专业紧密相关的学术实践，例如赴泰汉语教师志愿者的培训工作，编写和出版了针对赴泰汉语教师志愿者的泰语教材，翻译了《国际汉语教学通用课程大纲》和教材《长城汉语》的泰语版等。在学位论文写作方面，从入学到选题，都离不开吴应辉老师的帮助和指导。在撰写的过程中，一旦遇到问题，吴应辉老师总会给我一些非常好的建议，使我学会了从多角度来考虑问题，开拓了国际视野，能在考虑问题时站得更高、看得更远。

我还要感谢中央民族大学国际教育学院的刘玉屏老师、曹秀玲老师、曾丽英老师以及所有教过我的老师。通过上他们的课，我学到了很多知识，这些都是我成长过程中必不可少的知识，在我的学术研究中起到了非常重要的作用。

另外，还要感谢泰国教育部基础教育委员会汉语项目负责人 Uthaiwan Chalermchai 女士，以及泰国教育部图书馆里工作人员，他们为我提供了许多研究中的重要文献，这大大地增加了本研究的丰富性和可信性。

我还要特别感谢中国政府为我提供了全额奖学金，支持我完成了攻读博士学位的学业。

最后，我还要感谢盛译元同学、刘宾同学和冯忠芳同学，他们为我的论文提出了许多宝贵的意见。也要感谢潘俊财、董有晖和黄金英同学，他们帮助我将统计资料输入统计系统，为我解决了重要的技术问题。

总之，感谢老师们在学业上的指导和生活上的关心；感谢同学们在生活和学习上给我的帮助；感谢我的家人和所有的亲人朋友，尤其是我的父母亲和我的兄弟，他们温暖的爱和无私的支持与理解是我完成学业的动力，是我信心的源泉，是我克服生活和学习上种种困难的力量所在；感谢论文所引用材料的作者，你们的研究为我提供了宝贵的依据。

潘素英（泰国留学生）

วิภาวี อนุจาผัด

2011 年 10 月 23 日